3 pessoas para mudar sua vida

KEITH FERRAZZI

3 pessoas para mudar sua vida

Tradução
Gabriel Zide Neto

CIP-BRASIL. CATALOGAÇÃO-NA-FONTE
SINDICATO NACIONAL DOS EDITORES DE LIVROS, RJ

F459t
Ferrazzi, Keith
3 pessoas para mudar sua vida / Keith Ferrazzi; tradução: Gabriel Zide Neto. – Rio de Janeiro : Best*Seller*, 2012.

Tradução de: Who's got your back
ISBN 978-85-7684-427-3

1. Sucesso nos negócios. 2. Relações humanas. I. Título.

11-7612.
CDD: 650.14
CDU: 658.3

Texto revisado segundo o novo Acordo Ortográfico da Língua Portuguesa

Título original:
WHO'S GOT YOUR BACK
Copyright © 2009 by Keith Ferrazzi
Copyright da tradução © 2011 by Editora Best Seller Ltda.

Publicado mediante acordo com Broadway Business,
um selo da The Crown Publishing Group, uma divisão da Random House, Inc

Capa: Sergio Campante
Editoração eletrônica: Abreu's System

Todos os direitos reservados. Proibida a reprodução,
no todo ou em parte, sem autorização prévia por escrito da editora,
sejam quais forem os meios empregados.

Direitos exclusivos de publicação em língua portuguesa
para o Brasil adquiridos pela EDITORA BEST SELLER LTDA.
Rua Argentina 171, parte, São Cristóvão – Rio de Janeiro, RJ – 20921-380
que se reserva a propriedade literária desta tradução

Impresso no Brasil

ISBN 978-85-7684-427-3

Seja um leitor preferencial Record.
Cadastre-se e receba informações sobre nossos lançamentos e nossas promoções.

Atendimento e venda direta ao leitor:
mdireto@record.com.br ou (21) 2585-2002

Para minha irmã Karen

sumário

agradecimentos 13
introdução 19

CAPÍTULO UM: Com quem você pode contar 25

*Como as relações de confiança podem mudar sua vida
— assim como mudaram a minha*

    Perca peso, enriqueça e mude o mundo 27
    Bem-relacionado e totalmente sozinho 29
    Saiba quem você é e qual é o seu lugar 31
    Eureca! 34
    Por que precisamos de pessoas de confiança? 37
    Construindo o meu próprio círculo de confiança 43
    Quatro maneiras como as relações de confiança ajudarão você 48
    Mentores e pessoas de confiança 49
    E, agora, vamos começar 50

CAPÍTULO DOIS: As Quatro Mentalidades 53

Criando as bases para as relações de confiança

    O poder da intimidade 55

Está no DNA	57
As consequências de uma vida sem tribo	58
Tirando o pé do freio	63
Ficando tribal: as Quatro Mentalidades para criar relações de confiança	64
Destino: lugar seguro	66

MENTALIDADE Nº 1: Generosidade — 69

O que tenho a oferecer?	71
Moeda universal	72
Moeda pessoal	73
Será que a minha moeda vale alguma coisa aqui?	75
Agora, deixe os outros lhe ajudarem	78
Dê e permita que os outros deem	83
Pedindo ajuda: a Lei da Atração	85
Dê, receba e repita	89

MENTALIDADE Nº 2: Vulnerabilidade — 91

Quem você prefere?	91
Não seja covarde — tenha a coragem de ser vulnerável	92
Um risco que paga dividendos	93
Primeiro, construa as bases	96
— Fala sério. No trabalho? É. Até no trabalho	99
Confie em mim	100
Oito passos para a intimidade instantânea	101

MENTALIDADE Nº 3: Franqueza — 117

O valor do jogo aberto	119
A maneira certa e a errada de ser franco no trabalho	121
Vamos ser francos	124
Aumentando o nível de franqueza	124
Seja direto	130
Seja direto, mas nunca quando estiver com raiva	131
As armadilhas da franqueza	133

MENTALIDADE Nº 4: Responsabilidade — 139
   E, finalmente, a mudança! — 140
   O cara *certo*, e não qualquer um — 143
   O negócio da responsabilidade — 151

CAPÍTULO TRÊS: Construindo o seu *dream team* — 161

Nove passos para criar as relações de confiança que vão lhe ajudar a conseguir o apoio e os conselhos necessários para atingir suas metas

Primeiro Passo: Articule sua visão — 170

Segundo Passo: Encontre suas relações de confiança — 172
   Olhe além do seu círculo imediato — 173
   Como saber se a outra pessoa tem potencial para ser uma relação de confiança? — 183
   Os quatro Cs — 184
   A equipe que você escolher vai mudar e evoluir — 187
   Limpando a casa — 188

Terceiro Passo: Pratique a arte do longo jantar — 192
   Agir como se: representando o papel de pessoa de confiança — 195
   Vá bem longe, com muita amplitude e constantemente — 196
   Tente um pouco de franqueza — 197
   Eles são bem durões para exigir que você seja responsável? — 197
   Uma última coisa — 198

Quarto Passo: Amplie sua estratégia de traçar objetivos — 200
   As nuances de se estabelecer metas — 201
   Metas para se esticar — 204
   Com as metas de desempenho, é impossível falhar — 206

Faça das metas de trabalho da empresa as suas metas	206
Crie um "press release" para as suas metas	208

Quinto Passo: Crie sua Roda Pessoal do Sucesso — 209
- Misture, não equilibre — 211
- O fator quem — 214
- É isso o que você realmente quer? Ou você só acha que *devia* querer? — 216
- Solução de problemas para o processo de estabelecimento de metas — 218
- Aflições da missão — 219
- Diferença de crenças — 219
- Diferença de talentos — 219
- Desânimo antes do fim do jogo — 219

Sexto Passo: Aprenda a lutar! — 220
- Regras básicas do sparring — 223
- Os quatro Rs de se escutar — 232
- Preparando-se para a prática de sparring — 234

Sétimo Passo: Diagnostique as suas fraquezas — 238
- Basta escolher uma — 247
- Superando as nossas limitações — 256
- Sabe-tudo — 258
- Lembre-se de que o copo também pode estar meio cheio — 259

Oitavo Passo: Comprometa-se com o aperfeiçoamento — 265

Nono Passo: Finja até conseguir — e depois mantenha o comportamento — 272
- Fingindo até conseguir ter seu apoio mútuo — 276
- Quando as coisas dão errado — 279
- Solução de problemas para as Quatro Mentalidades — 284
- Colabore, não ceda — 285

CAPÍTULO QUATRO: Faça disso a sua vida   289

As táticas, as estratégias e as estruturas — de organizações formais até grupos de ajuda pessoais — para lhe ajudar a se manter no rumo

Um pouquinho de estrutura já ajuda muito   291
    Existe uma escola para cada peixe no mar   297
    Retirando a solidão da jornada empreendedora   301
    Fazendo as coisas acontecerem   304

Faça você mesmo   307
    Como conduzir uma reunião   309
    Formando um Grupo Greenlight   312
    Básico de recrutamento   315
    O que fazer e o que não fazer na hora de recrutar   317
    A segunda vez é sempre mais fácil   318
    Rituais de iniciação   320
    Promessas   320
    Promessas do Grupo Greenlight   321
    Os princípios   322
    Regras do jogo   323
    Cobrando a responsabilidade de cada participante   324
    O sistema de amigos   325
    Sessões de atenção especial   326
    Dê boas-vindas aos conflitos   328
    Uma recomendação final   329

Transformando o ambiente de trabalho   331
    Relações de confiança dentro de uma empresa:
      para onde você se dirige   333
    O método Greenlight   335
    Faça disso o seu negócio   350
    Pague adiantado e vá em frente   353

Nunca venda sozinho (Exclusivo para vendedores) 355
   Um mapa para se ter mais "equipe" em uma equipe
     de vendas 358
   Como começo? 361
   A comunicação é crucial 366
   Quais são as armadilhas comuns de se vender
     em equipe? 368
   As recompensas da venda em equipe 369

Repito: fuja do país dos feudinhos 371

agradecimentos

A definição mais simples e mais completa de uma relação de confiança é *alguém que nunca vai deixar você fracassar*. Para mim foram muitas as pessoas de confiança durante os três anos em que escrevi este livro — e o resultado é a melhor argumentação a favor do apoio recíproco que eu poderia apresentar. Tenho muito orgulho daquilo que criamos juntos.

Em primeiro lugar, um imenso muito obrigado à equipe que me ajudou a dar vida a este livro, todos foram fundamentais para esta realização: Max Alexander, Jim Mourey, Tahl Raz, Sara Grace Rimensnyder e Peter Smith. Jim Mourey, mais conhecido como Data, se envolveu com o projeto desde novembro de 2007, quando cobrimos toda a parede da minha casa com enormes Post-its. Ele liderou a pesquisa e proporcionou muitos insights e um apoio incansável. Sara Grace me ajudou a dar o acabamento no original nos últimos seis meses, com inúmeras horas escrevendo, revisando e gerenciando o projeto. Max Alexander investiu bastante energia e esforço neste livro durante vários meses. Peter Smith mergulhou de cabeça 24 horas por dia, sete dias por semana, inclusive nos feriados; a combinação de talento, bom coração e generosidade faz dele o que só pode ser descrito como um coração de ouro. E, finalmente, Tahl Raz merece a minha maior gratidão. Ele colaborou com o início do projeto, com insights e duras críticas, além de me auxiliar a concluí-lo com um tom e um estilo que só posso chamar de poético.

Às minhas pessoas de confiança no campo intelectual, no cerne do Greenlight Research Group: Mark Goulston, Morrie Shechtman e, evidentemente, Data. Mark esteve presente em muitas das sessões iniciais, e também participou dos brainstorms e proporcionou feedbacks instantâneos a cada passo do caminho. Morrie, em uma fase importante, fez com que a franqueza se tornasse prioridade em minha vida; seu trabalho com Grupos de Responsabilidade fortaleceu minha crença no poder do apoio dos colegas no ambiente de trabalho e teve um impacto importante na Ferrazzi Greenlight (FG).

A Manlio Carrelli e Jeff Kaplan, responsáveis por valiosas contribuições para as seções "Transformando o ambiente de trabalho" e "Nunca venda sozinho", respectivamente. E, finalmente, aos vários talentosos escritores que generosamente contribuíram com sua arte e suas ideias em várias etapas do processo: Brett Brune, Peter Carbonara, Lucas Conley, Vince Rause, Heather Schultz, Karen Watts e Frank Wilkinson.

Uma reverência ao meu incansável editor Roger Scholl, da Random House, que trabalhou como um mouro em todos os rascunhos, fazendo cada capítulo cantar; não fosse por ele, eu nem sequer seria escritor (foi Roger que telefonou para mim e sugeriu que eu escrevesse o livro que acabou virando *Never Eat Alone*); a Michael Palgon, meu editor, que manteve a calma cada vez que eu estourava um prazo; e para meu amigo e mentor literário Steve Rubin.

A Stan Lim, pelo apoio amigo e por seus sacrifícios, assim como suas sugestões para o layout da capa; ao meu pai e à minha mãe, por fazerem tudo o que eu quis virar realidade.

A Julie Ede, governanta da minha casa e grande amiga. Julie, o anjo da *WGYB*, deu o amparo necessário (além de um milhão de outras coisas) enquanto eu, literalmente, não saía da cadeira em que me sentava por horas a fio, e muitos dias.

A Ray Gallo, Roel Hinojosa, Bob Kasunic, Gavin McKay, Tad Smith e Fernando Trejo, os amigos a quem procuro com a maior rapidez e nos meus estados mais vulneráveis. Esses caras me dão todo o tipo de apoio prático e emocional, além de terem toda a minha confiança — pessoas de confiança em sua melhor expressão. Também figura nesta lista o meu absolutamente confiável e infalível amigo Dr. Rob Dirksen. Rob, vamos continuar assim.

Aos meus companheiros no apoio aos amigos, os líderes das organizações e instituições que nos fizeram aprender tanto: Raphael Pastor, da Vistage; Matthew Weiss e Matthew Stewart, da Entrepreneurs Organization; Bill Pepicello e Terri Bishop, da Universidade de Phoenix; Jean Nidetch e Dave Kirchhoff, dos Vigilantes do Peso; Bob Halperin e Daniel Schwartz, da YPO; Bill George, autor de *Liderança autêntica*, entre outras realizações importantes; e Bill W., fundador dos AA.

A Tony Robbins, cuja amizade exerceu grande impacto na minha vida; George Halvorson, cuja pesquisa e cujo espírito intelectual merecem um livro à parte; aos nossos amigos no Facebook, inclusive Matt Cohler, Jon Fougner e Tim Kendall, que fornecem a tecnologia para nos conectar cada vez mais intimamente; e à Organização Gallup, que luta por avanços na causa das relações de trabalho mais profundas. (Um agradecimento especial ao CMO da Gallup, Larry Emond, e ao sócio Doug Stover, tão prestativos quando necessário.)

Aos queridos amigos cujas histórias deram vida e alma a este livro, com um agradecimento especial a Lisa e a Mehmet Oz, que inspiraram e apoiaram meu trabalho ao longo dos anos. Lisa me concedeu um tempo que ela não tinha, para que o original ficasse ótimo — não é à toa que Mehmet faz tanto sucesso!

A John Reid-Dodick, Devin Wenig e à equipe da Thomson Reuters Markets. Saí de nossa primeira reunião impressionado com o sucesso coletivo e com a inspiração de todos os envolvidos, que deram o tom de tudo mais. Estou muito animado com o trabalho que fazemos juntos e presto uma sincera homenagem por terem participado do estudo de caso que aparece nesta obra.

A Roger Arnold, Mark Dean, Jason Owens, Nikki Sorum e toda a equipe da Thrivent Financial: obrigado por proporcionarem um modelo tão incrível para vendas em equipe, e por serem tão comprometidos com o assunto. Sem a coordenação de Jason, não haveria o capítulo "Nunca venda sozinho".

A todo o grupo que discutiu e/ou revisou os primeiros esboços, capítulos e rascunhos — o feedback e ajuda não só geraram um "bom livro", mas também me deram o incentivo de que eu precisava para cruzar a linha de chegada: Sherry Chris, Samantha Clemens (envolvida em inúmeros brainstorms), Danielle Gaudio-Lalehzar, Vicki Halsey, Dwayne Landry, Monish Mansukhani, Glenn Richardson, Peter Roche (com um muito obrigado especial pelo seu insight), Teresa Ressel, Matt Sharrers, Guru Singh, Hilary Tetenbaum, Howard Tucker, Peter Winick (que bateu todos os recordes ao ler um rascunho inteiro praticamente da noite para o dia), Ian Ybarra e Dave Zobel.

À minha prima Wendy Scalzitti, cuja história de sucesso em sua sociedade me deu a força e a convicção de que eu estava no caminho certo.

Aos meus agentes, Jay Mandel e Wayne Kabak, na William Morris, que são extremamente profissionais e sempre foram muito solícitos.

A Kevin Small, simplesmente a pessoa mais brilhante que conheço, no sentido de entender o futuro do negócio de ajudar os outros, e como administrá-lo.

Àqueles que participaram do piloto do Greenlight Group na Big Task [Grande Tarefa], com um agradecimento especial a Eric Hansen, cuja coragem em ser ao mesmo tempo franco e vulnerável elevou e deu o tom para o grupo inteiro, e a Beth Comstock, cujo papel no sucesso daquele dia foi fundamental.

Aos primeiros Embaixadores da Greenlight Community, cujo entusiasmo deu início a um movimento: Jorge Colón, Maxine

Karchie, Sana Ahmed, Seb Bourcheix, Tami Conner, Kim Ann Curtain, Michael Dill, Hammad Khan, Robert Mees, Aurelie Penn, Gina Rudan, Scott Sonnon e Kent Speakman.

Aos muitos indivíduos que tive a honra de ajudar e que me ajudaram mais do que se pode imaginar, especialmente Scott Bowen, Drew Pace, Guy Baruch, Noah Laracy, Robin Kimzey e Joerg Floeck. Espero que nosso trabalho, juntos, tenha exercido um impacto tão grande em vocês quanto em mim e neste livro.

A Mike Minasi, o primeiro cliente da Ferrazzi Greenlight, que se tornou um amigo bem próximo durante todo esse tempo, comprovando mais uma vez que as melhores relações de trabalho são pessoais.

Aos atuais e ex-membros da equipe Ferrazzi Greenlight: obrigado pela paciência, pelo talento e por cada uma de suas contribuições individuais para a pessoa que eu sou hoje. Todos vocês são o próprio Grupo Greenlight, proporcionando um lugar seguro para se errar e aprender juntos, assim como ser a incubadora e fornecer o terreno a tudo aquilo que a *WGYB* se propõe a ser. Minha sincera gratidão a Jim Hannon e J. P. Kelly, pelos sacrifícios e pelas contribuições que possibilitaram minha dedicação a este livro por várias horas, nas quais eu deveria estar me concentrando na FG; ao meu diretor de marketing, Love Streams, por ter criado uma campanha e um tour fantásticos para este projeto; a Chris Tuffli, por corajosamente ter lançado um dos primeiros Grupos Greenlight fora da FG; a Russ Brodmerkle, por verificar todas as citações; a Todd Goodrich, por transcrever as entrevistas; e a Fiona Kennedy, por sua dedicação em tempo integral para me fazer e a Ferrazzi Greenlight termos sucesso.

E, finalmente, a Peter Guber, Greg Seal, Bob Kerrigan, Bill Braunstein, Doug Turk e Bo Manning — minhas pessoas de confiança nos negócios, cuja orientação para mudar minha atitude formou a espinha dorsal desta obra. Um agradecimento especial a Greg, que chegou a ponto de dar um murro na mesa e estar à minha disposição pelo tempo que fosse necessário para fazer a Ferrazzi Greenlight ser o que é e o que está se tornando; e a Bo, meu primeiro chefe, mentor e atualmente sócio.

Serei eternamente grato a esse grupo que me entende e se preocupa comigo.

introdução

Uma pessoa se torna uma pessoa através de outras pessoas.
ARCEBISPO DESMOND TUTU

No meu quarto de hotel em Cingapura, depois de um dia de reuniões e de um jantar com a minha equipe, o cansaço bateu. Éramos uma equipe de consultores de administração da Deloitte & Touche que rodava o mundo. Na noite anterior, eu havia dormido no avião em um voo de Londres, mas mesmo que essas novas e impressionantes poltronas da primeira classe deitem até a horizontal, elas ainda não eram um substituto para uma cama de verdade, e praticamente me misturei ao colchão. Já estava cochilando quando ouvi um papel ser passado por baixo da porta. *Argh, um fax! Deixa para amanhã!*, pensei.

Mas como CMO (*Chief Marketing Officer*) da empresa — e como membro mais novo do comitê executivo —, eu não podia simplesmente adiar as coisas para o dia seguinte. Por isso, pulei da cama, me arrastei até a porta e abri o envelope.

O fax não era de ninguém da Deloitte. Era uma oferta de emprego. Do outro lado do mundo, me ofereciam o cargo de CMO da Starwood Hotels, uma empresa relativamente nova, com ambições globais próprias. De várias formas, para mim, esse seria o emprego dos sonhos. O objetivo da Starwood era reinventar a estagnada indústria hoteleira e criar marcas totalmente novas, que pudessem ser reconhecidas no mundo inteiro, com uma divisão central de marketing global. Da minha parte, esperava-se que eu transformasse e liderasse o extenuado mundo do marketing hoteleiro como parte de uma nova e enérgica equipe da Starwood.

Eu devia ficar animado com a proposta — para mim, era um passo gigantesco na direção do marketing para o consumidor, com maiores chances de ganhos e mais responsabilidade —, mas, em vez disso, fiquei totalmente angustiado. Como eu poderia abandonar os meus amigos da Deloitte, exatamente quando o nosso trabalho começava a dar resultado? Eu era o primeiro CMO da sociedade e o primeiro profissional de marketing global a ter êxito — principalmente porque eu vinha da parte operacional da empresa e realmente conhecia as entranhas do que fazíamos desde a base, mas também por ser bem jovem para não pensar do jeito antigo. Além disso, eu contava com uma equipe que realmente desejava o meu sucesso. A Deloitte estava pegando um conjunto fragmentado de consultorias específicas para cada país e as consolidando sob uma mesma marca, de maneira muito parecida com o que a Starwood desejava consolidar em seus hotéis. Era um processo complexo que dava enormes resultados. Eu sabia que seria muito difícil me substituírem rapidamente — todos os sócios já trabalhavam acima de sua capacidade —, o que só aumentava o meu sentimento de culpa.

Mas havia uma voz mais profunda em mim que causava angústia e que eu não estava escutando, da qual só fui me conscientizar anos depois: por mais que eu quisesse acreditar que a equipe da Deloitte precisava de mim, a verdade é que *eu* precisava *deles*. Se naquela época eu já soubesse o que sei agora, teria percebido que o medo que estava sentindo era decorrente da rápida erosão do meu network de apoio, de perder meu chão.

Network — esse era o tipo de coisa que eu entendia muito bem. Afinal de contas, o fax da Starwood não apareceu debaixo da minha porta por mero acaso. Chegou como o resultado de um compromisso da vida inteira de criar um network de relacionamentos de verdade. Cheguei ao posto mais alto do marketing na

Deloitte cultivando relacionamentos profundos com executivos de empresas (inclusive o CEO, Pat Loconto) desde os meus tempos de estudante na Harvard Business School. A importância de estabelecer comunicação e se conectar com os outros foi um talento que aprendi ainda em menino, filho de trabalhadores no oeste da Pensilvânia, quando servia de laddie para o pessoal mais rico, do outro lado da cidade. Descobri que eles não só pertenciam aos mesmos clubes e círculos sociais, mas que todos faziam negócios entre si. E, à medida que fui conhecendo vários deles, percebi que qualquer um podia ser membro daquele "clube", desde que se preocupasse com o sucesso deles e não apenas com o seu. Era uma técnica que as escolas de administração não enxergavam, e muitas pessoas também não.

Na cabeça de muitos, me tornei o Rei das Conexões, ligando um grupo de pessoas a outro.

Dadas todas as minhas conexões, o que haveria de mal em sair da Deloitte em busca de melhores pastagens? Eu era jovem, mal completara 30 anos, e tinha toda a minha vida profissional pela frente. Por que eu não estava eufórico?

Evidentemente, como muita gente que se via diante de uma mudança de emprego, eu sabia que ia sentir falta dos meus amigos na Deloitte. Mas as minhas emoções iam mais fundo do que isso. Eu era o garoto novo em uma equipe de líderes experientes encarregados de globalizar a empresa — um grupo extremamente unido liderado por Pat e seu braço direito, Bob Kirk, além de outros veteranos da empresa, como Greg Seal, a primeira pessoa a me contratar para um estágio de verão quando eu ainda era um jovem impetuoso (e que impediu, várias vezes, que eu fosse despedido por excesso de audácia). Todos me viam como um protegido.

Essa não era só uma equipe que trabalhava unida; era um grupo que se preocupava e incentivava uns aos outros. Eles me ajudaram a crescer durante os anos de formação da minha vida profissional. E eu também me preocupava com eles, e ainda me preocupo. Todos nós confiávamos uns nos outros; nossos valores centrais eram quase totalmente alinhados (mesmo que as técnicas fossem diferentes); não havia nada que não pudéssemos fazer ou falar em voz alta. Levantávamos a voz, trocávamos opiniões, compartilhávamos ideias durante longos e lentos jantares, corríamos muitos riscos e nos desculpávamos frequentemente pelos erros dos outros. Não consigo me lembrar de um momento em que não me sentisse seguro. Éramos sócios arrastando nosso trenó pelo mundo — só que não parecia que arrastávamos. Ao contrário, vivíamos cheios de animação, otimismo, energia, criatividade e esperança. Às vezes, eu pulava da cama no meio da noite e ia para a empresa enquanto ainda estava escuro, de tão grande que era a animação. Eles eram mais que meus colegas — eram também meus amigos.

Não é só o fato de mais cabeças pensarem melhor do que uma. Sem ter de nos preocupar em pisar no pé ou em magoar alguém, podíamos deixar novas ideias estourarem pela sala feito pipoca. Nosso compromisso com a franqueza era extraordinário. Debatíamos fervorosamente e pedíamos que os outros apontassem nossos erros. Motivávamos e inspirávamos uns aos outros, em vez de submetermos uns aos outros a vexames ou constrangimentos. E cobrávamos responsabilidade de todos, para termos certeza de que ficaríamos focados em nossos objetivos. Aprendíamos e compartilhávamos em um ambiente seguro, que nos permitia correr riscos e crescer de verdade.

Não havia assunto algum que não pudéssemos conversar no nosso grupo. E assim, obviamente, foi para eles que me virei em busca de um conselho sobre o que eles achavam que eu devia fazer. Exatamente. Eu estava disposto a perguntar ao CEO da nossa empresa se eu deveria sair e aceitar outro emprego. Era assim que funcionava a nossa equipe.

Quando todos nós nos reunimos no lobby do hotel na noite seguinte — um daqueles palácios coloniais antigos abarrotados de sofás de couro que pareciam ter saído direto da capa de um catálogo da Ralph Lauren —, falei sobre o fax da noite anterior. Apesar de toda a nossa amizade e do ambiente aconchegante, as palavras não queriam sair. Tento me lembrar daquele momento até hoje, sempre que um funcionário da minha própria empresa de consultoria, a Ferrazzi Greenlight, diz que precisa ir atrás de novas oportunidades. Tento pensar nisso como uma espécie de formatura, e não como uma perda — como na hora em que o meu competente colega Gavin McKay foi embora, para seguir seu sonho de abrir uma inovadora rede de academias de ginástica. Foi o primeiro "formando" da Ferrazzi Greenlight.

O que eu precisava era que a equipe da Deloitte dissesse que eu podia me formar, sem traumas.

Eu sabia perfeitamente que Pat ficaria decepcionado. Mas ele me conhecia bem.

— A Starwood é o tipo do lugar onde um jovem como você realmente pode ganhar renome, Keith — disse ele, e os outros concordaram. Alguns dias mais tarde, quando o nosso avião pousou em Nova York, senti a mão de alguém em meu ombro, me acordando. Pensei que fosse a aeromoça pedindo para eu colocar a poltrona na posição vertical, mas quando abri os olhos vi Pat sentado na beira da poltrona.

— Keith — disse ele —, quero que você se lembre de uma coisa: nunca, mas nunca mesmo, olhe para trás. Você tomou a decisão certa, independentemente do que vier pela frente. Olhe apenas para a frente.

Naquela hora, Pat bem que podia ser meu pai, que sempre dizia:

— Meu filho, nunca olhe para trás. A pior coisa que uma pessoa pode fazer é olhar para trás e se perguntar: "E se?"

Nunca mais tive a bênção de ter um chefe como Pat, mas sei que chefes assim existem. Quando encontro grandes líderes como Jamie Dimon, do JP Morgan Chase; Devin Wenig, da Reuters; Bob Iger, da Disney; Todd Lachman, da Mars; Mark Jordahl, do grupo de administração de riqueza da U.S. Bancorp; ou John Pepper, que trabalhava na Procter & Gamble, penso em como as equipes deles têm sorte de trabalhar com alguém que realmente entende o que é liderança. Entretanto, como disse Pat, olhe sempre para a frente...

Então, graças, em boa parte, ao conselho do meu grupo de apoio e meus companheiros de equipe na Deloitte, saí de lá.

Enquanto escrevo isto, percebo que não fiz muita coisa para criar esse momento mágico na minha vida; ele simplesmente aconteceu à minha volta. É claro que fiz o que tinha de fazer para estar aberto para ele, mas nunca pensei que isso pudesse ser copiado. Ao longo dos anos, quando virei empreendedor e passei a administrar minha própria empresa, aqueles dias na Deloitte ficavam na minha cabeça como algo passageiro, de estar no lugar certo, na hora certa — uma questão de sorte. Naquela época, eu não saberia dizer por que isso era tão especial, ou por que deu tão certo; parecia apenas ser um trabalho cheio de animação, intelectual e emocionalmente carregado. Eu era o garoto pobre do interior que conseguiu passar de uma escola de prestígio para outra — me sentindo totalmente fora do lugar onde quer que fosse. Embora eu estivesse animado com as novas funções que me aguardavam, queria ter aquela sensação de apoio e ligação outra vez. O que mais aprendi na Deloitte foi o poder incrível que é ter uma equipe de pessoas a me guiar, a me incentivar e me ajudar a ser franco e aberto, cobrar minhas responsabilidades e permitir que eu desenvolvesse todo o meu potencial. Percebi que queria encontrar uma maneira de recriar aquela experiência.

CAPÍTULO UM

Com quem você pode contar

*Como as relações de confiança podem mudar sua vida
— assim como mudaram a minha*

Perca peso, enriqueça e mude o mundo

Talvez isso possa parecer o título duvidoso de um desavergonhado livro de autoajuda, mas até que é uma maneira bem precisa de se descrever a vida de Jean Nidetch. Jean era uma dona de casa tamanho família que convocou suas amigas para ajudá-la a fazer um regime. O que ela conseguiu, no fim das contas, foi impressionante. Mas *a maneira* como Nidetch conseguiu é algo que todos nós precisamos compreender.

Jean vivia acima do peso. Ela vivia acima do peso quando criança, continuou acima do peso na faculdade e, apesar de inúmeras dietas e regimes, sua cintura continuou aumentando durante os seus 20 e 30 anos. Com o tempo, essa mulher de 1,69m chegou a pesar mais de 97kg, usar roupas tamanho 58 e passou a fazer parte da classificação médica "obesa". Jean tentou dietas e comprimidos que prometiam fazê-la perder peso, mas sempre ganhava de volta os quilos que perdia.

Em 1961, aos 38 anos, Jean deu início a uma dieta patrocinada pelo Departamento de Saúde da Prefeitura de Nova York. Depois de dez semanas ela havia perdido 10 quilos, mas tinha começado a perder a motivação. Percebeu que o que ela precisava era de alguém com quem pudesse conversar e receber apoio.

Ela teve uma inspiração: como não podia fazer suas amigas irem até Manhattan para participar do regime oficial do Departamento de Saúde, ela levou a "ciência" do programa para a sua casa, no bairro do Queens. Jean e suas amigas perderiam peso juntas. Dessas primeiras reuniões nasceram os Vigilantes do Peso, hoje amplamente reconhecido como um dos programas mais eficazes de se perder peso no mundo. A ideia de Nidetch era bem simples: perder peso exige uma combinação de regime e apoio dos pares. Ela tinha reuniões semanais para verificar seu peso e para incentivar o comprometimento, além de promover conversas honestas e de apoio sobre as lutas, os reveses e as vitórias ao se perder peso.

Com o tempo, Nidetch, que acabou perdendo 33kg, alugou um escritório e começou a liderar grupos por toda a Nova York. Em 1963, tornou-se pessoa jurídica. A empresa abriu seu capital em 1968 e foi vendida para H. J. Heinz em 1978. (Em 1999, o Vigilantes do Peso voltou a ser vendido, dessa vez para uma unidade da empresa Artal Luxembourg.) Em 2007, o Vigilantes do Peso Internacional teve vendas no varejo de mais de US$ 4 bilhões, vindas de licenciados e franqueados, mensalidades e anuidades, programas de exercício, livros de receita, comidas controladas em porções e uma revista. Nidetch se aposentou em 1984, deixando um legado que, literalmente, salvou a vida de milhões de homens e mulheres. Como atual CEO da empresa, Dave Kirchhoff observa:

— Apesar da ciência de perder peso ter evoluído ao longo dos anos, o núcleo do programa de Jean (apoio e responsabilidade) continuou o mesmo.

O que há de tão extraordinário em tudo isso? Jean só queria ficar magrinha, mas por meio de um círculo próximo de amigas que ofereciam informações, conselhos, honestidade e apoio, conseguiu muito mais do que imaginava ser possível. Jean descobriu o que os grandes líderes e profissionais de alto desempenho sempre souberam ao longo dos tempos: que uma realização excepcional no trabalho e na vida resulta de um processo de colaboração entre os pares.

Atrás de cada líder, na base de todas as grandes histórias de sucesso, você sempre encontrará um círculo indispensável de conselheiros, mentores e colegas de confiança. Esses grupos são de todas as formas e tamanhos e existem em todos os níveis e todas as esferas, tanto da vida pessoal como profissional, e o que todos eles têm em comum é um tipo de ligação singular entre eles que então chamei de *relações de confiança*.

Essas relações são, em poucas palavras, a razão de algumas pessoas serem muito mais bem-sucedidas do que outras. Em *3 pessoas para mudar sua vida*, quero fornecer um guia prático para construção de um círculo íntimo de relações de confiança, de modo que você possa fazer pela sua vida o que Jean Nidetch fez pela dela.

Bem-relacionado e totalmente sozinho

Dez anos após deixar o comitê executivo da Deloitte Consulting eu tinha sido, no Starwood Hotels and Resorts, um dos mais jovens CMOs de uma empresa da *Fortune 500*. Em 2003, meu primeiro livro, *Never Eat Alone*, que promovia o poder dos relacionamentos verdadeiros e da generosidade em nossas vidas, havia se tornado um best-seller nacional. E de tudo o que ouvi dos leitores e clientes, percebi que o livro estava ajudando as pessoas a mudarem suas vidas para melhor. Senti como se estivesse começando a encontrar o meu verdadeiro propósito na Terra — ajudar os outros a melhorar a vida e suas empresas. Parecia tão mais significativo do que colocar "bundas em camas", como eu costumava brincar como CMO da Starwood. Pouco depois, realizei meu maior sonho ao abrir minha própria empresa de consultoria e treinamento, a Ferrazzi Greenlight — ou FG, como nós a chamamos. Para o mundo exterior, eu parecia ter tudo — sucesso, dinheiro, reconhecimento, palestras bem pagas, um calhamaço de cartas de fãs e um network pessoal e profissional do tamanho do catálogo telefônico de uma cidade de porte médio.

Superficialmente, a vida estava ótima. Mas, na verdade, nem tudo era o que parecia ser. O fato é que, em se tratando do lugar no qual eu queria que a empresa estivesse, os negócios estavam me decepcionando. Eu me sentia isolado e abarrotado de trabalho. Era como se estivesse em uma festa ao redor de uma piscina, cercado de amigos e conhecidos, mas, em vez de estar circulando e distribuindo drinques, eu estava sozinho na parte mais funda da piscina, lutando para manter a cabeça fora d'água... e ninguém parecia notar.

Percebi que estava me comportando como um administrador medíocre. Grande parte do trabalho para os clientes tinha de ser realizada por mim, pessoalmente. Embora eu tivesse contratado alguns executivos talentosos para me ajudar a erguer a FG, não tinha reservado tempo para ensiná-los a fazer o que eu fazia, ou de pensar em uma empresa que não exigisse de mim a maior parte do trabalho braçal. Quando os meus colegas tentavam interferir e tirar esse peso das minhas costas, eu costumava me decepcionar com os resultados. A solução que encontrei foi aceitar a situação e cair de cabeça nos problemas, pegando ainda *mais* trabalho, o que me levava a negligenciar ainda *mais* o gerenciamento da empresa e passar ainda *menos* tempo treinando minha equipe. Eu vivia constantemente na estrada, o próprio CEO ausente. Nosso trabalho era mais do que uma ocupação para mim; era uma missão na qual eu acreditava cegamente. Eu acreditava tanto nisso que não podia relaxar um pouco, quando devia. E assim eu corria o país inteiro como se fosse doido. Mesmo assim a FG recusava novos negócios, porque eu não conseguia fazer tudo sozinho.

Era um comportamento antigo que eu sabia, dentro de mim, que estava me derrubando, no entanto eu não conseguia enxergar uma maneira de contorná-lo. Eu ia escada abaixo.

As pessoas me diziam com frequência que o meu nível de energia era contagiante. Mas o fato é que ambição e determinação só vão lhe levar até certo ponto. Eu estava ocupado demais entrando em aviões, me encontrando com clientes novos ou em potencial, dando palestras e agarrando toda ideia brilhante que aparecesse pelo caminho, esperando que a próxima, de alguma maneira, fosse resolver ou eclipsar todos os nossos problemas.

Qual impressão isso passava para as pessoas à minha volta — todas as tais pessoas da piscina, sorrindo e bebericando seus drinques, enquanto eu, desesperadamente, tentava me erguer lá no fundo? Adivinha — nunca me dei o trabalho de perguntar. Nunca conversei sobre os meus problemas ou pedi ajuda. As pessoas das quais eu precisava estavam ao alcance da minha mão o tempo inteiro — mas eu não conseguia ver isso.

A maior parte da minha equipe simplesmente procurava fazer o melhor que podia com um CEO desaparecido. Entretanto, eles não deixavam de perceber a ironia: Keith Ferrazzi, o cara apelidado de Rei das Conexões pela mídia por causa do sucesso de *Never Eat Alone* e do tamanho do seu network, não conseguia administrar os relacionamentos na sua própria empresa.

Muitas vezes percebemos que alguma coisa não vai bem em nossa vida, mas insistimos em ignorar o que o instinto está dizendo e continuamos a fazer as mesmas coisas. Eu só queria ter tido a coragem de falar com as pessoas à minha volta e pedido:

— Gente, preciso de ajuda. Estou me afogando.

Saiba quem você é e qual é o seu lugar

No fundo, meus problemas não eram questões empresariais. Para muitas das questões diárias e estratégicas que uma empresa enfrenta, eu contava com uma rede de apoio de nível mundial que juntei, utilizando os insights e as linhas mestras que descrevi em *Never Eat Alone*. Eu podia me virar para um sem-número de advogados, banqueiros, vendedores ou membros de diretoria do meu network para receber um conselho específico. Mas a ajuda que podiam me oferecer ficava restrita a um telefonema aqui e um cafezinho ali — uma coisinha ou outra. Eu não tinha alguém para quem pudesse me voltar a qualquer tempo para uma conversa completamente franca, sem meias-palavras, sobre o que realmente acontecia em minha vida. Eu não tinha estabelecido esse tipo de relacionamento íntimo e profundo com algumas pessoas-chave que fariam o que fosse necessário para que *eu nunca fracassasse* e por quem eu faria o mesmo. O tipo de relacionamento que eu tinha com a minha equipe na Deloitte.

Em um certo nível, eu tinha perdido a noção das minhas forças e fraquezas. Quando isso acontece, perdemos o poder de administrar nossos pontos fracos e o resultado é um comportamento autoderrotista. Superá-los é, em última análise, *conhecer a si mesmo*.

Veja da seguinte maneira: o sucesso é a capacidade de criar os resultados que você realmente procura e não, digamos, a quantidade de dinheiro que você ganha. As pessoas que têm uma ideia clara do que faz seu coração acelerar, que conhecem suas prioridades e motivações interiores, não ficam se atrapalhando. Elas podem concentrar sua intenção energizada nos próprios objetivos. É isso o que permite que pessoas comuns vivam vidas extraordinárias.

Obter esse conhecimento é uma viagem que não tem um só destino — e mesmo assim todos nós nos perdemos de alguma maneira, de vez em quando. E, quando isso acontece, precisamos da perspectiva externa de uma pessoa de confiança — um choque de realidade que nos faça abrir os olhos.

Para mim, esse choque partiu de um amigo, Peter Guber, o produtor de cinema e ex-presidente da Sony Pictures. No decorrer de um dia incrível, minha vida começou a mudar.

Eu tinha passado na casa de Peter para dar alguns conselhos sobre o livro que ele estava escrevendo. Em sua sala, cercado de um monte de lembranças de filmes — a verdadeira roupa do Batman do filme *Batman* e os vários prêmios recebidos pela produção de filmes como *O expresso da meia-noite* e *Rain Man* —, eu estava falando sem parar, dando-lhe feedback sobre a história do livro, quando de repente Peter se recostou no sofá e começou a sacudir a cabeça mansamente.

— Keith — disse ele —, acho que você devia pensar em ser um pouquinho mais elegante.

Fiquei estupefato. *Elegante?* Será que os meus conselhos estavam sendo diretos demais? Isso era impossível, em se tratando de Peter. Elegante? Poucas palavras neste mundo são tão pesadas para mim. Logo me lembro da escola chique em que cursei o ensino fundamental, e onde estudava com bolsa. Meus pais, humildes, em Latrobe, na Pensilvânia, não podiam pagar os uniformes da escola, então tínhamos de comprar as roupas em uma loja de "quase novos". Eu detestava ir àquela loja e ficava escondido entre as araras com medo de ser descoberto por algum coleguinha — o que, obviamente, acabou acontecendo. E as crianças passaram a gritar:

— Ei, Ferrazzi, qual é o nome que está no escrito no seu casaco hoje?

Das roupas ao sotaque Pittsburgh, desde pequeno as pessoas sempre me fizeram notar o quanto eu não era elegante.

Peter percebeu a expressão em meu rosto e sacudiu a cabeça afetuosamente. Seu sorriso me lembrou de que éramos amigos e que ele era uma pessoa que se preocupava comigo, não um sujeito da escola querendo me humilhar.

— Keith... essa sua expressão. Não estou falando de roupas ou postura — ele continuou. — Estou falando de elegância de objetivos e de atividade. Elegância, Keith, é a arte de se utilizar a mínima quantidade de esforço para conseguir o máximo de efeito, a quantidade máxima de poder e de realização na sua vida. Você trabalha *tanto*, Keith, e não tem nada de errado nisso, mas você passa o tempo todo enrolado. Recebo e-mails de você nas mais diversas horas. Você está entre as pessoas mais inteligentes que conheço, mas trabalha em um ritmo muito alucinante. Com todo esse esforço, e com o talento que você tem, devia estar muito mais adiantado na vida do que está agora.

Ele fez uma pausa, me olhou nos olhos, e inclinou a cabeça.

— Keith, vamos analisar isso juntos. *Você* sabe para onde está indo e como a sua empresa vai ajudar você a chegar lá? Porque, para mim, isso não está claro. Você é capaz de dizer se esses seus esforços quase sobre-humanos estão alinhados e direcionados para qualquer que seja esse lugar?

Percebendo minha expressão de susto, ele fez outra pergunta:

— Keith, será que sou a primeira pessoa a lhe dizer isso?

Eu sabia que o insight e a sabedoria de Peter tinham me atingido bem no alvo. Mas nunca ninguém havia falado com tanta franqueza assim para mim. Eu também sabia que a sinceridade dele, embora difícil de engolir, era um forte sinal de que ele estava interessado no meu bem-estar. Era como se ele tivesse visto eu me debater na tal piscina e se dado o trabalho de jogar uma corda.

Por alguma razão, me senti totalmente seguro e respeitado, ouvindo o que Peter tinha a dizer — não fiquei constrangido, nem na defensiva, mesmo com o Batman me olhando do canto. Fiquei até grato, emocionado e aliviado. Eu passara a maior parte da vida tentando ser tanta coisa para tanta gente — e não era bom em admitir minhas fraquezas. No entanto, sentado aqui, sozinho com Peter, tudo ficou muito mais fácil. Ele não estava insinuando que eu era fraco. Apenas humano. Que eu tinha forças que não utilizava e comportamentos que tinha de corrigir.

Eureca!

Peter me fez perceber que eu precisava de ajuda. Precisava ter mais apoio do tipo que Peter oferecia. Não haveria maneira de eu chegar onde queria e desenvolver todo o meu potencial nos negócios sem isso. Eu não tinha que ter medo de baixar a guarda, porque já havia bastante gente à minha volta que via quem eu era e, mesmo assim, me respeitava e se importava comigo.

A verdade é que, apesar de ter muitos relacionamentos, poucas eram as relações íntimas e próximas com pessoas com as quais eu realmente podia me abrir, compartilhar meus medos, fracassos, objetivos, sonhos e, ainda, pedir ajuda. Eu tinha começado a pensar que, como o chefe, as pessoas olhavam para mim como se eu fosse um expert, que eu era alguém que devia ter todas as respostas na ponta da língua. Mas nem sempre eu tinha essas respostas. Meus relacionamentos *realmente* poderosos — minha família e alguns amigos íntimos de muitos anos — não podiam dar o tipo de insight e feedback sobre minha carreira e minha vida que eu mais precisava ouvir. Eu precisava de pessoas de confiança que entendessem meus objetivos profissionais. E eu também *tinha* essas pessoas na minha vida! Só não havia pedido ajuda a elas. Eu tinha muito medo de parecer fraco ou perdido; e, francamente, ficava constrangido com alguns dos meus comportamentos. Por que eu deveria pôr minha imagem em risco admitindo as minhas fraquezas? Na verdade, por dentro eu sabia que só estava me enganando, ao pensar que elas já não percebiam isso sozinhas.

E foi aí que percebi. Enquanto eu tentava ansiosamente desenhar um novo mapa para atingir o *meu* melhor, tanto eu como a minha equipe de consultores e pesquisadores de primeira linha da FG já trabalhávamos com força total ao explorar maneiras para sustentar a mudança de comportamento em todo tipo de empresa. A resposta a que chegamos foi o poder do apoio dos pares, bem à maneira do apoio que Peter Guber havia me dado. Era uma nova e fascinante área da prática da FG, nascida do meu próprio interesse em apoiar os companheiros em programas de autoajuda extremamente bem-sucedidos como o Vigilantes do Peso (que ajudaram minha irmã Karen) e o Alcoólicos Anônimos, todo um novo conjunto de estudos psicológicos e da experiência de primeira mão de gente como Morrie Shechtman, um consultor, escritor e palestrante extremamente franco e cheio de boas ideias, e o Dr. Mark Goulston, negociador de reféns e aclamado autor de *Pare de se sabotar no trabalho*. (E, bem a propósito, tanto Morrie como Mark acabaram se juntando ao nosso instituto de pesquisa na FG.)

O raciocínio era: e se adaptássemos os conselhos de "não fazer as coisas sozinho" — que é a pedra fundamental dos programas de 12 passos do Vigilantes do Peso e dos grupos de apoio que se baseiam na fé — e os aplicássemos ao mundo corporativo? Alavancar as mesmas metodologias básicas encontradas nos programas de mudança de comportamento mais bem-sucedidos do mundo para manter as organizações e os empregados focados nas mudanças positivas e nas metas a serem alcançadas? Dar poder às pessoas com as ferramentas para ajudá-las a identificar e resolver problemas que as limitam pessoal e profissionalmente?

Eureca! Foi um momento triunfal.

A FG tinha começado a promover ambientes de companheirismo dentro de grupos estruturados como equipes de vendas e executivas. O retorno era mensurável e quase imediato, a começar pela animação renovada das pessoas e pelo compromisso de toda a empresa de desenvolver novas técnicas e comportamentos melhores. Para os nossos clientes, essas melhorias normalmente se refletiam em receitas mais altas depois de dois trimestres. Estávamos proporcionando às empresas novas técnicas e ferramentas, permitindo que seus funcionários estabelecessem relações de confiança uns com os outros.

Peter Guber me fez ver o quanto eu havia me isolado ao tentar resolver meus problemas como líder e administrador. E o trabalho que fazíamos na FG havia se tornado o modelo para lidar com a situação em que eu me encontrava — permitir aos indivíduos utilizarem o poder do apoio pessoal de alguns poucos conselheiros íntimos e de confiança — para conseguir mais, com mais rapidez e de uma maneira *mais divertida* e, consequentemente, para terem ainda mais sucesso. Dava para ver que a minha vida pessoal não podia estar mais alinhada com a minha vida profissional.

Eu queria poder passar mais tempo com Peter e receber mais do que ele tinha a me oferecer. Mas percebi que também precisava do apoio e dos conselhos de mais pessoas como ele, pessoas próximas, com quem eu poderia estabelecer relações de confiança. Eu precisava de algumas pessoas-chave, com quem pudesse contar, com quem pudesse conversar qualquer coisa e que iriam me incentivar e me apoiar, que me dessem feedback, vissem as coisas por outro ângulo e me falassem a verdade mesmo quando eu preferisse não ouvi-la. Pessoas que me cobrariam e exigiriam que eu fosse responsável a cada passo do caminho. Eu já havia feito esse papel para muita gente ao longo dos anos; agora eu tinha de deixar os outros fazerem isso por mim. Eu precisava permitir que os outros participassem mais profundamente.

Por que precisamos de pessoas de confiança?

Cada um de nós é um vendedor, um líder e um empreendedor à procura de respostas. Todos nós trabalhamos duro na nossa carreira e nas nossas profissões — e nesta categoria incluo os pais que ficam em casa. Todos nós somos empreendedores de nossas próprias ideias, independentemente de sermos donos da própria empresa ou de trabalharmos para alguém. Todos nós somos líderes nas nossas vidas — com os nossos colegas, funcionários, filhos e em nossas comunidades. Cada um de nós é um vendedor de si mesmo e das suas opiniões, para não falar dos produtos e serviços com os quais trabalhamos. E a maioria de nós depara com problemas pessoais e profissionais que simplesmente são grandes demais para resolvermos sozinhos. Se quisermos ter tanto sucesso como sabemos ser possível, precisamos da ajuda dos outros.

Portanto, independentemente de ter de administrar um país inteiro, uma empresa ou sua casa, você não pode saber de tudo o que precisa para ter sucesso — ninguém pode. Precisamos de conselhos e feedback de gente de nossa confiança. Esse é o motivo que faz as mães, instintivamente, buscarem as recomendações de outras mães sobre escolas e médicos. É o motivo pelo qual os pais conversam com outros pais sobre escolas, currículos, atividades estudantis, eventos sociais, namoros, adolescentes e coisas do gênero. É por isso que as equipes mais bem-sucedidas ultrapassam até mesmo os sonhos mais loucos dos seus integrantes individuais. É o motivo pelo qual presidentes criam "gabinetes de cozinha". Pedir ajuda e se conectar com os outros não aparece nas ementas da maioria das faculdades de administração. Mas um dia aparecerá.

Aqui vão oito coisas muito claras para mim:

1. O treinamento de vida, com esse dúbio título de autoajuda, recebe mais críticas do que deveria por parte da mídia e de outros lugares. Mas se você olhar além de todo esse pequeno ceticismo, encontrará um mercado de US$ 3 bilhões de aconselhamento de vida pessoal, carreira e de executivos. E que cresce em um ritmo de 25% ao ano! Trata-se de uma indústria considerável que de repente apareceu para preencher um vazio nos relacionamentos. Como sociedade, clamamos por uma sensação de comunidade, mais ajuda, apoio e conselhos. Como indivíduos, buscamos relacionamentos de confiança onde quer que os consigamos, mesmo que tenhamos de comprá-los. Essa é uma questão que não desaparecerá.

2. A maioria das organizações fica entrincheirada no *status quo*. E o *status quo* geralmente é uma estrutura hierárquica onde a comunicação é linear, unidirecional, feita de cima para baixo, a partir da administração. Mas a comunicação franca e verdadeira — o tipo de comunicação geradora de relacionamentos abertos e honestos — é praticamente impossível se for baseada em uma comunicação unilateral.

   Diretores que mandam de cima para baixo podem ter sido muito bons na época em que os empregados eram meras engrenagens em uma fábrica e o trabalho todo se resumia a eficiência. Na era da informação, o sucesso tem menos a ver com eficiência e mais a ver com eficácia — ou seja, a capacidade de fazer as coisas corretas, em vez da simples habilidade de fazer corretamente as coisas.

Aqueles que conseguem ter alguns relacionamentos íntimos e profundos são capazes de ter o feedback, a perspectiva e as informações que são o verdadeiro sangue daqueles que são bons em tomar decisões. Quanto melhor você conseguir construir esse tipo de relacionamento, melhor será naquilo que faz e mais valor vai agregar, independentemente de trabalhar em uma empresa ou não.

3. Uma grande reviravolta está acontecendo neste momento, à medida que indivíduos apaixonados se juntam, graças ao poder da tecnologia, para formar tribos "improvisadas" capazes de lidar com todo tipo de projeto. A internet forneceu as ferramentas para se compartilhar e cooperar em escala global.

    Para onde quer que você se vire, pode encontrar pessoas que se juntam em volta de interesses comuns para trabalhar juntas, mudar as coisas e partir para a ação. O potencial para se transformar o local de trabalho, a sociedade e a economia é revolucionário. E os que vão desempenhar o papel mais importante são aqueles que dominarem as técnicas e os comportamentos tratados neste livro.

4. A internet é uma ferramenta importante, mas não é *a* resposta. Há toda uma gama de novos sites disponíveis para ajudar a conectar as pessoas. Ning, Meetup, Twitter, LinkedIn, Facebook... a lista não tem fim. Existem várias maneiras de nos agruparmos e nos conectarmos, mas "conexões" não são relações de confiança on-line, podemos ter mais "amigos" do que nunca e, mesmo assim, continuarmos sozinhos. Em 1985, o americano comum tinha três pessoas em quem ele podia confiar assuntos importantes para ele, de acordo com um estudo de 2006 publicado na *American Sociological Review*. Agora esse

número caiu para dois. Mais de 25% dos americanos confessam não ter um único confidente.
5. Considerando-se o vácuo de administradores eficientes e talentosos na linha de frente das empresas de hoje em dia, os executivos, gerentes e funcionários que forem proativos em encontrar um grupo de conselheiros para ajudá-los com feedback e também a treiná-los, cobrar responsabilidades e dar apoio são aqueles que vão se destacar no ambiente desafiador dos dias atuais. Eles também vão poupar muito tempo e dinheiro para as suas empresas sendo mais instruídos, observadores, produtivos e *inovadores*. Nas relações de confiança, as pessoas estão preparadas para correr riscos e falar abertamente umas com as outras, fomentando o intercâmbio criativo do qual surgem as novas ideias.
6. A maioria das pessoas atualmente quer mais do trabalho do que um simples contracheque. Ora, a maioria de nós quer mais da vida. Como nunca antes na história, leva-se mais a sério a busca de um sentido no trabalho.

Não há maneira mais eficiente de se obter esse sentido no trabalho, e voltar a considerá-lo divertido, do que criando relações de confiança. No livro *O poder da amizade*, Tom Rath cita uma pesquisa da Organização Gallup que comprova o fato de que as pessoas que têm um grande amigo no trabalho têm *sete vezes mais chances* de se dedicarem ao trabalho. Isso mesmo: *sete vezes!* E não só essas pessoas são mais alegres e mais propensas a inovar, correr riscos, colaborar e compartilhar ideias novas e audaciosas, como também seus clientes também são mais comprometidos. De fato, se você tiver amigos próximos no trabalho, a quem você respeita, seu nível de satisfação aumentará em 50% (e você ficará mais feliz com os seus benefícios, além do contracheque).

E isso também acontece quando você é bom para o seu chefe. Um estudo de 55 equipes de negócios de alto desempenho em 15 empresas globais, conduzido para um artigo de

2007 da *Harvard Business Review* chamado "Eight Ways to Build Collaborative Teams" [Oito maneiras de formar equipes cooperativas], descobriu que laços sociais profundos eram *o* principal indicador de sucesso de uma equipe. E os dois seguintes? Iniciativas formais para fortalecer os relacionamentos e líderes que investem o seu tempo na formação de relacionamentos fortes com as suas equipes.

Mas, por enquanto, as empresas dedicam pouco tempo para promover esse tipo de amizade e de relacionamento. No entanto, cada uma dessas empresas é uma tribo esperando para acontecer, um grupo de pessoas ansiosas para serem transformadas por umas poucas relações de confiança.

7. Para uma empresa, uma iniciativa não faz sentido a não ser que se traduza em dólares e centavos. Existem umas poucas companhias de vanguarda que formalmente incentivam os funcionários a criarem relações de confiança, como vamos discutir mais à frente. Para as outras, essa desatenção tem um preço: segundo um estudo de 2004 da Deloitte Research (grupo que eu mesmo lancei na época em que trabalhei lá), o custo anual de trabalhadores desencantados nos Estados Unidos é de assustadores US$ 350 bilhões e de aproximadamente meio trilhão de dólares no mundo inteiro. As empresas americanas investem cerca de US$ 50 bilhões por ano em treinamento de liderança. Um relatório publicado pela empresa de consultoria Booz Allen Hamilton (agora Booz & Company) resume acuradamente a situação: os principais executivos em todos os setores, em todas as regiões, lamentam que suas empresas não tenham capacidade para executar. À medida que as empresas aumentam em escala e de escopo em um ambiente global de exigências cada vez maiores por parte dos stakeholders, o custo da complexidade necessariamente aumenta e a capacidade de se alinhar e se adaptar, invariavelmente, diminui.

Em outras palavras, no que diz respeito ao treinamento de liderança, as perdas são sete vezes maiores que o investimento. O que confirma minha opinião de que a maior parte do treinamento de liderança erra totalmente o alvo. De acordo com *O poder da amizade*, de Tom Rath, apenas 18% das pessoas trabalham para organizações que propiciam relações sociais no ambiente de trabalho. Aliás, muitas empresas inclusive proíbem essa prática. É por isso que desenhamos uma série de regras formais para mostrar como isso pode ser feito.

Algumas empresas criaram regras explícitas contra a "confraternização" dos funcionários. Porém, um número maior de empresas, sem querer, desestimula o trabalho em equipe e o apoio recíproco por meio de políticas malfeitas. Mas as empresas e as pessoas que rejeitam o apoio recíproco não só estão indo contra o cerne da pesquisa, mas contra o próprio bom-senso.

8. E, finalmente, o que mamãe sempre dizia! À medida que minha equipe e eu nos aprofundávamos cada vez mais na pesquisa sobre grupos de apoio entre colegas, começamos a ver essa marca por toda parte. Dos "gabinetes de cozinha" de Franklin Roosevelt e John Kennedy aos grupos de apoio nas igrejas, até exemplos exuberantes de chefes bem-sucedidos e suas equipes de alto desempenho nas capas das revistas americanas, vimos grupos ajudando a dar apoio e conselhos diariamente para melhorar a vida dos outros.

Eu me lembro do grupo de jogadoras de cartas que a minha mãe tinha em Latrobe. Era composto por oito mulheres que se reuniam regularmente todo mês; nos últimos 43 anos, essas mulheres compartilharam seus sonhos de família, suas alegrias e batalhas nos casamentos, e sua frustração para fazer as contas fecharem no fim do mês. Quando liguei para minha mãe para saber como estava o grupo dela, ela me disse que agora estavam discutindo com raiva do espaço cada vez maior do buraco no meio dos rolos de papel higiênico — o que não era exatamente a resposta que eu esperava!

É claro que elas faziam muito mais pelas outras do que reclamar do preço do papel higiênico. Aquelas senhoras ajudaram umas às outras quando alguma delas teve câncer, uma doença cardíaca e quando dois membros do clube faleceram, "tia" Rita e "tia" Ruth, dando e recebendo amor e apoio de todas as demais que se sentavam à mesa. Não consigo expressar o quanto fico feliz por minha mãe ter tido um grupo assim por todos esses anos, especialmente após a perda do meu pai.

Construindo o meu próprio círculo de confiança

Pouco depois de Peter ter dado o tal choque de realidade, fiquei ansioso em receber mais feedback sobre como poderia mudar minha empresa e minha vida. Decidi chamar Greg Seal, meu antigo chefe na Deloitte. Por alguma razão, parecia ser melhor que eu falasse primeiro com ele. Apesar do apelido de Greg na Deloitte ser "o Martelo", eu me sentia totalmente seguro indo até ele e pedindo ajuda. Greg tinha um entendimento geral sobre o meu negócio, gostava de mim e teria tanto prazer de ouvir a minha voz quanto eu teria de ouvir a dele.

Greg morava em São Francisco — uma pequena ponte aérea para mim — e estava prestes a se aposentar da Deloitte. Eu tinha passado apenas alguns anos tendo Greg como chefe imediato. Mas durante meu tempo na empresa ele foi um dos meus mais fortes mentores. Eu também sabia, por experiência própria, que ele nunca tentaria adoçar as coisas.

Quando Greg atendeu, as palavras simplesmente escaparam pela minha boca.

— Greg, preciso que você me ajude.

Eu estava muito nervoso. Afinal, não queria perder o respeito de Greg, confessando como me sentia desnorteado com relação à minha própria vida. Mas eu tinha mais medo ainda de que, se não fosse direto ao ponto, acabaria desmoronando.

— Você sabe que tenho tentado transformar a FG naquilo que espero ser uma empresa de treinamento e consultoria de classe mundial, basicamente a mesma coisa que você ajudou a Deloitte a ser, só que em escala muito menor. E, honestamente, Greg, a luta tem sido tão grande... Acabei de perceber que não tenho agido como um bom administrador. Não sei nem se sou um bom líder. Como é que posso ser tão bom em aconselhar os outros e tão ruim em ajudar a mim mesmo?

Conversamos por uns dez minutos, e então Greg falou o que eu já esperava:

— Keith, parece que vamos ter de marcar um longo jantar, bebendo uma bela garrafa de vinho.

Eu não podia deixar de sorrir, já que essa era a solução de Greg para todas as decisões de vida importantes que precisassem ser buriladas. Ele disse que tudo, até mesmo os negócios, sempre se reduziam a pessoas e a relacionamentos, e que isso tomava tempo.

E, assim, marquei um encontro com Greg.

Até que não doeu, pensei, ao desligar o telefone. Eu tinha acabado de falar para uma das pessoas por quem mais tinha respeito, um velho mentor a quem eu admirava mais do que qualquer outra pessoa no mundo e cujo respeito era tudo para mim, que eu estava fracassando como empreendedor. Era difícil confessar isso para Greg? Muito. Mas eu também sabia dentro de mim que ele, como sempre, era uma pessoa com quem eu podia contar.

Não muito tempo depois disso eu me vi participando de um jantar, conversando com um homem chamado Bob Kerrigan. No jantar, Bob disse que havia lido o meu livro e começou a me fazer perguntas bem íntimas sobre mim, sobre a minha filosofia e até sobre a minha empresa — perguntas que, para outras pessoas, poderiam parecer uma intromissão. Mas, levando-se em consideração tudo o que eu estava passando, até gostei. Assim como Peter, Bob conseguia fazer uma pessoa se sentir totalmente à vontade em três segundos — ou talvez eu estivesse finalmente pronto para ouvir o que as outras pessoas diziam.

Fiquei impressionado com a maneira como Bob foi direto ao ponto — eu mesmo detesto papo-furado. Geralmente, sou eu quem dirige esse tipo de conversa, porém dessa vez estava no banco do carona. Na verdade, foi até um alívio.

Em um certo ponto, Bob chegou a me perguntar sobre dinheiro — algo que ele tinha muito (Bob dirigiu uma grande empresa de serviços financeiros por mais de 30 anos). Quanto a mim, sempre ganhei muito bem — não consigo me lembrar de um ano em que não tenha faturado muito, por qualquer que fosse o parâmetro —, mas sempre tive medo de que um dia o chão fosse se abrir e que eu acabaria sem teto. E mesmo assim, ao enterrar minha cabeça na areia, joguei um bocado de dinheiro fora ao longo dos anos. Eu costumava dizer que, enquanto o cartão do banco entrasse e o dinheiro saísse, me sentiria feliz. Devo ter acostumado a me ver como um cara disciplinado, mas, evidentemente, eu não via toda a verdade.

As finanças da nossa empresa também estavam um pouquinho bagunçadas, pois eu dedicava pouco tempo para examiná-las. Meu departamento de contabilidade naquela época era formado por um rapaz brilhante, mas sem experiência, que eu contratara quando ele acabara de sair da faculdade, para ser uma espécie de assistente particular e gerente da empresa. Provavelmente perdemos uns US$ 100 mil em despesas não reembolsadas só no primeiro ano, graças à minha medíocre administração financeira! (As questões financeiras, como eu viria a descobrir mais tarde, não são "apenas" uma questão financeira. No fim das contas, dinheiro é uma questão de autoestima e autorrespeito.)

Bob, certamente, sabia que esse tipo de comportamento era sinal de algo muito mais profundo — e, gentilmente, começou a andar nessa linha.

— Com que frequência você examina sua contabilidade, Keith?

— Tenho uma pessoa na empresa, um assistente, mas não está dando muito certo — respondi, casualmente.

— Você sabe qual é seu prazo médio de recebimento de contas? Qual é o valor total? Você está dentro dos seus planos? Que atenção você dá a seu fluxo de caixa?

Essa era uma conversa de jantar? Eu, literalmente, soltei uma gargalhada.

Tantas perguntas e tão poucas respostas. Mas, por alguma razão, eu não considerava aquilo um julgamento. Se eu me sentia constrangido? Com certeza, mas não achei que Bob estivesse me julgando mal — ele só queria ajudar. Junto com Peter e Greg, Bob estava jogando uma corda para que eu pudesse agarrá-la.

— Bob — eu disse por fim —, não consigo expressar o quão animado fiquei com tudo isso. Obrigado. Eu estava mesmo precisando. E adoraria poder conversar mais. Será que a gente poderia almoçar no próximo fim de semana?

— Que tal um longo jantar esta semana?

Engraçado, parecia o Greg falando.

Bob e eu nos encontramos, como combinado, na mesma semana, e começamos a nos reunir pelo menos uma vez por mês depois disso. Cada vez que nos encontrávamos, ele me dava um dever de casa, que eu levava para a empresa para discutir com a minha equipe financeira. Bob me incentivou a contratar um controller em tempo integral, o que fiz. Em consequência das nossas conversas, tapei os buracos da FG. Mas, evidentemente, nossas conversas não eram só sobre mim. Cada vez que nos encontrávamos, também discutíamos a vida de Bob, seus sonhos e desafios. Eu também lhe dava uns deveres de casa, assim como ideias e perspectivas.

Com Peter (no início, só um amigo ocasional), Bob (um encontro fortuito) e Greg (antigo patrão e mentor), eu agora tinha três incríveis relações de confiança para me guiar, incentivar e me ajudar a ser aberto e franco — três pessoas que se ofereceram a ser generosas com seu tempo, me tornar responsável e me aju-

dar a atingir o máximo do meu potencial. Eu tinha, agora, minha própria tribo protetora de olho em mim — e eu de olho neles.

Todos nós tendemos a acreditar que esse tipo de momento e esse tipo de pessoa entra por acaso em nossas vidas, e só muito raramente. Mas posso garantir que eles não precisam ser fortuitos nem raros. Como descobri, podemos ser proativos em criar essas relações que nos transformam e as mudanças de vida positivas que elas acarretam em nossas vidas diárias e no local de trabalho. Esse tipo de apoio você pode ter *amanhã*.

Então, o que aconteceu com a minha vida, depois de tudo isso?

Para começar, em um ano tripliquei os lucros da empresa. Rapidamente estendemos essa prática para toda a equipe da FG — desde o associado recém-chegado até a equipe de vendas e minha equipe pessoal. Comecei a me abrir mais com meus colegas, primeiro, timidamente, depois, com mais ousadia. Não só aprendi a delegar melhor e com mais frequência, como também contratei mais executivos de alto escalão que fizeram a empresa ter setores inteiros que corressem sem o meu envolvimento pessoal. De modo que estou trabalhando menos e ganhando mais.

Em resposta aos eventos mensuráveis que estávamos vivendo no trabalho com as empresas e dentro da FG, criamos o Greenlight Research Institute, uma usina de ideias (*think tank*) que se propõe a estudar como relacionamentos melhores no local de trabalho e com os clientes podem gerar mais vendas, catequização de clientes, um nível mais alto de comprometimento dos funcionários, um desperdício menor de recursos-chave, aumentos mensuráveis de produtividade e inovações visíveis por meio da assunção saudável de riscos — sem contar uma liderança mais preocupada e conectada com os funcionários, tornando o ambiente de trabalho melhor para todos.

E os ganhos ainda não terminaram para nós, nem para os nossos clientes e seus funcionários. O apoio de um círculo íntimo de amigos e colegas continua a definir, enriquecer e incentivar a minha trajetória profissional. Eu me sinto mais feliz e mais realizado. Não entro mais em pânico ou fico com raiva quando decisões importantes dão errado. Voltei a assumir o controle da minha vida, tanto pessoal como profissionalmente. Agora navego pela vida com a ajuda, o apoio e o aconselhamento de um grupo próximo de conselheiros que eu respeito, confio e admiro e que só estão à distância de um telefonema ou de uma passadinha no escritório.

Assim, não é de surpreender que as relações com a minha equipe melhoraram 250%. (Não sei de onde tirei esse número; preciso apenas dizer que nós somos a equipe com que sempre sonhei.) É claro que esse novo ambiente não significa que estejamos livres de conflitos ou de infortúnios. Eles acontecem. A diferença é que, agora, quando eles vêm à tona, os remediamos mais rápida e francamente, como uma equipe.

Hoje em dia, meu escritório — há pouco nos mudamos para um edifício muito maior, com bastante espaço para crescer — é um excelente retiro para mim, em vez de uma fonte de preocupação.

A Ferrazzi Greenlight está a caminho de ultrapassar todos os meus sonhos.

Quatro maneiras como as relações de confiança ajudarão você

Há uma boa chance de você já ter experimentado o poder e o potencial das relações de confiança em algum momento da vida. Imagine algumas das características dos melhores chefes que você já teve — do tipo que incentiva você, que lhe dá espaço para crescer, que aprecia os seus esforços, que não tenta se meter no seu trabalho mas orienta o seu desenvolvimento com sabedoria e que trata das suas escorregadas com firmeza, compreensão e sinceridade. Ou, então, pense naquele seu bom amigo ou parente que largou tudo o que estava fazendo para estar do seu lado em uma difícil encruzilhada e não deixou você fracassar. Pense naquele associado no trabalho que correu um risco por sua causa e cuja influência marcou você até hoje.

Se você algum dia teve uma pessoa ou um grupo importante que encaminhou-o na direção correta — mesmo que só tenha tido um gostinho disso —, você já sabe o que estou querendo dizer. E você pode ter mais de tudo isso na sua vida, *agora!*

Como esses relacionamentos de confiança vão beneficiar você? Aqui vão quatro razões pelas quais considero as relações de confiança fundamentais:

1. Para nos ajudar a identificar o que o sucesso realmente significa, inclusive os nossos planos de carreira a longo prazo.
2. Para nos ajudar a pensar no plano mais forte possível para chegar lá, por intermédio de objetivos e estratégias de curto prazo que atravancariam a nossa vida se tentássemos fazer tudo sozinho.
3. Para nos ajudar a identificar o que precisamos *parar de fazer* para seguir em frente com as nossas vidas. Eu me refiro àquelas coisas que todos nós fazemos e que nos impedem de alcançar o sucesso que merecemos.
4. Para ter à nossa volta pessoas comprometidas em assegurar que nos mantenhamos comprometidos com as mudanças, para transformar uma vida boa em uma vida ótima.

Mentores e pessoas de confiança

Embora eu acredite que mentores sejam essenciais para todos os indivíduos bem-sucedidos, há uma distinção importante a se fazer entre mentores e relações de confiança. A relação de mentor é, essencialmente, entre mestre e aprendiz. O mentor generosamente compartilha seu conhecimento, seus contatos e toda a sua sabedoria com um aluno ansioso e merecedor. Certamente, não é uma relação unilateral — o aluno devolve isso de muitas maneiras —, mas o equilíbrio de autoridade pende fortemente em favor do mentor.

Uma relação de confiança é uma relação entre iguais, entre pares, entre pessoas que podem ser confidentes e parceiras de batalhas intelectuais.

É claro que nenhuma relação é estática. Lembre-se de mim e Greg. Com o tempo, à medida que você se desenvolve pessoal e profissionalmente, seus melhores mentores, muitas vezes, podem se transformar em pessoas de confiança.

E, agora, vamos começar

Você já está no auge? Está procurando alguma vantagem adicional? Está se sentindo preso ou desequilibrado? Você já teve a suspeita de que foi posto na Terra para realizar algo único, mas não sabe bem o que é ou como chegar lá? Apesar das suas realizações, você, às vezes, se vê tropeçando no próprio cadarço de sapato, ou atrapalhando o seu próprio caminho? Você está pronto para ultrapassar os limites que se impôs? Você se vê sozinho em sua busca? Os seus relacionamentos são tão bons como poderiam ser? Será que um pouco mais de disciplina o ajudaria? Não seria ótimo se você tivesse alguém com quem pudesse contar e que estivesse ao seu lado, na carreira e na sua vida pessoal? Você está pronto para ir além da mediocridade e passar a ser um grande sucesso?

Neste livro você conhecerá inúmeras pessoas que encontraram o sucesso graças à ajuda e às informações de um círculo próximo de conselheiros. As provas do poder que essas relações de confiança exercem são imensos. Desde funcionários de cidadezinhas até empresários e empreendedores, milhões de pessoas no mundo inteiro tiveram ajuda para atingir seus objetivos e superar seus desafios por meio do poder dos outros.

Vamos esclarecer uma coisa de uma vez por todas: a ideia de pedir ajuda aos outros não é querer mudar quem você é. Significa solicitar a ajuda e os conselhos dos outros para lhe ajudar a *se tornar* aquilo que você pode ser. Esse tipo de ajuda e feedback entre iguais geralmente é o segredo muito pouco falado que está por trás das realizações de tantos profissionais de alto desempenho com os quais tenho contato todo dia. E estou convicto de que esse é o segredo que está por trás de cada um de nós para alcançar nosso maior potencial em nossas vidas profissionais, nos negócios e na vida pessoal.

Tudo o que você precisa é de três pessoas para ajudar a mudar sua vida para melhor. Isso mesmo — só três pessoas. (Ah, e muito provavelmente elas não são as três em quem você acabou de pensar!)

Vou ajudá-lo a pensar estrategicamente sobre as pessoas que você deve querer no seu círculo de confiança. Uma vez que tenha criado um espaço seguro com o seu grupo de conselheiros de confiança, você vai começar a correr mais riscos, tanto individualmente, como em seu grupo e em sua empresa.

Aqui vai mais uma garantia: você ficará tão fortalecido pelo sucesso nos primeiros estágios desse processo que vai querer crescer ainda mais. *Como posso integrar isso da melhor maneira possível à minha vida e dividir com os outros?* — é o que você vai se perguntar, tanto na empresa, como em casa, na família, na igreja e na sua comunidade. Você vai se tornar, como eu me tornei, um embaixador das Quatro Mentalidades para construir as bases dessas relações, como já vou falar em breve.

Foi isso o que aconteceu comigo. A minha maior esperança é que eu possa ajudá-lo a atingir os seus sonhos de vida também.

Portanto, independentemente de você ser um médico, um executivo, um gerente de linha, um artista freelancer, uma mãe em tempo integral ou simplesmente alguém que quer viver a melhor vida possível, vou mostrar como criar o seu próprio Dream Team para fazer você ultrapassar seus limites e começar a ter o sucesso e a realização que nasceu para ter.

Vamos em frente — juntos.

CAPÍTULO DOIS

As Quatro Mentalidades

Criando as bases para as relações de confiança

O poder da intimidade

Algumas pessoas me dizem:

— Keith, você não pode fabricar relacionamentos íntimos e pessoais. Eles têm de acontecer naturalmente.

Bem, levando-se em consideração o quanto as pessoas, em geral, vivem na defensiva e são medrosas, se formos esperar essas amizades simplesmente acontecerem, elas nunca acontecerão, e muitos não vão ter mais do que um punhado de pessoas na vida a quem só cumprimentam de leve com a cabeça.

Depois do lançamento de *Never Eat Alone* eu passei a ter a coragem de, cada vez mais, apresentar "o verdadeiro Keith" nas minhas palestras pelos Estados Unidos. E comecei a ter mais facilidade em me abrir com estranhos; primeiro, com um público mais amplo, depois, entre os meus amigos e, finalmente, com os meus clientes e associados na FG.

Uma vez, assim que comecei a dar palestras e armado com esses meus novos insights, eu estava em Houston para uma apresentação com outros palestrantes. Um deles, muito mais conhecido do que eu na época, estava sentado ao meu lado durante o almoço e lhe perguntei como é que eu tinha me saído pela manhã. Como a maioria das pessoas que jogam pesado, ele não se intimidou ao dar sua opinião.

— Não seja tão aberto — aconselhou.

Fiquei assustado e minha expressão demonstrou isso. Não era bem o que eu esperava, ou queria, escutar. Eu realmente respeitava aquele cara, mas, como já disse, estava me iniciando no circuito das palestras.

— As pessoas na plateia são como formigas — prosseguiu. — Só querem nos seguir e saber o que devem fazer. Elas não querem ver nosso lado humano. Querem que fiquemos em nossos pedestais. Não saia lá de cima.

Agradeci o conselho e voltei à minha salada. Também decidi, naquele momento, não mudar de rumo. Eu sabia, instintivamente, pela reação da plateia, que eu falava melhor dessa maneira, e eu certamente sabia o quanto estava me sentindo melhor sobre mim mesmo.

Para ser justo, o cara realmente é um palestrante fantástico — sempre me divirto com ele e aprendo um bocado cada vez que o vejo falar —, e o conselho que me deu era a sabedoria amplamente aceita. No entanto, uma semana depois, recebemos as notas dadas pela plateia (os produtores de eventos gostam de saber se a plateia gostou dos palestrantes contratados) e fiquei um ponto inteiro na frente dele. O fato é que minha palestra recebeu a nota mais alta que esse produtor já tinha visto na vida. Não estou contando isso para me gabar — essa lição já aprendi —, mas para sublinhar a questão de que todos nós nos identificamos com quem é sincero, aberto e autêntico. E consegui fazer isso na frente de milhares de pessoas em menos de meia hora.

A intimidade com outras pessoas pode ser criada em instantes — em um palco, na frente de um cliente, em uma festa com alguém que você acabou de conhecer, até mesmo sentado ao lado de um estranho no avião. Ela também pode ser levada a relacionamentos já existentes por meio do poder da generosidade, da vulnerabilidade e da sinceridade. Além do mais, estabelecer esse tipo de relacionamento é parte da nossa herança genética.

Está no DNA

Ano passado voltei à Pensilvânia porque minha tia Rose estava morrendo. Segurei a mão dela enquanto ela partia; estar com ela fez eu me sentir incrivelmente próximo dela e da minha família. Nevava quando saí do hospital, e as casinhas de mineiros da minha infância pareciam calorosas e reconfortantes. Quatro anos antes, eu olhava aquelas mesmas casas com desdém, pensando em quanto tivera sorte de ter conseguido fugir de Latrobe. Meu pai sempre havia me incentivado a abrir as asas:

— Keith, quero mais do que isso para você...

Mas a experiência de estar com a minha tia em seus momentos finais, e de estar ali com a família que eu amava, fez com que eu me reconectasse com sensações da minha infância.

Esse fora o primeiro lugar seguro da minha vida. O que foi uma conclusão estranha, pois eu passara a vida inteira tentando me livrar da cidadezinha onde cresci; sempre achei que ela vivia me atrapalhando, me afundando. Porém, naquele momento, minha volta para casa era também sentimental, e a sensação foi maravilhosa. Eu tinha emocionalmente reencontrado a minha "tribo". Percebi que isso não acontece muitas vezes na vida. Mas pode acontecer. Nós podemos contribuir para que isso aconteça.

É triste constatar que cada vez mais as pessoas dependem de um nascimento, de um casamento ou de uma morte para sair de suas vidas ocupadas e objetivas para satisfazer a fome de estabelecer relações profundas com os outros. Esses momentos "tribais", que acontecem quando nos conectamos mais profundamente com os outros, quando a vida aparentemente ganha um significado maior e temos uma sensação temporária de pertencer àquele lugar, deviam fazer parte do cotidiano. E temos o poder de fazer isso por nós mesmos, sem ter de esperar que alguém que amamos tenha um filho ou passe por uma crise.

Nós nos esquecemos que, quando nos unimos em torno de um objetivo comum ("conectados uns aos outros, a um líder ou a uma ideia", como escreve Seth Godin em *Tribes*), cada um de nós pode conseguir mais coisas do que sozinho. Isso não ocorre apenas porque temos uma infraestrutura de apoio, mas porque toda tribo cria relações de confiança, e é por intermédio dessas relações que nos tornamos conscientes do que há de único em nós. Uma consciência assim emana do feedback que damos uns aos outros — um processo que forma o sustentáculo das relações de confiança. Embora todos conheçamos e compreendamos o básico desse feedback e dessas respostas pessoais, a maioria não tem consciência do papel incrivelmente poderoso que eles desempenham em nossas vidas.

As consequências de uma vida sem tribo

Todo sistema vivo mantém seu equilíbrio interno, sua harmonia e sua ordem através da sua capacidade de se adaptar e evoluir com o feedback que recebe. Na natureza existe um ciclo de feedback constante entre os organismos e seu meio ambiente para que, à medida que novas circunstâncias surgem, os organismos biológicos mantenham a estabilidade e se autorregulem. É uma dinâmica darwiniana, em constante mudança — quanto melhor o feedback, melhor é a capacidade de autorregulação de um organismo e melhores as suas chances de sobrevivência.

O mesmo vale para as pessoas. Conseguir um bom feedback dos outros nos torna mais conscientes daquilo que fazemos bem e daquilo que não, seja do ponto de vista prático (verificar nossas forças e fraquezas) como do espiritual (o que realmente nos deixa felizes).

Uma razão para a evolução das tribos entre nós é como elas são eficazes na hora de azeitar relacionamentos. Em *The Psychology of Helping and Altruism* [A psicologia de ajudar os outros e do altruísmo], de 1995, David Schroeder e sua equipe de pesquisadores demonstraram que o conceito de ajudar os outros — o que nós, escritores, chamamos de a "norma da reciprocidade" — existe em todas as culturas do mundo.

Em outras palavras, o conceito de apoio mútuo realmente *é* parte do nosso DNA.

Em um fascinante teste de 2008, envolvendo quatro duplas de macacas capuchinhas, os pesquisadores do Living Links Center da Universidade de Emory descobriram que as macacas tinham uma sensação de prazer ao compartilhar sua comida com as outras. O teste funcionava assim: os pesquisadores permitiam que uma macaca de cada dupla escolhesse uma plaquinha que iria (a) recompensar com um presente só a macaca que tivesse a plaquinha ou (b) recompensar as duas macaquinhas com um presente. As macacas, sistematicamente, favoreciam a opção pró-social, desde que a parceira fosse conhecida, estivesse visível e recebendo prêmios de igual valor. Ou seja, ver a outra macaca receber comida era igualmente gratificante para elas.

Os pesquisadores ressaltaram que as macacas tinham mais chances de dividir quando havia laços pessoais íntimos; eles concluíram que "a empatia aumenta tanto nos animais como nos seres humanos com a proximidade social".

Lá no fundo, pessoas de todo o mundo, de Tennessee a Timbuktu, compartilham a mesma necessidade básica de conexão humana. Entretanto, se procurar ajuda e convocar o apoio dos outros é a nossa condição *natural*, nossa evolução *cultural* tomou um caminho diferente. Fatores culturais criam divisão, tanto entre países como dentro das nossas próprias comunidades, à medida que tentamos aumentar o círculo de pessoas em quem confiamos.

Já me acusaram muitas vezes de tentar fazer com que meus compatriotas americanos fossem mais parecidos com os italianos (minha família é de origem italiana). Os italianos colocam os relacionamentos — e as Quatro Mentalidades centrais a serem debatidas nesta seção — na linha de frente dos seus negócios. É um contraste com os negócios nos Estados Unidos. Embora os americanos possam ser mais socialmente abertos e extrovertidos, aos olhos da maior parte do mundo somos vistos como desconectados dos outros e menos capazes de ter relações de proximidade que os europeus ou asiáticos. (Lembre-se de que não estamos falando do que acontece dentro de casa ou com amigos próximos, mas sim em círculos maiores — em nossos bairros, empresas etc.) Nos negócios, os americanos geralmente são vistos como se estivessem correndo depressa demais para fazer tudo.

Há uma diferença gritante entre as culturas do Leste da Ásia (China, Japão e Coreia) e as culturas do mundo ocidental no que diz respeito à independência e interdependência, de acordo com Shinobu Kitayama, Hazel Markus e Dick Nisbett, da Universidade de Michigan. Os asiáticos do Leste tendem a ser muito mais interdependentes em seus valores e maneiras de pensar do que os seus irmãos ocidentais. Isto é, os habitantes do Leste da Ásia são mais conscientes de suas inter-relações com os outros e tendem a compreender o "eu" da maneira como ele se relaciona e é definido pelos outros. No Ocidente, por outro lado, tendemos a ser mais teimosos, independentes e concentrados nos direitos e nos talentos do indivíduo.

Essa diferença entre as duas culturas se revela de maneiras diferentes. Por exemplo, os pesquisadores mostraram que, no Ocidente, tendemos a ser vítimas do "erro de atribuição fundamental" — partimos do princípio de que as ações de uma pessoa são determinadas primordialmente por sua personalidade e mentalidade, em vez das forças sociais ou do meio-ambiente.

Em um famoso estudo de 1967 pediu-se que voluntários lessem ensaios a favor e contra o líder cubano Fidel Castro. Na verdade, os autores dos ensaios tinham decidido no cara ou coroa quem iria argumentar a favor e quem seria contra Fidel Castro. No entanto, mesmo quando os voluntários souberam que os ensaístas tinham sido *designados* para escreverem o ponto de vista que tiveram de sustentar, eles continuaram acreditando, na média, que os redatores pró-Castro tinham uma visão fundamentalmente mais positiva do líder cubano.

Esse viés de pensamento ocidental tem implicações poderosas para os negócios. Se um vendedor, por exemplo, não consegue fechar com um novo cliente, nossa reação típica seria culpá-lo pessoalmente — ele não deve ser muito bom no que faz, não é mesmo? Por outro lado, alguém do Leste da Ásia provavelmente daria mais peso ao efeito do ambiente econômico desfavorável, ou à decisão do cliente, ou à força dos concorrentes.

Nisbett e seus colaboradores sugeriram que essas perspectivas diferentes remontam aos tempos das antigas civilizações grega e chinesa. Enquanto os gregos favoreciam o individualismo, a lógica e o pensamento analítico, a civilização chinesa enfatizava o pensamento dialético, o holismo e as lavouras coletivas.

Não é difícil encontrar exemplos culturais que reforcem essa ideia. Da famosa estátua equestre de Marco Aurélio no Campidoglio de Roma à Declaração da Independência americana, os ocidentais há muito tempo valorizam o heroísmo individual, as invenções e as realizações. Por outro lado, os japoneses têm um ditado: "O prego que se destaca é martelado." Na sociedade japonesa, destacar-se como indivíduo não é visto como algo positivo, mas sim algo que precisa ser corrigido.

Acredito que esteja na hora de nós, no Ocidente, nos voltarmos para o nosso DNA comunitário. Nossos valores culturais penderam demais para o isolacionismo e, em muitos casos, se sobrepuseram à nossa tendência natural de sermos seres sociais.

Descobri que, com muita frequência, ficamos isolados uns dos outros, tanto em casa como no ambiente de trabalho. (Eu, com certeza, já fui assim!) Muita gente tenta fazer tudo sozinho. E posso entender o por quê. Na cultura de hoje, enfatizamos excessivamente o indivíduo, à custa da colaboração e do trabalho em equipe. A mídia nos enche com uma história após outra de superestrelas dos negócios, da política e dos esportes — hiper-realizadores que atingiram as metas aparentemente sozinhos, correndo atrás de uma visão brilhante, mas solitária. Constantemente somos deixados com aquela sensação incômoda de que os que precisam ou buscam ajuda de alguma maneira são fracos, sem confiança ou, de certa forma, insuficientes. O resultado é que muitos se perdem no caminho, ou se deixam abater e ser derrotados rumo ao topo.

Temos medo de nos abrir até mesmo com os nossos amigos mais próximos, para não falar dos companheiros de trabalho. Encaramos a vulnerabilidade, e, às vezes, até a gentileza aberta, como um rótulo de fraqueza. Guardamos nossas opiniões, nossos segredos e nossos medos para nós mesmos. A honestidade é considerada arriscada, um verdadeiro campo minado, algo que os outros não sabem manobrar (quando, muitas vezes, *nós* é que estamos com medo). Então, em vez de dizer às pessoas o que pensamos na cara delas, começamos a dar voltas.

E o resultado? Em vez de dar um conselho de amigo, fofocamos, falamos por vias indiretas, fazemos joguinhos ou usamos sorrateiramente outros colegas e amigos como mensageiros do que queremos dizer. É como se não tivéssemos saído da escola! Encaramos a generosidade de espírito como um retrocesso a uma era antiga, que não existe mais. Alguns chegam a ponto de acreditar que, se uma pessoa estende a mão para ajudar, ela deve ter algum motivo menos nobre: *O que ela quer de mim?* E, assim, continuamos fazendo tudo sozinhos.

Ao mesmo tempo, como cultura, reclamamos de uma falta de equilíbrio em nossas vidas — que passamos o tempo todo trabalhando, pensando em trabalho, nos desligando do trabalho ou nos preparando para trabalhar. No entanto, de acordo com os economistas Ellen McGrattan e Richard Rogerson, nossas horas de trabalho continuaram mais ou menos constantes desde a Segunda Guerra Mundial. Ao contrário, alguns estudos sugerem até que o nosso tempo de lazer *aumentou*. (Portanto, de quem é a culpa se você se mantém grudado ao BlackBerry quando está de férias ou na academia de ginástica?)

Portanto, se todos nós estamos trabalhando mais ou menos o mesmo número de horas do que antes (talvez até menos), por que parece que nos desgastamos mais com as nossas responsabilidades profissionais, enquanto aproveitamos muito menos dos nossos esforços?

O verdadeiro vilão, eu descobri, é a falta de relacionamentos mais ricos e profundos, tanto no ambiente de trabalho como na vida pessoal. Temos muitos conhecidos e poucas relações de confiança.

É chato dizer isso, mas muitos dos nossos relacionamentos passaram a ter como objetivo a realização de tarefas ou projetos específicos, em vez de o desenvolvimento e investimento em conexões íntimas. Infelizmente, essa é uma escolha nossa. Nossas relações diárias com colegas e clientes permanecem, na maioria das vezes, em um nível superficial. A maioria de nós se dá por satisfeita com essa superficialidade. O resultado, no ambiente de trabalho, foi uma grande perda de lealdade no que diz respeito a clientes, patrões e empregados; não atingimos o potencial máximo de nossas carreiras porque temos muito medo de solicitar os conselhos, o feedback e o apoio dos outros. O resultado em nossa vida pessoal é uma sensação incômoda de que a vida tem de ser melhor que isso.

Tirando o pé do freio

Quando eu era menino, meu melhor amigo, Dave, e eu fizemos um carrinho de madeira com rodas que tiramos de um ferro-velho e um volante feito com cordas, o tipo de carrinho que você empurra até o alto de um morro e depois deixa a gravidade agir. Quando terminamos de construí-lo, arrastamos o tal carrinho até o alto de um morro e montamos nele.

— Vamos! — gritamos, querendo que as rodas descessem pela ladeira. Mas nada aconteceu. Então percebi que Dave não havia tirado o pé do chão e ele viu que eu também não tinha largado a corda que tínhamos amarrado a um bloco de cimento como se fosse uma âncora de segurança. Nós dois estávamos com medo demais para soltarmos os freios e deixar que a gravidade nos levasse.

O mesmo acontece quando você se abre para dois ou três conselheiros, que constituem sua tribo. A natureza quer levar você para lá — é preciso apenas confiar em si mesmo e tirar o pé do freio.

E foi isso o que Dave e eu finalmente fizemos — e tivemos a maior aventura das nossas vidas.

Ficando tribal: as Quatro Mentalidades para criar relações de confiança

Há Quatro Mentalidades centrais — que podem ser aprendidas e praticadas — que formam as bases comportamentais para se criar o tipo de relações de confiança das quais falo aqui.

- *Generosidade.* É a base de onde emanam todos os outros comportamentos. Esse é o compromisso de ajuda mútua que começa com a disposição de estar presente e compartilhar criativamente nossos insights e nossas ideias mais profundas com o mundo. É a promessa de ajudar os outros a serem bem-sucedidos de todas as formas possíveis. A generosidade sinaliza o fim do isolamento, ao abrir uma porta para um ambiente emocional de confiança que chamo de "lugar seguro" — o tipo de ambiente necessário para se criar relacionamentos em que as outras mentalidades possam florescer.
- *Vulnerabilidade.* Significa abaixar sua guarda, propiciando o entendimento mútuo. Aqui você cruza o limiar do lugar seguro depois que a intimidade e a confiança escancararam a porta. O relacionamento criado pela generosidade se move,

então, em direção a uma amizade sem medo, onde se correm riscos e os convites são estendidos aos outros.
- *Franqueza*. Essa é a liberdade para ser totalmente honesto com aqueles em quem você confia. A vulnerabilidade abre os caminhos do feedback, permitindo que você compartilhe suas esperanças e seus temores. A franqueza nos leva a interpretar construtivamente, a responder e a lidar com as informações.
- *Responsabilidade*. Diz respeito à ação ou ao ato de dar prosseguimento às promessas feitas aos outros. É dar e receber o tipo de amor duro que faz você pôr os pés no fogo e pelo qual as verdadeiras mudanças são sustentadas.

A verdadeira chave para estabelecer relacionamentos íntimos com as pessoas que você considera seus conselheiros de confiança na carreira e na vida pessoal é como estas Quatro Mentalidades funcionam juntas. O processo começa com a generosidade. Ela tira as pessoas das tradicionais relações de troca "faço isso por você e você faz isso por mim". Realmente, se colocar à disposição e ajudar os outros nos dá a oportunidade e a permissão para levar o relacionamento a um nível mais profundo. Isso nos permite explorar a intimidade, até o ponto de nos tornarmos vulneráveis e abertos uns com os outros. Se conseguirmos criar um lugar seguro, um espaço onde sintamos confiança para dizer com franqueza o que sentimos e o que pensamos, poderemos correr maiores riscos na relação. Isso pode levar ao compromisso de apoio mútuo, juntos pelo que der e vier, e mostrar que o outro também é responsável pelos degraus que nos levarão aos nossos sonhos e ao nosso destino. Correr esse tipo de risco pode criar mais do que meras amizades — pode criar *relações de confiança* para um futuro melhor.

Esse processo é iterativo: quanto mais você dá, mais fundo você vai e mais profunda se torna a partilha. Isso fortalece o seu lugar seguro, proporcionando mais liberdade para ser vulnerável e franco — que abre ainda mais a relação. A confiança cresce aos poucos, por etapas, tornando-se mais profunda e mais forte à medida que as mentalidades são praticadas com maior paixão e sinceridade.

Nos anos que passaram desde que incorporei essas mentalidades à minha vida, também as formalizamos na FG e ajudamos nossos clientes a criarem relações de confiança em suas próprias carreiras, levando a um sucesso maior, tanto pessoalmente como dentro do grupo, divisão ou empresa. E tem sido uma experiência verdadeiramente inspiradora. Esses grupos vão desde membros do conselho de empresas até os altos escalões de executivos, de jovens líderes de grande potencial até funcionários relativamente novos. Usamos as Quatro Mentalidades para revigorar equipes inteiras de vendas.

Mas quem quer que sejam as pessoas e os grupos, e como quer que eles sejam vistos por quem está de fora, *dentro do círculo de conselheiros de confiança que eles criaram e do apoio mútuo que eles se oferecem, eles são colegas e pares.*

Vale a pena repetir: *colegas e pares*. Iguais. Muito embora um deles possa ter uma clara autoridade dentro da organização — e o título e poder de decisão que dela se originam —, cada membro funciona como um igual altamente respeitado, oferecendo ideias criativas, feedback sincero e críticas manifestadas com uma preocupação autêntica pelos interesses dos outros e uma atenção rigorosa pela responsabilidade com relação aos objetivos, metas, acompanhamento e, é claro, resultados. Cada membro tem uma permissão livre, aberta e respeitosa de chamar a atenção dos outros quando eles não estiverem rendendo o que deveriam (porque isso acontece com todos nós, e com a maioria, sei bem, acontece repetidas vezes).

Você quer ser mais bem-sucedido na carreira e ser mais realizado na vida? Então vamos começar.

Destino: lugar seguro

Você já viu uma criança pequena explorar o mundo fora do alcance dos pais? Elas dão alguns passos incertos para longe da mãe e do pai, depois voltam correndo, só para ver se eles continuam ali, para se assegurar de que está tudo bem. Na próxima vez, elas se afastam um pouco mais — sempre testando e ampliando suas ações e vendo até onde podem ir, enquanto gradualmente vão ganhando a confiança para se aventurar mais longe, no desconhecido. O que lhes dá essa confiança inata para fazer isso? Lá no fundo, elas se sentem seguras e, por causa disso, se dispõem a arriscar a explorar a vizinhança. Sem essa fundação, essa seguraça, elas teriam muito *menos* possibilidades de correr riscos na vida. (Embora, ironicamente, elas irão passar a maior parte do resto de suas vidas tentando não correr riscos.)

Minha própria experiência me convenceu de que a chave para abrir as portas do nosso maior potencial pessoal e profissional está em criar uma versão adulta desse lugar seguro, onde damos e recebemos apoio íntimo e honesto quando pequenas e grandes questões assomam à nossa frente. Onde podemos errar sem correr os riscos do medo e do constrangimento; onde podemos testar novas ideias (mesmo se forem bem ruinzinhas) e ganhar confiança ao longo do caminho.

Para estender a mão para os outros no ambiente profissional e passar a correr os riscos associados a se estabelecer um relacionamento aberto, honesto e interessado com outra pessoa, precisamos, antes de tudo, nos sentir seguros. Precisamos saber que podemos ter discussões de arrasar com as pessoas para as quais nos voltamos para conseguir apoio e conselhos, na certeza de que a relação continuará intacta, se recuperará ou até mesmo se fortalecerá. Essa segurança vem de um nível profundo de confiança e respeito pela outra pessoa. Isso geralmente é algo que só se forma durante um longo período de tempo, por meio de experiências repetidas.

O que estou querendo dizer? Que para criar um círculo de relacionamentos próximos com algumas pessoas-chave na sua vida profissional (e pessoal) — lembre-se de que você só precisa de três pessoas — é necessário criar um lugar seguro para os outros que lhes dê permissão de correr riscos e ser sinceros, sem ter medo de prejudicar a relação com você.

Qual é o problema? A maioria das empresas diz aos seus funcionários: "Seja franco", "Corra riscos para inovar" e "Cobre a responsabilidade do outro dentro da equipe". Mas isso é impossível! É colocar o carro na frente dos bois. *Primeiro* você tem de criar as bases da confiança e do respeito!

Um lugar seguro é um ambiente emocional — e não físico —, onde duas ou mais pessoas são capazes de se sentir completamente livres para correr riscos. É um ambiente onde ficamos totalmente à vontade tanto ao dar como ao receber críticas; onde nos sentimos confortáveis sabendo que o feedback recebido vem de alguém que se preocupa conosco; onde sabemos que a outra pessoa nos respeita, acredita em nós e só quer nosso melhor.

É fácil criar um lugar seguro com duas pessoas que pensam da mesma maneira. É mais difícil quando não temos certeza se a outra pessoa está disposta a agir da mesma maneira.

Quando falo com equipes de vendas, ou treino pessoas para terem conversas duras no trabalho, explico que uma das formas de começar a criar um lugar seguro é, antes de tudo, afastar a pessoa fisicamente da sua mesa ou do seu cantinho habitual. Para fazer as pessoas quebrarem as suas paredes é preciso retirá-las de um ambiente onde elas já estão acostumadas a se proteger (e a se isolar). Convide a pessoa para tomar uma bebida ou um café, ou até mesmo para jantar. Na sua casa, você tem de ter uma conversa séria com o seu filho adolescente? Tire-o do quarto cheio de pôsteres e leve-o para fora de casa. Vá dar uma volta a pé ou de carro.

Todos nós somos responsáveis por criar um lugar seguro à nossa volta. Repetirei novamente porque isso é importante: *Todos nós somos responsáveis por criar um lugar seguro à nossa volta*. É uma escolha consciente que fazemos a fim de criar um ambiente convidativo para os outros. Significa colocar a segurança do outro em primeiro lugar e deixar claras as suas intenções.

Você tem de estar pronto para dar esse primeiro passo, mesmo que signifique um pequeno risco de sua parte. Então, comece devagar — pela generosidade, que é a primeira mentalidade.

MENTALIDADE Nº 1

Generosidade

Há alguns anos fui convidado a participar do Encontro com o Destino [Date with Destiny], um seminário muito popular de cinco dias apresentado pelo guru da autoajuda Tony Robbins. Sempre o admirei, tanto pelo talento empresarial como pelo conhecimento sobre mudanças no comportamento humano. Também já estudei seus livros e audiolivros quando nós da FG analisávamos todo tipo de método não tradicional para mudar e melhorar o comportamento das empresas. E assim, quando Tony me convidou para participar, concordei entusiasticamente.

Para mim, a principal mensagem do retiro se resumia a uma pergunta simples, mas extremamente poderosa: *Que pergunta esteve sempre por trás de tudo?*

Antes disso, eu nem cogitava ter uma "pergunta por trás de tudo". Mas, como Tony explicou, todos nós temos uma questão dominante nas nossas vidas — que está sempre por trás de tudo, filtrando nosso pensamento consciente e inconsciente. Entre as perguntas que ouvi dos outros estavam: "O que fiz de errado?", "Por que alguém haveria de me ajudar?", "Por que não sou tão bom quanto deveria?", "O que os outros devem pensar de mim?", "O que fiz para merecer isso?", "Quando é que a vida vai melhorar?". Seja lá qual fosse a pergunta, disse Tony, é ela quem dirige nossas emoções, nossos comportamentos, nossas reações e que, como é de se imaginar, define nossa própria identidade.

Minha pergunta por trás de tudo, como descobri, era: "Será que estou seguro?" Na maior parte da vida, fui guiado por um desejo de segurança. Traduzi isso em uma busca por segurança financeira e na necessidade urgente de me afirmar perante os demais, guiada por minha insegurança vinda desde quando eu era um menino crescendo no meio de crianças mais ricas, de quem eu sentia não estar no mesmo nível. No seminário, temi que confessar isso fosse me fazer parecer fraco ou preso em questões da infância ainda recentes. Mas quando as outras pessoas no salão começaram a revelar suas próprias perguntas que estão por trás de tudo, percebi o quanto muitas dessas questões são basilares e estão arraigadas em todo mundo. E me senti muito menos sozinho.

Enquanto ouvia Tony, percebi que essas necessidades não eram mais o meu destino — eu já havia atingido um bom nível de sucesso. Eu conseguia pagar todas as contas do mês, e bem mais do que isso. Era hora de me concentrar em superar o que eu via, então, como uma "mentalidade de escassez" e parar de tentar me afirmar para os outros. Se eu tivesse feito isso antes na minha vida, teria ganho muito mais terreno, e mais rapidamente.

A maior ruptura aconteceu quando me perguntei, sinceramente: "O que, na minha vida, me dá mais sucesso e satisfação?" Quando considerei meus clientes mais leais — aqueles a quem eu sirvo há mais tempo —, ficou claro que esses eram os clientes aos quais eu mais agregava valor. Meus momentos favoritos? Bem, ocorriam quando eu fazia alguém à minha volta se sentir melhor com o trabalho que fazia, ou o impacto que gerava, ou do progresso que fazia em um projeto. Esses eram os momentos nos quais eu me sentia mais feliz comigo mesmo. Realizado e bem-sucedido.

Quando o seminário acabou, decidi me concentrar ainda mais nos meus esforços de contribuição para os outros. Esse espírito de generosidade sempre foi a maneira como acreditei interagir com as pessoas; aliás, já estava no coração de *Never Eat Alone*.

Mas percebi que era necessário incorporar isso de maneira mais efetiva e abrangente nos negócios e no cotidiano. Sim, eu já estava retribuindo aos outros de várias formas. Entretanto, me dei conta de que as minhas contribuições precisavam chegar ao cerne da minha vida e do meu trabalho.

Como posso contribuir todo dia para os outros, em todas as reuniões e conversas com a equipe e na interação com os clientes? Como posso usar os meus talentos para servir aos outros?

O que tenho a oferecer?

Muita gente *quer* ser mais generosa na vida, mas não tem muita certeza do que tem a oferecer.

Todos nós temos alguma coisa a dar. Viktor Frankl, falecido neurologista e psicólogo austríaco, foi um sobrevivente dos campos de concentração nazistas que, em um livro clássico chamado *Em busca de sentido*, escreveu sobre como se recusou a se sentir uma vítima, mesmo depois de ter sido separado da mulher e dos pais (os três viriam a morrer nos campos de concentração). E ele conseguiu isso por intermédio de pequenos e constantes atos de generosidade. Se Frankl encontrasse alguém com mais fome que ele, repartia a magra ração diária de pão. Durante todo o período de prisão ele secretamente aconselhava prisioneiros desesperados que pensavam em cometer suicídio. Ao ajudar os outros, ele manteve sua dignidade, vencendo um sofrimento que a maioria de nós não poderia nem imaginar.

Se esse tipo de generosidade é possível em um campo de concentração, certamente pode se instilar na nossa vida diária. Todos nós temos uma moeda que de um jeito ou de outro pode ser compartilhada com os outros.

Existem muitos tipos de moedas específicas, mas há duas bastante aplicáveis e que estão entre as mais poderosas: a *moeda universal* e a *moeda pessoal*.

Moeda universal

A moeda universal se refere à capacidade humana inata de se conectar com os outros, independentemente de quem sejamos ou de quem os outros sejam. Todos nós podemos ter intimidade com outro ser humano ouvindo, simpatizando e se preocupando com ele. Todos nós podemos ser aquele colega que separa um tempinho para buscar um café ou que se relaciona mais profundamente com um cliente, um funcionário ou colega. Sensibilidade, charme, a capacidade de contar uma boa piada — todos nós temos uma moeda universal para desenvolver e repartir.

A moeda universal também se relaciona com *incentivo*, algo absolutamente fundamental para se criar relações de confiança, a fim de atingir o seu maior potencial. Muitas vezes vi o incentivo de um companheiro fazer a diferença entre o sucesso e o fracasso de alguém. E ele também é essencial para se criar um lugar seguro, onde podemos ouvir e oferecer críticas honestas.

Como um cartão de crédito, a moeda universal vale em qualquer lugar. Você aprenderá mais sobre como construí-la posteriormente, em "Oito passos para a intimidade instantânea", na página 101.

Wendy Scalzitti, corretora de imóveis

Enquanto eu escrevia este livro, passávamos por uma fase difícil para os corretores de imóveis, especialmente em áreas economicamente menos favorecidas, como o sudoeste da Pensilvânia, onde fui criado. Wendy Scalzitti, esposa de um primo meu, vendia imóveis na velha cidade de Jeanette, onde há uma fábrica de vidros e uma população de cerca de 10 mil habitantes. Ela sabe bem como pode ser difícil fechar uma venda, quanto mais viver disso. E de fato Wendy estava ficando bastante desanimada há alguns anos, quando conheceu Natalie, uma nova corretora na agência.

— Nossas mesas ficavam perto uma da outra e nos entrosamos de imediato — disse Wendy. — Um dia eu estava prestes a fechar um negócio e precisava que alguns papéis fossem assinados, mas minha avó faleceu. Liguei para Natalie do velório e disse: "Olha, você pode fazer isso para mim?" E ela pegou do ponto em que eu havia deixado, falou com os clientes, conseguiu a assinatura no contrato e terminou a negociação. Fez tudo certinho.

Logo Natalie e Wendy começaram a trabalhar juntas mais formalmente — não só para tentar vender mais casas, mas também para inspirar, incentivar e cobrar da outra a responsabilidade de ser uma corretora melhor. Elas não competem entre si, elas se complementam. Como diz Wendy:

— Sou muito detalhista e Natalie não é. Por outro lado, ela me obriga a vencer o medo de fazer ligações a esmo. Uma das coisas que mais gostamos de dizer uma para a outra é "Comigo você pode contar".

Desde que uniram esforços, Wendy e Natalie vendem mais casas do que conseguiriam sozinhas. São uma espécie de dupla extraoficial. E se divertem bem mais dessa maneira.

— Nesse negócio — diz Wendy — se você não ri, acaba chorando. Um dia perdemos três negócios grandes, pouco antes do Natal. E ficamos no escritório fazendo piadas com eles. O que mais se poderia fazer? Minha filha disse: "Vocês duas pensam que são tão engraçadas!" E respondi: "Bem, filhinha, se não fosse assim, a semana passaria muito mais devagar."

Moeda pessoal

Para descobrir qual é a sua moeda pessoal não olhe para dentro — isso é extremamente difícil para a maioria das pessoas. Em vez disso, *olhe para fora*. O conhecimento sobre a moeda pessoal exige descobrir o que os *outros* precisam para se sentirem felizes em cada campo de suas vidas e, então, perceber o que você pode fazer para levá-los até lá. Pode ser sua experiência profissional, sua capacidade de resolver problemas, sua rede de contatos, sua faixa preta em judô ou, simplesmente, seu otimismo inesgotável.

Para ajudá-lo a pensar construtiva e criativamente sobre a sua moeda pessoal, pense na pessoa a quem você gostaria de ajudar usando a Roda Pessoal do Sucesso apresentada na página 210. Ela divide o sucesso pessoal em sete dimensões: crescimento profissional, sucesso financeiro, relacionamentos profundos, retribuir à sociedade, bem-estar físico, estimulação intelectual e espiritualidade. Pense no que você sabe sobre a pessoa — e, por favor, pergunte o que for necessário para saber mais — para ver como você poderia ajudá-la.

Quando apresento as pessoas à Roda Pessoal do Sucesso, elas costumam perceber que têm mais moeda pessoal a oferecer do que imaginavam. Você seria capaz de, na hora certa, conversar com o chefe de um colega para melhorar a posição dele no trabalho? Você poderia emprestar a uma nova amiga um livro excelente mas pouco conhecido sobre um interesse em comum? Você poderia recomendar um grande médico, se oferecer para malhar com alguém na academia ou convidar alguém para um grupo de estudos de religião?

O segredo para se otimizar a moeda pessoal é estabelecer um relacionamento suficientemente próximo com outras pessoas, de modo que elas desejem compartilhar seus sonhos e suas aspirações com você, além das questões que lhes estão atrapalhando — há outra maneira de saber do que elas mais precisam?

Quando me aproximei de Bob Kerrigan, ele estava diante de uma bifurcação na vida — pensava em entrar para o governo ou escrever um livro e se oferecer como palestrante. Por acaso, eu tinha experiência em todas essas áreas e podia oferecer conselhos para o seu sucesso profissional.

Já Greg Seal estava morando em São Francisco e prestes a se aposentar. Ele já não precisava mais de conselhos para a carreira.

Para Greg, oferecer conselhos estratégicos valiosos para alguém com quem ele se preocupava, como depois ele me disse, lhe dava grande satisfação, além de estimulação intelectual — o que não é pouco para um aposentado. Greg declarou que o desafio de me ajudar a erguer meu negócio era extremamente compensador. Isso lhe dava a "oportunidade para continuar a aprender e a crescer e de trabalhar com outras pessoas brilhantes e capazes".

Não sou exatamente um terapeuta de casais, mas já pude ver esse tipo de moeda em ação nos melhores casamentos. Fico surpreso com o impressionante apoio mútuo que vejo entre os meus amigos, Dr. Mehmet Oz e sua esposa Lisa, por exemplo.

Mehmet, autor de inúmeros best-sellers e professor de cirurgia cardíaca na Universidade de Colúmbia, talvez seja mais conhecido por suas participações no programa de tevê de Oprah Winfrey. Lisa também teve uma incrível carreira de sucesso como escritora de best-sellers e cineasta independente. Embora já tenham vários filhos, eles continuam a agir como se estivessem no primeiro encontro.

O que é mais surpreendente é como apoiam completamente a carreira e os interesses um do outro. O primeiro projeto dos dois, um livro, virou uma série de televisão do Discovery Channel, apresentada por Mehmet e da qual Lisa foi produtora executiva. Desse projeto derivou uma série de livros incrivelmente bem-sucedidos, e embora Lisa não estivesse mais envolvida, os dois continuam a trocar ideias constantemente.

Isto posto, assumo que fico chocado por saber que poucas pessoas de meu convívio contam com seus parceiros ou esposos para apoiá-los do jeito ao qual me refiri aqui.

Será que a minha moeda vale alguma coisa aqui?

As pessoas, muitas vezes, me perguntam se seus parceiros de apoio têm de ser mais ou menos da mesma idade. Com base no meu relacionamento com Greg, minha resposta é não. Confesso que simplesmente adoro trabalhar com pessoas mais jovens, em início de carreira. E eu também conto com alguns jovens que são meus mentores em suas respectivas especialidades, como redes de relacionamento na internet, ou apenas nos campos em que seus instintos são particularmente vigorosos.

Por exemplo, anos atrás, Gavin McKay, um ex-associado meu, decidiu montar uma rede de academias. Ele queria criar uma experiência de exercícios íntima e holística, com programas de cross-training customizados — bem diferente do modelo comum de uma academia de 1.800m^2, onde você malha sozinho ou paga um personal trainer caro para ficar lhe estimulando. Não entendo muito de administração de academias (embora passe um bom tempo nelas), mas tenho anos de experiência em marketing. Enfim: ajudei Gavin a posicionar seu negócio.

— Conversamos bastante sobre branding — disse Gavin — e sobre as batalhas do empreendedorismo. Conheci Keith quando ele era CEO da YaYa Media, falando em um congresso de marketing. Na época, eu trabalhava na Deloitte. Achei que ele devia ter seu próprio negócio, e o incentivei a fazer isso.

E é verdade: Gavin foi uma grande força incentivadora no estabelecimento da minha própria empresa. Ele odeia muitas das armadilhas das grandes corporações, que ele considera um desperdício. Vivia me lembrando da pureza e da beleza simples de um empreendedor que realmente vai talhando um produto ou serviço que toca os clientes, e me deu sensatos incentivos.

Depois que comecei a FG, Gavin foi trabalhar comigo, desenhando mapas de parcerias estratégicas para os clientes. Ele prossegue:

— Keith sempre me deu apoio, tanto no nível pessoal como profissional, e continuo lhe dando um feedback objetivo com relação aos seus projetos. Agora que administro a minha própria empresa, sinto que podemos conversar mais como colegas.

Na verdade, como eu já disse a Gavin várias vezes, para mim ele foi um colega desde que começamos a trabalhar juntos — apesar de, para ele, a ficha ter demorado um pouco mais para cair.

O comentário de Gavin traz à tona um ponto fundamental: a generosidade permite que você seja mais aberto e íntimo em *todos* os seus relacionamentos. A generosidade e a intimidade se reforçam. As duas nos ajudam a ser mais abertos e mais francos.

Se eu disser para você "Quero ser seu amigo", sua primeira reação pode muito bem ser "Muito obrigado, mas já tenho muitos amigos" ou "Mas que diabo é esse cara?". Mas se eu chegar para você e disser "Eu gostaria de lhe ajudar", você pode me escutar. No mesmo viés, se você for um cliente e eu entrar na sua sala e começar a despejar tabelas e gráficos e começar a atirar uma ideia por minuto, você poderá perfeitamente me expulsar do seu escritório. Mas se, primeiro, eu procurar estabelecer uma conexão humana autêntica, generosamente dispondo do meu tempo para ouvir suas preocupações e necessidades, você talvez considere a possibilidade de eu ter alguma coisa a oferecer e se abra.

Em um ambiente de negócios, onde as pessoas geralmente estão com pressa e com muitas coisas a lhes distrair, agir com generosidade é uma grande maneira de conseguir a atenção de alguém. Quanto mais generoso você for com as outras pessoas, ao oferecer, primeiro, sua humanidade, e, depois, seu conhecimento, seus conselhos e seus talentos, mais elas vão querer compartilhar suas preocupações — e mais você conseguirá ajudá-las. Em algum momento a relação ficará forte o suficiente para vocês começarem a correr riscos maiores um com o outro. Você será capaz até de dizer o que acredita que eles precisam! (Às vezes, isso não é fácil de ouvir, e por isso é fundamental criar um lugar seguro.)

Outro bônus: à medida que a relação amadurece, encontrar maneiras de ajudar se torna mais fácil. Em dado momento você pode até dizer para uma relação de confiança que está se desenvolvendo:

— Imagine que daqui a um ano nós estejamos analisando os últimos 12 meses. Nessa hora espero que você diga: "A nossa relação foi uma grande benesse em minha vida." Então, me diga: o que preciso fazer entre hoje e daqui a um ano para que isso aconteça?

Com uma oferta dessas, pode acreditar: logo, logo, eles também estarão procurando uma maneira de ajudar você também.

Agora, deixe os outros lhe ajudarem

Superficialmente, ser generoso parece fácil: você simplesmente vai e ajuda os outros. Mas eu diria que a parte mais difícil da generosidade é recebê-la. ("Deixe os outros ajudarem" chegou a ser o título provisório deste livro.)

Permita-me dar um exemplo rápido. Michael Dill, um jovem de Nova Jérsei que estava de passagem pela Costa Oeste, tinha algumas ideias sobre como ampliar a GreenlightCommunity.com e marcou uma reunião com a equipe que lidera nossos esforços na internet. Naquele dia, por acaso, eu estava no escritório e o levei para algumas das minhas reuniões.

Muito bem. Um ou dois dias depois, eu navegava pela web quando vi um novo post intitulado "Conhecendo Keith Ferrazzi" [*Meeting Keith Ferrazzi*, em inglês] colocado no site da nossa comunidade. Ele dizia coisas como "Keith tem uma personalidade incrível e exuberante". Não pude deixar de rir, lembrando de como era ser tão jovem e tão facilmente impressionável. Por favor, não me entendam mal — fiquei incrivelmente lisonjeado pelo post. Mas, ao mesmo tempo, sua descrição generosa do tempo passado na nossa empresa me deixou um pouco desconfortável. Uma parte de mim não conseguia acreditar que uma simples visita pudesse ter causado um impacto tão grande nele, ou em quem quer que fosse. Eu não tinha feito treinamento algum com ele, e, muito menos, dado aconselhamento específico para a sua carreira

— eu simplesmente o havia convidado para ser uma espécie de mosquinha na parede e, assim esperava, receber alguns insights.

Foi então que me ocorreu: embora eu gostasse muito de *dar* aos outros, eu tinha muito mais dificuldade em *receber* dádivas — no caso, a gratidão, uma linda forma de generosidade.

Não sou o único com esse problema. Todos nós sabemos o que diz o Novo Testamento: *É melhor dar do que receber.* Receber pode nos deixar meio sem jeito, e até com uma sensação de que não merecemos tanto. A propósito, sempre que falo de generosidade para a comunidade empresarial, sempre termino com o comentário: "Deixe os outros lhe ajudarem." Costumo encontrar pessoas que dizem: "Keith, por que alguém no mundo iria querer me ajudar?" Por trás dessa pergunta existe aquele temor básico de que não temos o suficiente para retribuir.

Um dia palestrei em um congresso nacional para profissionais da área de saúde em Williamsburg, na Virgínia. Durante a palestra, pedi que as pessoas da plateia escrevessem o nome de alguém que poderia ajudá-las a avançar em suas carreiras. Por vários minutos ouvi o barulho de canetas rabiscando papéis. Então perguntei se havia alguém que não tinha conseguido escrever o nome de alguma pessoa. Havia alguém naquele salão que não conseguia pensar em alguma pessoa que quisesse ou pudesse lhe ajudar? (Sempre faço essa pergunta nas minhas palestras, e ninguém nunca levantou a mão.)

Mas, dessa vez, uma mulher levantou a mão, e ela parecia estar à beira das lágrimas. "Precisamos conversar", foi a primeira coisa que pensei em dizer para ela. Fui pego um pouco de surpresa pela coragem dela para se levantar e dizer que, tanto quanto ela soubesse, não havia pessoa alguma no mundo a quem pudesse procurar, muito embora eu soubesse que isso, provavelmente, não era verdade.

Foi um encontro muito marcante para nós dois e, desde aquele dia, Susan e eu mantivemos contato regular. Ela recorda aquele momento da seguinte maneira:

— Quando vi que fui a única a levantar a mão, percebi, de repente, que nunca peço ajuda a ninguém. Sou sempre eu quem ajuda minhas amigas, mas eu nunca, pessoalmente, peço ajuda. Meus pais morreram quando eu era jovem, por isso sempre tive esse instinto de sobrevivência, de sempre ter de fazer tudo sozinha. E quando me dei conta de que não conseguia escrever o nome de ninguém naquele papel, uma luz se acendeu. Francamente, não era verdade, mas eu agia como se fosse. Simplesmente fiquei ali, em pé, chorando como se fosse um bebê.

O que Susan não percebeu foi que, de uma maneira diferente, *eu tinha o mesmo problema*. Afinal de contas, não havia muitas "coisas boas" — sucesso, dinheiro, conhecimento, caridade — na vida, havia? E eu não podia imaginar por que alguém iria querer compartilhar suas coisas comigo. Nunca realmente, de verdade, recorri à reserva de boa vontade que existia à minha volta. Caramba, isso seria perigoso demais! Por que arriscar a dor de uma rejeição? Tanto Susan como eu éramos vítimas da mesma mentalidade de escassez. E a revelação de Susan ajudou-me a me libertar da minha.

Deixe-me explicar. Muita gente comete o erro de ver a vida através da lente da escassez, como um jogo de soma zero, em vez de pela lente da abundância, como uma oportunidade de fazer o bolo crescer.

A boa notícia é que há uma mentalidade alternativa disponível para todos nós — chamada de "mentalidade da abundância". Essa mentalidade propõe uma questão bem simples: *Quem disse que vivemos em um mundo onde a torta é finita?* Para aqueles que veem a vida pela lente da abundância, o sucesso (seja lá como o definimos) é ilimitado, infinito e disponível para qualquer um que o deseje. É como a internet — quanto mais pessoas a usarem, mais pessoas se conectarem, mais forte ficará a comunidade da rede. Podemos nos servir quantas vezes quisermos, e os outros também — muito mais do que se fizéssemos tudo sozinho.

Depois da palestra, Susan e eu nos encontramos.

— Foi muita coragem sua ter levantado a mão — comentei.

— Mas, na verdade, não pensei que fosse ser a única! — disse ela. E seus instintos estavam certos. Dez minutos depois uma mulher se aproximou dela, meio hesitante, e falou:

— Eu só queria lhe dizer que não consegui levantar a mão porque estava com medo demais, e queria elogiá-lo por ter feito aquilo. Foi bem surpreendente!

— Aquele realmente foi o momento da virada para mim — Susan viria a confessar depois. — Desde então, faço questão de estender a mão e me conectar com pessoas que possam me ajudar. Algumas semanas mais tarde eu enfrentei alguns problemas no hospital onde trabalhava (uma grande batalha com a alta gerência) e minhas amigas me ajudaram a tomar uma decisão importante que eu sabia ser necessária: pedir demissão e olhar isso de um modo positivo, sabendo que algum emprego novo apareceria. Hoje tenho um emprego muito melhor, trabalhando com um grupo de médicos. Sem a ajuda das minhas amigas, eu provavelmente não teria dado aquele passo e feito acontecer. Isso não quer dizer que eu não passe mais o tempo todo ajudando as pessoas, mas agora elas também me ajudam, e permito isso! É como pagar adiantado.

Como eu, Susan não via um elemento fundamental da generosidade — *dar aos outros a satisfação de nos ajudar*. Ao aceitar ajuda você está efetivamente contribuindo para os outros, ao permitir que eles também se sintam necessários. (E quem não precisa se sentir necessário?) Permitir que aqueles que se preocupam conosco tenham a oportunidade de nos ajudar — o que poderia ser mais compassivo e generoso?

Existe alguém na sua vida que lhe ofereceu ajuda, mas que você não permitiu a entrada? Aposto que muita gente estaria a seu lado se você tivesse permitido — e aí incluo desconhecidos que poderiam mudar a sua vida para melhor, da mesma maneira como você poderia mudar a deles. Uma das melhores maneiras de se criar uma relação mais profunda com umas poucas pessoas cuja confiança e cujos insights você valoriza é deixá-las ajudarem você.

Existe um termo científico para isso: "interdependência obrigatória", uma expressão cunhada pela psicóloga social Marilynn Brewer no *Journal of Social Issues* em 1999. A teoria de Brewer é de que, para os seres humanos sobreviverem a longo prazo, precisamos depender dos outros para receber ajuda, informações e recursos compartilhados — que também compartilhamos com os outros. O indivíduo e o grupo são, na verdade, a mesma coisa. Nossos benefícios individuais dependem da vontade do grupo de fazer por nós o que fazemos por eles. O processo é cooperativo. Isso exige confiança, mas há um porém: Brewer não defende que se confie em *todo mundo*; ela diz que a generosidade deve se basear na probabilidade de que os outros também venham a ser generosos conosco.

Isso tudo significa simplesmente que os dois lados se beneficiam quando fazemos o sucesso acontecer *para ambas as partes*. Quer percebamos isso ou não, essa disposição de "ajudar e deixar que os outros ajudem" cria um magnífico "dar e receber" na relação.

Assim, como é que se pode ir além desses sentimentos medrosos e tipicamente negativos de ser o receptor da generosidade alheia? É muito simples: *Ponha-se no lugar do doador.* Estudos recentes de Francis J. Flynn e Vanessa K. B. Lake no *Journal of Personal and Social Psychology* sugeriram que nossa fraqueza em entender a mentalidade daqueles a quem poderíamos pedir auxílio pode impedir que peçamos essa ajuda porque acreditamos equivocadamente que eles vão dizer não. Participantes nos estudos subestimaram em até 50% a probabilidade de que os outros aceitariam um pedido de ajuda ou assistência.

Pense nisso, de verdade: como você se sente quando alguém querido pede sua ajuda? Você se aborrece? Fica fora de si? De jeito nenhum — é uma honra! As pessoas adoram sentir que o conselho delas é valioso e que estão fazendo diferença na vida de alguém, que são necessárias e bem-vindas.

Dê e permita que os outros deem

No livro *O círculo da inovação* Tom Peters conta a história de um colega dele da McKinsey, Allen Puckett, que juntara escritores, gurus do pensamento e outros naquilo que ele chamava de sua "faculdade pessoal". Quando Puckett lia um artigo ou um livro interessante, escreveu Peters, ele simplesmente ligava para os escritores e os convidava para jantar. Você ficaria surpreso com o quanto as pessoas ficam felizes quando há interesse por seu trabalho, ainda mais acompanhado de um convite espontâneo para jantar.

Depois disso, sempre que ele se via diante de um problema, ligava para um dos seus escritores ou pensadores, sua "faculdade", cujo conhecimento fosse relevante para o problema, e invariavelmente eles o ajudavam a sair daquela encrenca. Isso foi há décadas. Hoje, com o advento da internet, receber esse tipo de generosidade é fácil.

Aqui vai um exemplo: Pervin Shaikh é uma pesquisadora financeira em Londres, fã de cinema indiano no idioma hindi. Ao longo dos anos, ela ficou amiga de outros fãs de cinema hindi do mundo inteiro por meio de um blog criado por um famoso ator e produtor de Mumbai. No fim de 2007, juntamente com 18 pessoas que ela conheceu pelo blog, Pervin lançou o desafio "Uma Meta, Um Sonho, 2008". A ideia? Cada pessoa deveria determinar uma grande meta para a carreira que ansiasse realizar no ano seguinte — as metas iam desde escrever um roteiro até virar professor ou abrir um restaurante —, e todo mundo faria seus comentários para ajudar, seja dando incentivo, seja oferecendo conselhos, contatos e assim por diante.

Superficialmente, isso pode parecer uma ideia inviável de se administrar, considerando-se que os membros do grupo eram do mundo inteiro: Austrália, Índia, Áustria, Estados Unidos, Canadá, Malásia, Inglaterra e Suíça. Mas o fato é que essas pessoas jamais se encontraram pessoalmente, e há planos para que aconteça uma grande reunião comemorativa em breve. Mesmo assim, a distância não foi problema.

— Nos incentivamos por e-mail e por telefone — contou Pervin —, e cada um de nós é responsável, diante do grupo, por atingir sua meta.

A ambição pessoal de Pervin é ampliar sua segunda carreira como conselheira de vida; ela quer ter quatro clientes na Inglaterra e seis em outros países. (No meio de 2008, ela me disse que já tinha ultrapassado a meta para a Inglaterra.)

Pelo caminho, ela passou a ter um novo apreço pela importância de aceitar a generosidade alheia.

— Foi um incrível aprendizado — diz a pesquisadora. — Muita gente tem medo de pedir ajuda. Mas o que vi é que as pessoas realmente querem ajudar.

Pervin, a propósito, está planejando "Uma Meta, Um Sonho" mais avançado. E não se esqueça de que, há alguns anos, essas pessoas sequer se conheciam.

Você pode ver pessoas oferecendo ajuda a completos estranhos diariamente na internet. Você já pôs uma pergunta no Google e foi encaminhado para algum fórum onde pessoas comuns oferecem soluções? Neste exato instante, milhões de pessoas estão sentadas em frente de computadores compartilhando informações sobre tudo, desde como fazer um bife grelhado até como fazer uma atadura em um dedo quebrado. Na própria GreenlightCommunity.com da FG os membros compartilham informações sobre assuntos como construir sua marca pessoal, lidar com chefes difíceis e redigir sua missão pessoal. Por que eles fazem isso? Porque dá enorme prazer (e é gratificante) dividir seus insights com outras pessoas, mesmo que elas sejam estranhas.

E o que se vê, de fato, é que a "estranheza" inicial entre as pessoas não dura muito tempo. Meses depois do lançamento, os membros da GreenlightCommunity.com começaram a organizar eventos pelo país inteiro para se conhecer pessoalmente, para aprofundar as relações de confiança criadas on-line. Eles não só estão dando apoio e uma sensação de confiança, mas juntos estão criando um movimento que é ainda mais poderoso do que a soma de todas as relações dentro dele.

— Realmente não imaginávamos que tudo decolaria tão depressa — diz Jorge Colón, fundador da on-line Bar Association [Ordem dos Advogados on-line] e um dos principais organizadores da GC. — As relações que estamos construindo juntos são cada vez mais íntimas, transparentes e compensadoras. A gentileza, a franqueza e a generosidade se sobressaem. A confiança aumenta exponencialmente e nos divertimos muito! Temos a sensação de estarmos construindo amizades para toda a vida.

Pedindo ajuda: a Lei da Atração

Deborah Muller, de Nova Jérsei, fundou a HR Acuity, uma empresa especializada em realizar investigações no ambiente de trabalho — como, por exemplo, quando uma funcionária alega ter sido assediada no emprego — e em ajudar empresas e funcionários a resolver conflitos sem necessidade de recorrer à justiça. A metodologia de Debbie é tão bem-sucedida que ela foi além e desenvolveu um aplicativo na internet que as empresas podem licenciar para as suas próprias investigações internas. Esse não era o plano original, mas quando ficou claro que um programa na web era o que as empresas mais precisavam, Debbie mudou de rumo.

— De repente, me vi no mundo da propriedade intelectual na internet — confessa. — Foi quando percebi que precisava de ajuda.

A consultora tinha feito um curso de empreendedorismo, por isso ela foi até sua professora, que disse a Debbie que o que ela realmente precisava era de um conselho consultivo.

— Não sou lá muito boa para pedir ajuda às pessoas — diz ela. — Pensei: *Não tenho nada para dar às pessoas; não estou em condições de pagá-las. Como posso pedir às pessoas para me ceder seu pre-*

cioso tempo? Até me disponho a dar o meu tempo, mas para mim é muito difícil pedir isso aos outros.

Mesmo assim, instada por sua professora, ela fez uma lista do que precisava, focando em tudo, desde o marketing até as finanças. Depois, saiu em busca das pessoas certas. A primeira candidata de quem ela se aproximou foi sua professora, que havia sido considerada como um das 50 maiores empresárias do estado.

— Ela disse que sim! — lembra Debbie. — Portanto, já era menos um.

Depois, ela se aproximou de um velejador e financista, que conhecia seu marido do clube de hóquei local. Ele disse:

— É claro que estou nessa.

Posteriormente, ela ligou para um antigo chefe que trabalhava com gerenciamento de risco.

— Ele entendia a questão técnica — disse Debbie — e trouxe um enfoque empresarial para a questão do risco. Ele também disse "É claro que ajudo".

O processo continuou.

— De noite, em uma festa, conheci um cara extremamente bem-sucedido, dono de uma empresa de pesquisa de marketing. Fiz uma rápida apresentação de cinco minutos e ele perguntou: "Você precisa de um CMO?" Falei: "Não, mas eu bem que poderia ter alguém assim no conselho consultivo." E ele disse: "É claro. Adoro empreendedores."

Finalmente, Debbie recrutou um amigo que trabalha com vendas técnicas e um outro, advogado processualista. Praticamente de um dia para o outro o conselho consultivo se formou. Nenhum dos sete membros recusou seu pedido e, além disso, nenhum deles foi pago. A primeira reunião durou quatro horas, durante as quais o comitê a questionou, confrontou e mostrou furos no plano. Quando olharam para suas projeções financeiras, uma pessoa disse:

— Você deve ter fumado um. Você não terá tantos clientes com essa rapidez.

No fim da noite, aquelas pessoas tinham se envolvido tanto com o produto que, quando Debbie sugeriu que eles deviam se reunir duas vezes ao ano, o grupo respondeu:

— Tá brincando? A gente tem de se encontrar a cada mês e meio!

— Acho que eles estavam se divertindo, compartilhando seus conhecimentos para me ajudar a erguer uma empresa — continuou ela —, pois é a única explicação que posso imaginar para eles continuarem comparecendo. É claro que tenho pensado em uma maneira de, em algum momento, retribuir.

Isso, sem dúvida, será bem-vindo, e é exatamente o que se deve fazer. Mas o fato é que os membros do comitê de Debbie já são pagos pela diversão que têm. Provavelmente, eles recebem um retorno maior do que Debbie pode imaginar por estarem aumentando seu network, aprendendo uns com os outros e recebendo novas informações a cada reunião.

Rachel Shechtman, uma empreendedora que mora em Nova York, tem uma perspectiva fascinante sobre esse assunto:

— Há certas partes da minha vida que realmente curto e não quero transformar em um negócio. Criar mudanças para alguém faz você começar a pensar em maneiras como pode criar mudanças na sua própria vida. Para mim, isso vale mais do que qualquer remuneração em dinheiro.

A maior lição que tiro da experiência da Debbie é que, se você quiser a ajuda dos outros, deve pedir. Mas, primeiro, faça o seu dever de casa. Ela fez um curso de empreendedorismo e depois desenhou um sólido plano de negócios. (É claro que os seus conselheiros depois mostraram um monte de problemas nele, mas tudo bem. Ter um plano para começar demonstra seriedade e comprometimento. Geralmente me sinto frustrado com quem me pede ajuda sem ter feito o trabalho prévio que faria o meu tempo ser valioso para elas, como, por exemplo, ler que já escrevi sobre o assunto.) Depois, consciente dos furos na sua base de conhecimento, Debbie listou as qualidades necessárias em um conselho consultivo.

Finalmente, foi procurar as pessoas com os talentos certos, certificando-se de que tinha uma apresentação de cinco minutos bem ensaiada, para que, caso encontrasse um conselheiro ideal em um elevador ou em uma festa, estivesse pronta para atirar.

Como Debbie descobriu, o objetivo é instilar nos outros o mesmo fervor que você tem. E é por isso que a pessoa mais fácil de se ajudar é a pessoa que está lutando para ser bem-sucedida, porque sucesso e atitude contagiam. Os outros querem ter a sensação de que ajudaram você a ser bem-sucedido. Por outro lado, se sua energia for baixa, se você sempre se sente derrotado e não tem ninguém para quem se virar, procure ajuda pessoal ou fale com um padre — porque existe ajuda, sim. Mas, antes de fazer qualquer coisa, você precisa sair do seu marasmo emocional.

Uma influente executiva de mídia social que conheço tem uma compreensão bem precisa do papel que a generosidade exerce tanto nos negócios como na vida pessoal. Lena West é fundadora e CEO da Convengine, uma empresa de consultoria de Nova York que ajuda as empresas em crescimento a lucrar com o poder da mídia social e da internet. Ela é membro da Women Presidents' Organization e também atua no conselho consultivo do Center for Women's Business Research. Quando os executivos se reúnem para fazer um brainstorming sobre o negócio da internet, existe uma boa chance de a Lena ser uma das palestrantes.

Os principais compromissos de Lena? Apoio mútuo — no caso dela, um grupo composto de cinco líderes empresariais de setores que não competem com ela, e que se encontra uma vez por mês por três horas. Os membros se comprometem a comparecer às reuniões e fazem disso uma prioridade em suas vidas — tanto que, em um dia em que Lena ficou gripada, ela compareceu à reunião mesmo com uma laringite de enlouquecer, em vez de não ir. Como ela me contou, os membros compareciam não só por si, mas pelo bem do grupo.

— Quanto mais bem-sucedida sou nos negócios — disse Lena —, mais vejo que realmente é preciso uma fusão de vários sistemas de apoio para ajudar a embalar seu negócio e sua empresa.

Bem cedo Lena aprendeu a importância de aceitar a generosidade.

— Se você quiser que as coisas aconteçam em sua vida (sucesso financeiro, perder peso, o que for), tem de estar disposto a receber. Vejo esse "estar disposta a receber" como uma parte sensorial do meu cérebro. Assim, quando as pessoas querem me ajudar, as deixo ajudar! Os outros também têm de ter a oportunidade de dar. Eles *querem* dar; nem sempre é por sua causa.

Dê, receba e repita

Em *Never Eat Alone* contei a história de quando o meu pai, então desempregado, viu um velocípede sendo jogado fora por uma de nossas vizinhas. Faltavam alguns dias para o Natal. Papai bateu na porta e perguntou se ele podia pegar o velocípede para mim. A mulher não só deu o velocípede, como também uma bicicleta e um carrinho motorizado.

Meu pai já morreu, mas sempre que volto para casa para visitar minha mãe, passo de carro pela casa da mulher e penso na generosidade dela (e no meu velocípede). Sempre serei muito grato a ela. Também penso em como *ela* deve ter se sentido bem, dando um velocípede que não era usado para uma família de estranhos que precisavam dele. Quem teve o melhor presente de Natal naquele ano — eu ou ela? O fato é que nós dois saímos como grandes vencedores. E esse é exatamente o meu ponto. O poder da generosidade é que ele gera bem-estar aos *dois* lados. Meu pai podia ser um cara orgulhoso, mas acredito que também entendia que o sustentáculo da generosidade não é só ajudar os outros, mas também permitir que eles nos ajudem. É a maneira mais fácil que conheço para quebrar o gelo em uma relação e permitir que ela cresça e se transforme em algo mais profundo e significativo.

MENTALIDADE Nº 2

Vulnerabilidade

Quem você prefere?

— **O**lá, sou Keith Ferrazzi. Deixe-me contar tudo o que já fiz na vida!

Se eu me apresentasse dessa maneira, arrotando uma lista de feitos e realizações, você poderia pensar: *Tá, e daí? O que eu tenho a ver com isso?* ou *E o que você pode fazer por mim?* ou, talvez, até: *Que idiota!* Portanto, vamos retroceder a cena.

— Oi, sou Keith. Fui criado em Pittsburgh, filho de uma faxineira e de um operário. Felizmente, tive a sorte de ter pais que acreditavam em dar ao filho uma ótima educação. Era muito difícil para todos nós e desde então tenho trabalhado duro para fazer o sacrifício deles valer a pena. Aquilo pelo qual luto agora não é só um emprego. É um sonho. Também é um grande esforço, quase sempre autoimposto. Vou lhes contar um pouco sobre ele.

O mesmo cara, duas histórias diferentes. A primeira se parece com o começo de um verbete da Wikipedia, enquanto a segunda parece mais com alguém que realmente quer compartilhar alguma coisa para lhe ajudar a saber quem ele é e de onde ele vem. O primeiro Keith é um falastrão que gosta de contar vantagem. O segundo é o que o meu pai chamaria de um cara normal. As duas apresentações são verdadeiras. Mas representam duas versões da minha biografia. Infelizmente, a primeira é a que eu falava o mais depressa possível quando estava construindo a minha carreira e queria impressionar as pessoas. E eu fazia isso, apesar de ter certeza de que quase todo mundo que eu conhecia preferiria muito mais ter o segundo Keith como amigo e conselheiro. O que levanta algumas questões importantes.

A primeira é: em um mundo que dá tanto valor ao sucesso e às realizações, por que nos sentimos muito mais confortáveis ao lado do segundo Keith? Não é porque simpatizamos com sua origem humilde; meninos com uma vida melhor e de origens privilegiadas têm suas próprias questões, seus próprios desafios e histórias para contar. Não, acredito que nos inclinamos em favor do segundo Keith porque simpatizamos com sua humanidade. Esse Keith está se mostrando *vulnerável*. Nós nos identificamos com a sua luta e a sua vulnerabilidade porque todos nós (ricos ou pobres) passamos pelas nossas.

O que nos leva à segunda, e mais difícil, questão: se todos nós preferimos pessoas que são vulneráveis como o segundo Keith, por que a maioria tenta esconder suas vulnerabilidades com tanta força? Colocando de outra maneira: por que eu deveria me apresentar de uma maneira que, basicamente, me isola dos outros?

Tememos que a segunda mentalidade, a da vulnerabilidade, apesar do seu apelo, pareça aos outros como mole demais, talvez até frágil, essa é a resposta. Mas se você acredita nisso, está muito enganado.

Não seja covarde — tenha a coragem de ser vulnerável

Não podemos nos dar ao luxo de parecer fracos na vida, nem no escritório, nem na vida pessoal — certo? É como se pendurassem um alvo nas nossas costas, ou é isso o que pensamos. Mas, acredite em mim: ser vulnerável exige uma coragem incrível. É um pensamento fundamental para se dominar, se você planeja criar um círculo de conselheiros de confiança na sua vida. Além do mais, a vulneralidade é a parceira e a precursora necessária para a franqueza — a coragem de falar a verdade sobre si mesmo e sobre os outros e, em troca, ouvir a verdade. Então, o que é a vulnerabilidade? É a coragem de revelar seus pensamentos internos, inclusive as teias de aranha, para outra pessoa. E por isso é tão importante criar, primeiro, um lugar seguro, onde você possa experimentar uma intimidade profunda — ou o que muitas vezes chamo de uma *intimidade a ponto de se chegar à vulnerabilidade*.

Vulnerabilidade é admitir que você tem dúvidas e medos — e que precisa do apoio e do incentivo dos outros para superar os obstáculos e atingir seus objetivos.

Costumamos permitir que os nossos medos — de sermos vulneráveis ou de qualquer outra coisa — se transformem em fantasias terríveis que caminham conosco. E, antes que percebamos, nossa imaginação nos diz que tomar alguma ação inócua, como pedir ajuda, vai nos matar. Ficamos petrificados e corremos para o lado oposto.

Existe um termo científico para esse medo irracional: "saliência da mortalidade". Ele se refere ao medo natural da morte que todos os seres humanos têm. Alguns cientistas do comportamento especulam que projetamos nosso medo da morte em todo tipo de evento desconfortável, como deixar de atingir uma meta nos negócios. Assim como vários outros comportamentos, a saliência da mortalidade é apenas mais um instinto de sobrevivência. *Sabemos* que não morremos de constrangimento, mas temos essa impressão o tempo todo — como se estivéssemos lutando pela sobrevivência.

Um risco que paga dividendos

Um ingrediente secreto para construir autênticas relações de confiança é a vulnerabilidade, porém esse é um segredo escondido mas que está na nossa cara. Para nos conectar autenticamente com as outras pessoas temos de estar dispostos a nos revelar. Afinal de contas, não faz bem algum ficar retendo informações. É como mentir para o seu terapeuta sobre como as coisas vão na sua vida — de que adianta? Demorei séculos para perceber que, ao dividir nossas vulnerabilidades, nos permitimos uma maneira de nos livrar delas.

Quando você compartilha os seus medos mais secretos e os seus fracassos ou momentos mais constrangedores com outra pessoa, cuja amizade e aconselhamento você admira, várias coisas acontecerão.

1. Ao deixar a outra pessoa perceber seus medos e suas preocupações você abre uma válvula de pressão emocional que permite liberar a tensão guardada em seu interior. Você poderá respirar de novo e voltará a caminhar para a frente e tratar melhor da questão.
2. A pessoa em quem você confia provavelmente ficará mais próxima de você, graças à sua própria disposição em revelar seus medos e fracassos. Além disso, é somente quando se trabalha para se criar algumas relações íntimas dessa natureza que você se torna capaz de confiar o suficiente nessas pessoas para pedir ajuda quando precisar, e elas vão se importar com você o suficiente para oferecer.
3. Você verá que quanto mais estiver disposto a falar abertamente sobre o que precisa, mais as pessoas virão até você e oferecerão ajuda.
4. O resultado total de tudo isso é o domínio da capacidade de criar e sustentar uma experiência de lugar seguro com cada vez mais pessoas na sua vida. Ao confiar nos outros, você passará a ser confiável. As pessoas vão lhe procurar como conselheiro e confidente. Quando ninguém tiver uma resposta, você será a pessoa chamada a ajudar. Em outras palavras, você vai se tornar uma pessoa de confiança para os outros. E como criamos a nossa realidade por meio de palavras e ações, os outros vão se tornar nossas pessoas de confiança.

Acredite: as recompensas são enormes. Quando você se abre, se sente muito menos sozinho. Não só você ganhará o respeito e a simpatia delas, mas verá que as outras pessoas realmente *querem* lhe ajudar. Você terá mais foco e energia no que você faz, porque estará livre daquilo que o Dr. Mark Goulston chama de "segurar todos os problemas e preocupações nos ombros, como se fosse o Atlas carregando o mundo".

Pouco depois dos atentados de 11 de setembro Mark foi chamado para trabalhar com um grupo de aproximadamente 25 advogados e consultores financeiros. Todos confessaram estar profundamente deprimidos por causa dos ataques terroristas, que os deixou (como a todo mundo) com uma sensação de medo e de vulnerabilidade.

A abordagem de Mark tornou a experiência pessoal. Ele pediu que cada pessoa na sala compartilhasse um momento doloroso e de grande vulnerabilidade em suas vidas e falasse como eles o atravessaram.

— Eu queria que eles vissem, a partir da própria experiência, como os seres humanos podem ser resilientes — lembra Mark.

As respostas o surpreenderam. Um dos sujeitos era um advogado criminalista durão e muito experiente, que não é o tipo de pessoa que você imagina que vai se abrir com as outras. No entanto, ele ficou fortemente abalado com os ataques terroristas. Outro acontecimento também o havia marcado muito. Ele contou ao grupo que sua filha caçula nasceu prematura, pesando apenas 1,125kg.

— Eu ia visitá-la na enfermaria — disse o homem — e colocava o dedo mindinho na mão dela e ela se agarrava a ele com toda a força. Então pensei: *Se ela pode fazer isso, eu também posso.*

Aqui estava um advogado competitivo e analítico confessando para uma sala cheia de desconhecidos que ele precisava de alguma coisa para se segurar depois do 11 de Setembro. Nossa!

Primeiro, construa as bases

Uma vez, quando eu estava na Itália visitando alguns parentes mais afastados, perto de Milão, uma tia-avó me levou ao pátio de uma igreja onde muitos dos meus parentes estão enterrados. A igreja em si é uma daquelas velhas catedrais da Renascença, com uma cúpula que se ergue nas alturas. Olhando dos bancos da igreja, é difícil imaginar como aquilo foi construído. Mas, do lado de fora, quando se olha a fachada de alto a baixo, é possível ver como aquela cúpula abobadada repousa sobre colunas firmes, que por sua vez se apoiam em enormes fundações. É tudo aberto. Qualquer um pode ver.

Para mim, a coragem de revelar vulnerabilidades me faz lembrar da estrutura de apoio àquela cúpula. Ninguém jamais imaginaria construir uma igreja a partir do seu ponto mais alto. Mas as pessoas geralmente cometem o erro de pensar que estou pedindo para elas revelarem seus maiores medos e vulnerabilidades antes de terem construído uma fundação de intimidade com outra pessoa. Elas têm medo, e com toda razão, de que acabarão parecendo patéticas ou derrotadas.

A chave para se construir o tipo de fundação que leva ao respeito, à empatia e à confiança é fazer isso aos poucos, com graus cada vez maiores de intimidade e autorrevelação.

Obviamente, aprender a ser vulnerável com as pessoas certas pode parecer ótimo no papel, mas por onde se começa? Poucas pessoas se sentiriam à vontade de ir até um completo estranho em um evento empresarial e nele confiar seus medos e suas inseguranças. E sabe de uma coisa? Você realmente não deve fazer isso! Primeiro você deve construir as bases que permitem esse nível de intimidade.

Tente isso: durante um almoço com um colega ou amigo, alguém que inspire confiança, compartilhe uma fraqueza, uma preocupação ou uma insegurança — de preferência uma coisa que tenha alguma importância. Comece com a menor preocupação que puder — apenas tenha certeza de que seja algo que realmente o incomoda. Você verá que não morrerá e que isso pode até levar a relação a outro nível. A pessoa com quem está falando provavelmente oferecerá algum conselho ou compartilhará alguma coisa da vida dela. Caramba, ela pode até ter exatamente o mesmo problema que você — geralmente, somos menos singulares do que pensamos! O fato é que você perceberá, se ainda não percebeu, que ser aberto é o que permite que você seja humano e faça uma conexão.

Scott Bowen, Chief Financial Officer (CFO)

Conheci Scott Bowen quando ele era CFO do Deutsche Bank Americas, a empresa de investimentos. Ele contratou a Ferrazzi Greenlight para trabalhar com umas 12 pessoas da equipe principal de finanças em Nova York. Naquela época, eles passavam por uma grande transformação naquela divisão e, nas palavras de Scott, ele estava "tentando que aquele grupo de pessoas chegasse a um ponto em que pudessem trabalhar juntas e onde todo mundo fosse aberto e totalmente responsável perante os demais".

Eu sabia que seria um desafio e tanto, pois empresas de Wall Street como o Deutsche Bank são muito conhecidas por sua cultura totalmente fechada. Relações de trabalho costumam ser formais e hierarquizadas. Dessa maneira eu e a equipe da FG organizamos uma série de workshops com o objetivo de quebrar as barreiras nas relações entre os membros da equipe de Scott. A ideia era fazer com que todos compartilhassem suas histórias e passassem a ter um novo nível de intimidade, que geraria um ambiente totalmente novo, marcado pela comunicação sincera. (Isso deve parecer familiar, pois se trata do processo já citado neste livro, de construção de um lugar seguro.)

Ao se criar uma cultura de apoio mútuo no Deutsche Bank, primeiro dentro da equipe e depois da equipe com relação a quem eles serviam, os enormes desafios estratégicos e operacionais que eles enfrentavam foram resolvidos mais facilmente. Mas qual foi o resultado mais importante? Scott se tornou um líder muito melhor. Ele pediu à FG um treinamento sobre o conceito de "maior apoio pessoal no ambiente de trabalho" e encontrou este lugar seguro com a nossa equipe e com os técnicos que contratamos.

— Comecei a ver o resultado quando passei a ter reuniões mais sinceras com esses caras — explicou Scott — e fui capaz de fazer isso regularmente, muito mais do que antes. Consegui respostas muito mais rapidamente e, consequentemente, era mais aberto com a minha equipe.

A relação de Scott com a equipe melhorou em boa parte porque ele estava disposto a tratá-los como colegas e perguntar o que podia fazer para melhor servi-los como líder.

— Keith diz que sou muito esperto — conta Scott com uma gargalhada. — Eu tinha um tipo de liderança em que às vezes era um pouco sarcástico com as pessoas, talvez até pressionasse demais. Por isso, peguei as críticas feitas pela equipe e mudei esse comportamento. Parei de humilhar as pessoas. Sem o retorno do grupo, eu teria reagido negativamente. Comecei a mudar a maneira como eu liderava. E funcionou.

Não só funcionou como recentemente Scott assumiu um papel de liderança ainda maior, como diretor administrativo e CFO global de um banco de investimentos de outro grupo. Hoje, ele faz pela sua equipe o que a FG fez por seu antigo grupo (uma das primeiras coisas que Scott fez foi nos levar para conhecer o chefe de RH da nova empresa). Mais ainda, ele se tornou um missionário de algo do qual antes ele debochava!

— Fala sério. No trabalho? — É. Até no trabalho

A maioria de nós foi condicionada a evitar falar sobre aquelas coisas em que não nos destacamos, com medo de parecermos fracos, especialmente na vida profissional. O problema é que essa tática normalmente não funciona. Nos negócios, vejo pessoas fracassarem o tempo todo porque se recusam a reconhecer que têm medo de erguer a voz diante do chefe, ou medo de que lhes faltem certos talentos ou conhecimentos. (Vejo isso com frequência nos relatórios anuais.) Elas ficam petrificadas de admitir suas deficiências. Elas tentam escondê-las, ignorá-las ou, ainda pior, negá-las.

Quando uma famosa empresa de tecnologia contratou a FG para transformar a capacidade de relacionamento da sua força global de vendas e aumentar sua habilidade em se diferenciar na frente dos clientes, percebi logo de cara um dos problemas que eles tinham: a alta cúpula se recusava a admitir as falhas. Individualmente e como empresa, o ego e a arrogância que rolavam para que ninguém fosse visto como fraco era quase risível. A alta cúpula fazia um grande esforço para evitar parecer qualquer coisa que não fosse excepcional.

É claro que todo mundo na força de vendas podia ver as falhas e a fraqueza da firma a 1 quilômetro de distância, assim como todas as tentativas da administração de negá-las. Como resultado, a empresa sem querer criou um ambiente de enganação e desconfiança. Pior que isso, a mensagem indiretamente mandada para toda a empresa era: *Se você quer chegar ao topo, nunca deixe as pessoas verem você suar. Nunca peça ajuda e nunca admita um erro.* Não era à toa que a empresa estava com dificuldades; não era à toa que a administração não conseguia fazer com que a força de vendas se dispusesse a melhorar e a mudar, apesar dos milhões de dólares gastos.

Vejo isso acontecer o tempo todo: há equipes de liderança que impõem um padrão de falsa perfeição, inibindo o potencial para uma cultura de aperfeiçoamento contínuo e crescimento autêntico.

Uma coisa que aprendi nos negócios e na minha vida pessoal é que, quando nos permitimos ser vulneráveis — quando expomos nosso verdadeiro "eu" para os colegas, com nossas forças e fraquezas, nossas realizações, nossos talentos e fracassos —, criamos uma conexão elétrica que conduz à confiança e à intimidade inatingíveis de outra forma. Nos permitir ser vulneráveis com outra pessoa pode rapidamente transformar relações formais de trabalho em verdadeiras amizades — e formar a base para um nível maior de compromisso, confiança e até alegria na vida diária.

Confie em mim

Quando pergunto às pessoas o que elas julgam ser o elemento mais importante em qualquer relacionamento, das salas da diretoria às salas de uma faculdade, a primeira coisa que ouço é: *confiança*. Mas a confiança não acontece simplesmente pedindo aos outros para confiarem em você. Ela deve ser conquistada. Você não pode chegar e dizer "As pessoas dessa equipe têm de começar a confiar umas nas outras", assim como você não pode dizer "Você tem de me amar" para alguém não interessado em um relacionamento amoroso com você. (É, já tentei isso também.)

Na realidade, desenvolver a confiança é um processo que resulta da sua disposição em ser vulnerável. Alguns de nós se sentem vulneráveis só em se apresentar, em contar alguma coisa pessoal sobre a família, ou falando de uma ou duas coisas que realmente são importantes para nós. Outras pessoas podem ir mais além e mais rápido. Mas ninguém realmente confiará em você enquanto você não se permitir ser suficientemente aberto, franco e corajoso para se arriscar a baixar a guarda.

Em *Never Eat Alone* eu citei a frase "A luz do sol é o melhor desinfetante", do juiz da Suprema Corte americana Louis Brandeis.

É uma frase que sempre adorei. Para mim, significa que colocar as coisas em pratos limpos e compartilhá-las com os outros nos alivia da angústia de reter tudo. Quanto mais rápido pudermos identificá-las, mais rápido poderemos levá-las à luz; quanto mais as compartilharmos com os colegas, mais eles poderão fazer tudo ficar para trás.

Oito passos para a intimidade instantânea

Bem, agora que já foram apresentados os benefícios da vulnerabilidade, que é o estado final, vamos dar uma olhada nos oito passos para a intimidade instantânea, capazes de levá-lo até lá. Eles podem ser postos em prática quando se conhece alguém novo ou quando você quiser transformar uma relação que já tem em algo maior e melhor — em uma relação de confiança.

1. Crie um ambiente autêntico à sua volta

Começo pelo tipo de ambiente que você *não* vai querer ter à sua volta. Um dos meus momentos *menos* autênticos — e que nunca esqueci — veio após o sucesso de *Never Eat Alone*, quando fui convidado para um jantar particular em Chicago com Larry King. Quando cheguei, Larry disse:

— Quer dizer que você é o próximo Harvey Mackay?

Harvey Mackay, obviamente, é o autor do best-seller *Como nadar entre os tubarões sem ser comido vivo* e também um grande palestrante, que já apareceu inúmeras vezes no programa de King na tevê.

— Vamos ter de fazer alguma coisa com você — disse King.

Uau!, pensei. *Larry King acabou de me conhecer e já está falando em me botar no programa dele!* Mas, em vez de ser apenas eu mesmo e tentar conversar e conhecer melhor o homem Larry King, passei o jantar inteiro representando. Fui arrogante, amedrontado e tentei impressioná-lo demais. Enchi Larry e os outros na mesa com inúmeras perguntas, fiz um monte de comentários que achava inteligentes e dominei completamente a conversa. Em vez de dar um passo atrás e deixar que Larry examinasse um pouco seu mais novo conhecido no ritmo dele, escutando o que os outros tinham a dizer — em vez de ser *verdadeiro* —, vesti o casaco do Sr. Mandachuva.

Pude ver perfeitamente pela linguagem corporal de Larry que ele estava irritado com a minha atuação boba e completamente sem propósito. (Eu quase podia vê-lo pensar: *Alguém faça ele parar!*) Mas eu estava tão nervoso e agitado que, em vez de recuar, simplesmente fiz mais força para jogar meu charme em cima dele. Não foi surpresa alguma eu não ter sido convidado para o programa naquela época.

Autenticidade é questão de ser quem você realmente é. Veja minha tia Rose, por exemplo. Ela era o tipo de pessoa que fazia você se sentir bem-vindo quando entrava na sala. E você não precisava ser sobrinho dela. Ela era assim com todo mundo. Você sempre sentia que, de alguma maneira, ela estava do seu lado. Tia Rose seria uma pessoa que você adoraria ter no seu círculo — o tipo de pessoa com quem se pode ser totalmente aberto e ainda assim se sentir seguro.

Então, como é que essas pessoas conseguem? Na verdade, é até bem simples. Todos nós podemos fazer o mesmo. Tudo começa com a autenticidade — a arte de ser verdadeiro.

"O maior desafio da vida é ser você mesmo em um mundo onde todo mundo está tentando que você seja outra pessoa", disse o poeta E. E. Cummings. E é verdade. Autenticidade é saber quem você é e não tentar ser alguém ou alguma coisa que você não é. É sair de sua casca e tentar genuinamente se conectar a outra pessoa.

Você já entrou em uma sala cheia de gente e se sentiu completamente intimidado antecipadamente, já tendo mentalizado tudo antes mesmo de passar pela porta? O primeiro passo é ficar centrado. Respire fundo. Relaxe. Deixe a outra pessoa ver quem você é e o que você tem a oferecer — sua preocupação, seu interesse, sua paixão, sua inteligência, seu talento. Ouça essa autêntica voz interior. Medite por alguns minutos ou respire fundo algumas vezes. No meu caso, malhar ajuda a desanuviar a cabeça e a encontrar minha voz interior.

2. Deixe seus preconceitos em suspenso

Depois de ler o subtítulo desta seção você deve estar pensando: *Keith, você foi longe demais. Não sou preconceituoso!*

Ah, mas é, sim. Todos nós somos. Todos nós fazemos prejulgamentos rápidos e furiosos sobre os outros. Pense apenas no que acontece sempre que você entra em um ambiente cheio de gente. Você olha para alguém, eles olham para você, vocês ficam se medindo. Vocês estão *se julgando*.

O preconceito simplesmente faz parte do ser humano. É assim que nossas mentes são delineadas! Pense nisso da seguinte maneira: todos os dias somos inundados de informações. Os estereótipos são um atalho que permitem que o cérebro funcione diariamente em um mundo transbordando de informação. Há milhares de anos avaliações em tempo relâmpago do tipo "amigo ou inimigo?" provavelmente salvaram as vidas dos nossos ancestrais. Como resultado, sempre somos vítimas e algozes dos preconceitos.

Recentemente, tive a honra de dar a aula magna para uma turma de calouros de Yale. Depois do discurso, no qual eu havia inserido alguns exercícios designados a encorajar o apoio recíproco, uma estudante afro-americana se aproximou timidamente.

— Muito obrigada — ela disse. Mas eu podia dizer que havia algo além de gratidão em sua mente. — Sei que todas as minhas companheiras de alojamento devem pensar que sou antissocial e esquisita porque não converso com elas e visto a mesma roupa todo dia. Mas a razão de eu não falar com ninguém é porque fico constrangida demais de dizer às pessoas que, antes de eu vir para a faculdade, não tinha onde morar. Eu estava morando em um carro com minha mãe e meu irmão. Ela tinha perdido o emprego e estava fazendo o que podia para nos sustentar, mas fomos despejados do nosso apartamento e todas as nossas roupas ainda estão lá dentro. Esta é a única que tenho.

E prosseguiu:

— De qualquer maneira, finalmente juntei coragem para dividir a minha história com um rico rapaz branco de Greenwich. Ele parecia não ter muito com que se preocupar na vida. Mas quando ouviu a minha história ele começou a chorar. Ele contou que a vida inteira seu pai havia lhe espancado e sua mãe não fizera coisa alguma para protegê-lo. Ele estava muito feliz de ter se afastado dessa família de loucos. Nunca se sabe o que há por trás das pessoas.

No complexo ambiente social de hoje, onde conhecemos inúmeras pessoas, fazemos julgamentos equivocados o tempo todo. Todos nós já encontramos alguém de quem pensávamos que não gostávamos e então, mais tarde, depois de conhecê-los melhor, descobrimos que gostamos muito deles e que nossas impressões iniciais eram totalmente erradas. Algumas dessas pessoas acabam se tornando alguns dos nossos melhores amigos.

Mas peraí, você já vai pensar. *Até aceito admitir que tenho preconceitos sobre as pessoas que acabei de conhecer, mas certamente não teria sobre alguém que eu fosse considerar para o meu círculo interno.* Pense de novo! Posso garantir que você tem ideias preconcebidas até mesmos sobre os seus amigos mais próximos. Esses preconceitos são uma das principais razões pelas quais tantos de nós têm tão poucos amigos próximos ou conselheiros de confiança.

Em uma escala maior, as empresas também têm seus preconceitos culturais que interferem na produtividade — a equipe de vendas despreza o marketing, o marketing não respeita o pessoal da pesquisa, a equipe de finanças parece detestar todo mundo e todos odeiam o departamento de recursos humanos. E a empresa como um todo frequentemente desconfia dos clientes e suas exigências fora do razoável.

E é por isso que acredito que a melhor tática a ser praticada quando se conhece alguém novo é iniciar o contato com o mínimo de pressuposições possíveis. Se for possível, espere o melhor e procure maneiras de manifestar seu interesse e sua preocupação pela outra pessoa.

Tente fazer a seguinte experiência. Quando você estiver em um coquetel, na hora do café ou em um evento da empresa, escolha um estranho no ambiente que lhe pareça um idiota, ou lhe intimidar, e se aproxime dele. Faça um esforço autêntico para tentar conhecer aquela pessoa — e isso quer dizer ir além da conversa fiada. Significa abrir sua mente para a possibilidade de que ele seja uma pessoa com a qual você se preocupa. (Eu costumo dizer aos convidados das minhas festas que a missão deles naquela noite é exatamente essa: encontrar várias pessoas pelas quais eles terminem se interessando.)

Aqui está o que acho que vai acontecer: uma pessoa de verdade surgirá daquela caricatura de cartolina que você imaginou na cabeça — e talvez seja até uma pessoa de quem você goste e que queira conhecer melhor. Todo dia vemos gente que realmente não conhecemos. Dê um jeito nisso — nunca se sabe o que vai acontecer.

No começo, não é fácil ser vulnerável. Para isso é necessário sair de sua zona de conforto. Como é de se prever, nas minhas palestras, é nesse ponto que começo a perder as pessoas. Alguém sempre grita: "E se alguém usar essa informação contra mim?" ou "No meu trabalho, jamais daria para se fazer isso. Não faz parte da nossa cultura".

As mulheres me dizem: "Os homens jamais aceitariam ser vulneráveis dessa maneira; são competitivos demais." E os homens dizem: "As mulheres não farão isso; elas não podem se dar ao luxo de parecer fracas ou femininas no local de trabalho." No entanto, quando dou minhas palestras, peço às pessoas da plateia para se levantar e falar com um estranho sobre alguma coisa que realmente é importante para elas — e também não é para ser uma conversinha de coquetel, nada do tipo "Lá na sua cidade não faz um tempo lindo?" Esse é o tipo de papo que faz as pessoas esquecerem os nomes umas das outras antes da metade da conversa.

Não, a ideia é dar início a relacionamentos de verdade, acontecendo em tempo real. Isso significa obrigar a plateia a tomar riscos pequenos e calculados que normalmente são impossíveis em um auditório. Não estou interessado apenas em divertir as pessoas, ou em intelectualizar o processo. Quero que a plateia realmente mude... *agora!* Quando peço às pessoas para se levantarem e compartilharem alguma coisa pela qual elas sejam verdadeiramente apaixonadas, vejo um monte de braços cruzados e testas franzidas. Mas o engraçado é que, depois que começa, tenho de gritar para fazê-las voltarem aos seus lugares!

Acredito que seja especialmente importante avisar que não é só para falar sobre o que elas são apaixonadas, mas também explicar *por quê*. Faça-as contarem uma história! Para falar a verdade, houve momentos durante esse exercício em que perdi o controle total da plateia e não consegui fazer as pessoas voltarem aos seus lugares — e então percebi que estávamos no caminho certo.

3. Projete o positivo

A seguir, seja proativo e positivo. Uma vez que você tenha encontrado sua voz interior e saiba que está falando genuinamente, falta pouco para projetar pensamentos positivos sobre as outras pessoas — o tipo de sentimento que ajudará a diminuir o espaço entre vocês e criar um ambiente seguro e aconchegante para o outro, como fazia minha tia Rose.

Maxine Clark, fundadora e CEO da Build-a-Bear, é uma das empresárias mais dinâmicas que conheço. Um dia ela me contou uma boa história sobre como lidar com pessoas muito rudes. Quando criança em Coral Gables, na Flórida, os amigos de seus pais, às vezes, passavam na casa deles. Para uma garota, aqueles caras grosseiros e fisicamente imponentes eram simplesmente tio Joe e tio Don, amigos da família com os quais ela se sentia totalmente à vontade e que a enchiam de cuidados paternais na segurança do lar.

Mas quando Maxine entrou no mundo dos negócios, começou a encontrar caras que se pareciam com tio Joe e tio Don, mas que tinham uma predisposição muito menos simpática com uma moça tentando chegar a algum lugar no mundo.

Assim, a empresária traçou uma estratégia: toda vez que se via diante de um preconceito ou uma injustiça, olhava nos olhos desse homem e se lembrava que dentro da cabeça daquele sujeito difícil estava o coração de tio Joe ou de tio Don. Com o tempo, ela percebeu que podia entrar naquele coração para o bem do relacionamento e, no fim, para o bem da sua própria missão, seja conseguir o financiamento para o seu negócio, ou ajudar uma escola da cidade. Na maioria das vezes, funcionava!

Aqui vai um excelente conselho: antes de estar diante de uma plateia, olhe nos olhos de todo mundo na sala. E, então, projete cada grama do seu ser no pensamento de que eles vão *adorar* o que você tem a dizer. (Também ajuda talhar sua mensagem desde o início com a plateia na cabeça — não para impressionar ou parecer inteligente, mas para ser generoso e se colocar a serviço e disposto a ajudá-la o máximo possível.)

Hoje em dia, sempre que entro em uma sala cheia de desconhecidos e receio que a minha mensagem não vai funcionar bem, uso um truque para redirecionar minha energia para o positivo. Eu me imagino em algum lugar do futuro, os abraçando, como se fosse uma família que já não visse há muito tempo! Ou os imagino chegando a mim depois da palestra, me elogiando sobre o poder que a mensagem exerceu sobre eles. O interessante é que minha percepção sobre eles começa a mudar na mesma hora. Eu os vejo relaxarem e seus gestos se tornam mais positivos. Percebo mais cabeças concordando com o que digo (e menos olhares intimidantes) e esqueço completamente as minhas incertezas.

Sempre que penso positivo, o grupo pensa também. Pode tentar. Funciona.

4. Compartilhe as suas paixões

Nada de real valor pode acontecer em um relacionamento sem uma partilha. E as coisas mais fáceis para se começar a compartilhar são nossos interesses e nossas paixões. Compartilhá-los inicia uma reação em cadeia na qual todos se abrem.

Vendedores frequentemente não entendem esse tipo de partilha e pensam que isso é um roteiro ou uma fórmula para aquecer uma visita fria de trabalho. Bobagem! Fale sobre as coisas que realmente lhe movem na vida — e isso não precisa ser sempre algo que o outro tenha em comum com você. Lembre-se, não fale como se vocês tivessem que ter uma paixão *em comum*; apenas compartilhe as *suas* paixões, de preferência contando uma história. Peter Guber me disse mais de uma vez: "Contar uma história é transportar alguém emocionalmente." E ele está certo.

Boas histórias podem diluir fronteiras emocionais. Podem até ajudar alguém a conseguir um emprego! Uma vez perguntei a um salão cheio, com 2 mil representantes comerciais da indústria farmacêutica, quais eram as maiores paixões da vida deles.

— É para gritar! — conclamei.

Lá do fundo da sala, ouvi:

— Sapatos!

Bem, não havia como deixar uma coisa dessas passar em branco. Caminhei pela plateia e encontrei a mulher que tinha acabado de gritar.

— Então, por que sapatos? — perguntei. — Conte uma história que nos ajude a entender como isso poderia ser uma paixão.

A mulher olhou para os pés antes de erguer o olhar outra vez. Estava claro que ela estava avaliando se estava em um ambiente seguro ou não. Estava.

— Bem, como você pode ver, estou acima do peso. — Fez uma longa pausa. — E quando experimento um novo par de sapatos, me sinto bonita.

Dei-lhe um forte abraço e o resto do salão aplaudiu sua coragem. O melhor de tudo? Uma semana depois a mulher me mandou um e-mail agradecendo por sua promoção. Ela explicou que sempre havia sido tímida e não se dava bem com os colegas. Aparentemente, depois do evento, seu gerente havia lhe convidado para sair com várias outras gerentes naquela noite; ao deixar a guarda cair, ela permitiu que sua personalidade e inteligência se revelassem. Uma das gerentes perguntou se ela queria ser entrevistada para uma vaga na sede que ainda não havia sido anunciada e que ela nem sabia que existia. Ela disse que queria — e ficou com a vaga.

Compartilhar paixões deveria ser fácil, especialmente com pessoas que pensam como você. No entanto, me impressiono com quão poucas pessoas fazem isso. Um dia dei um seminário de treinamento para um grupo com as mil maiores executivas de uma empresa listada na *Fortune 500*, reunidas como parte do apoio mútuo do grupo de liderança feminina. Pedi que cada uma se virasse para alguém que ela não conhecesse e discutisse as maiores paixões de sua vida. Você acredita que nem uma única mulher no salão compartilhou qualquer informação sobre a família e os filhos? Nem uma! Como se poderia esperar que elas apoiassem umas às outras se não conseguiam sequer se sentir seguras o suficiente para conseguir esse nível básico de intimidade? Outra vez me encontrei com uma pequena equipe de dez homens do alto escalão de uma empresa que já trabalhava junta havia vários anos. Não demorou muito e os empresários estavam falando sobre a vida deles. E de repente dois, que trabalhavam juntos havia oito anos, descobriram que moravam no mesmo quarteirão e não sabiam disso. No mesmo quarteirão! Isso já não é nem intimidade, é uma questão de geografia!

5. Fale sobre seus sonhos e suas metas

O nível seguinte envolve compartilhar seus sonhos e suas metas. Todo mundo tem metas: para si mesmo, para os negócios e para a família. Muitas vezes, esses sonhos ficam encerrados em nossas cabeças. Mas falar deles com os outros os tornam mais concretos — e muito mais perto de virarem realidade. É bem provável que outras pessoas vão se identificar com o seu sonho, compartilhá-los com você e até ajudá-lo a conquistar o seu.

Mas você não pode saber disso até se abrir e compartilhar os seus sonhos. Poucas coisas são mais poderosas — seja com os clientes, em uma equipe ou com qualquer pessoa com quem esperamos criar um relacionamento profundo — do que ser capaz de falar com os outros sobre onde queremos estar neste mundo!

Recentemente, eu estava conversando com o chefe de treinamento e desenvolvimento de vendas de uma empresa de software. Nossa conversa se concentrava em torno do nosso programa de treinamento de relacionamentos e como ele era diferente do treinamento de vendas que a empresa recebia. Meu colega acreditava que nosso programa poderia ser um belo complemento para a metodologia de vendas já utilizada pela empresa. Muito bem — até aí parecia um processo normal de vendas.

Mas, com base em um instinto, perguntei de repente:

— Mas qual é o seu *verdadeiro* objetivo profissional? Você trabalha em desenvolvimento de vendas por alguma razão; o que realmente faz você vibrar, que o deixa todo animado com o que faz?

Superficialmente, a pergunta não tinha nada a ver com vender o nosso programa. Eu só estava interessado em saber mais sobre esse homem com quem conversava. (E, é claro, quanto mais eu soubesse, mais me envolveria e melhor poderia ajudá-lo.)

Minha pergunta fez a conversa tomar um caminho novo e inesperado. O sonho dele, pelo que me disse, era entender melhor como as pessoas realmente aprendem. Ele se sentia intrigado pela dinâmica da mudança do comportamento humano. Sua meta na vida era decifrar esse código e talvez nesse processo conseguir publicar um livro ou alguns artigos. Bem, isso me deixou muito animado também! Afinal de contas, eu tinha dado início à minha empresa exatamente com isso na cabeça — mudar comportamentos, e não apenas ensinar técnicas. Discutimos os valores que compartilhávamos e nossos enfoques distintos e sugeri que ele debatesse o assunto com mais calma com a nossa equipe do Greenlight Reserach Group.

Ao me aprofundar mais em uma simples proposta de vendas, descobri mais sobre o nosso próximo cliente. Conheci um novo colega e colaborador em potencial.

6. Revisite seu passado

Agora que nos abrimos o bastante para compartilhar interesses, paixões, aspirações, sonhos e metas — tudo o que é bom —, o próximo passo busca nos tirar mais um pouco da nossa zona de conforto ao discutir as batalhas do nosso passado. Se ser vulnerável for como andar de bicicleta, essa é a hora de tirar as rodinhas.

Por que focalizar nossa atenção em coisas que já aconteceram? Bem, a maioria das pessoas acha que é mais fácil falar das batalhas do passado porque elas já ficaram para trás (assim esperamos), e nós sobrevivemos. Aliás, falar de lutas passadas pode até ser considerado falar das nossas forças, porque não estaríamos hoje aqui se não tivéssemos passado pelo que passamos há vários anos.

Uma vez trabalhei com uma imobiliária de âmbito nacional cujo CEO era incapaz de melhorar o desempenho da equipe de executivos. David havia pego uma agência fundada pelo pai e restrita a uma única cidade e transformado em uma verdadeira potência, por meio de franquias. Era um empresário brilhante. O problema é que seu estilo pessoal dominador assustava muita gente da equipe principal.

Durante um treinamento com ele e a equipe, perguntei a David:

— Conte qual foi a maior batalha pessoal que você já enfrentou na vida, aquilo que mais influenciou quem você é hoje.

Depois de pensar por um minuto, David falou:

— A relação turbulenta com o meu pai. Ele é um cara tremendamente competitivo e está sempre tentando se afirmar, até mesmo comigo. Embora já esteja semiaposentado, até hoje ele nunca me elogiou pela maneira como fiz a empresa crescer. Não importa o que eu faça, parece que sempre estarei na sombra dele.

Depois de uma pausa, acrescentou:

— Às vezes acho que o meu pai até se diverte me vendo lutar, até mesmo errar.

Foi como se alguém tivesse soltado o ar de um balão da empresa que tivesse sido esticado até o limite e estivesse pronto para explodir. Várias pessoas suspiraram longamente na sala. Todo mundo conhecia o pai dele — um sujeito grandioso, que ainda dava as caras na empresa de vez em quando —, e a tensão entre pai e filho era evidente para todos.

Mas o desabafo de David deu aos funcionários um contexto novo para medir o homem. Antes da reunião, eles podiam pensar que o seu estilo impetuoso e mordaz fosse apenas o de mais um filhinho mimado fazendo o papel do papai, tentando impressionar o velho e descontando suas frustrações na equipe. Mas, em menos de dois minutos, entender as batalhas internas de David os fez sentir um princípio de simpatia com relação ao chefe. Agora eles podiam entender seu medo de não viver à altura do legado do pai e sua necessidade de sair da sombra paterna. E de repente — eu podia sentir isso —, já estavam começando a torcer por ele.

A Entrepreneurs' Organization, um fórum de apoio a colegas sobre o qual falarei mais adiante, tem um exercício onde os novos membros fazem um cronograma de suas histórias individuais, dividindo os altos e baixos com o grupo. É um exercício comovente, que instantaneamente aumenta a compreensão que as pessoas têm umas das outras.

O xis da questão é o seguinte: se conseguimos treinar empreendedores cabeça-dura a se abrir dessa maneira, você não tem desculpa para não fazer isso com os seus amigos, em seu pequeno grupo de apoio e até com a sua família. Tanta hostilidade e tensão se evaporam quando contamos como certas experiências passadas contribuíram para o que somos hoje — isso serve para criar uma empatia básica. Não há maneira melhor de aprofundar sua relação com as pessoas que você quer ter na sua equipe ou na sua vida.

7. O que faz você ficar acordado à noite?

Depois de criar um lugar seguro para falar *daquela época*, está na hora de se focar no *presente*. O que está lhe incomodando na sua carreira atual, tanto em relação àqueles que trabalham acima ou abaixo de você? O que o faz ficar acordado à noite? Como vai a relação com sua esposa ou parceiro, com seus pais e os seus filhos? Algum problema de saúde? Como está se saindo financeiramente? Lembre-se de que não estou dizendo que você deva mergulhar nesse nível de autorrevelação com um recém-conhecido, mas é um nível a que ambas as partes chegam em uma relação de confiança.

Everette Phillips é um empreendedor que transformou seu conhecimento da indústria chinesa (ele trabalhou muitos anos para o fabricante de relógios Seiko) em um negócio chamado Global Manufacturing Network. A firma oferece uma cadeia de suprimentos *on demand* para ajudar empresas americanas a terceirizar a fabricação de peças e produtos para a China. Quando trabalhava na Seiko, Everette foi incentivado por um mentor a se unir a uma rede formal de apoio mútuo na região. O conceito por trás disso era criar um lugar onde os donos de pequenas e médias empresas pudessem se encontrar em mesas-redondas comuns, de acordo com o setor em que atuavam, para discutir os assuntos que os faziam passar a noite em claro.

— Em cada reunião — conta Everette — fazemos uma seção chamada "O que está te atrapalhando?" Pode ser um problema com um funcionário, um problema de vendas, uma questão legal, o que quer que seja. Todo mundo levanta uma questão atual e damos um feedback honesto. Pode ser alguma coisa do tipo "Esta é a sexta vez que você levanta essa questão. Parece ser um caso perdido. Não acredito que você vá fazer esse empregado render". Ou alguém pode fazer uma parábola de algo que o ajudou em uma situação parecida. Desse jeito, conseguimos várias informações uns dos outros e também dividimos contatos que podem nos ajudar — "Conheço um advogado bom nisso" ou "Conheço um banqueiro de investimento que pode ajudar no financiamento de que você precisa".

Há seis anos Everette conheceu seu sócio na empresa, Al Tien, na mesa-redonda de apoio. Os dois homens tinham muita experiência de indústria. Os dois sabiam que iam gostar de trabalhar juntos. Por isso, se sentaram para discutir onde é que as suas capacidades se sobrepunham e onde isso não acontecia — uma conversa profunda possível apenas porque eles já tinham prática em dividir seus maiores desafios.

8. Medos futuros

O passo final em direção à confiança e à intimidade é ser aberto e dividir seus medos e suas preocupações com o futuro.

Essa é difícil. O passado, já atravessamos. O que estamos experimentando agora pode ser trabalhado. Mas nossos medos sobre o futuro são o material com que são feitas as fantasias (e os pesadelos). Aqui nossas verdadeiras inseguranças e fraquezas entram em cena. Nossas preocupações podem girar em torno da economia, que as nossas limitações pessoais vão nos inviabilizar ou que não vamos conseguir aquela promoção tão almejada — tudo o que, em resumo, nos deixa com medo.

A experiência me diz que o que está por trás de todos esses medos é nossa crença básica de que simplesmente não sejamos bons o bastante para atingir as metas que estabelecemos para nós mesmos. Que não merecemos o que quer que seja o nosso sonho. Que damos duro para manter o sonho vivo, mas que, lá dentro, o proibimos de acontecer, porque não acreditamos realmente que ele seja possível.

Eu mesmo já tive de me debater com essa questão. A vida inteira tive de dar duro para ir em frente. Quando terminava de ser caddie depois da escola, eu entregava jornais; nos fins de semana, varria a obra do meu pai. Conheço bem a sensação de ficar todo quebrado para subir na vida.

Mas é assim que eu sou. Sou assim. Aceitar as recompensas que a vida me deu mais tarde não foi nada confortável para mim; não é um sentimento "familiar", como meu sócio Morrie Shechtman vive me lembrando. Sempre tenho medo de que vou inconscientemente atrapalhar minha equipe e a mim mesmo no caminho para o sucesso pleno, por causa da necessidade muito arraigada de estar sempre lutando.

Mas ao compartilhar essa mentalidade com aqueles que se preocupam comigo tive condições de ver essa questão e mudar meus pensamentos. Falar dos meus medos e me fazer vulnerável simplesmente me modificou. Agora posso ver meu comportamento claramente e trabalhar para superá-lo. Minha equipe de conselheiros — aqueles que se preocupam com o meu sucesso profissional — tem permissão (na verdade, a responsabilidade) de me ajudar nessa luta. O melhor é que tem funcionado.

Não mentirei aqui — romper com esse tipo de mentalidade não foi fácil. A maioria de nós vende uma imagem do que achamos que as pessoas querem que nós sejamos (além de nós mesmos querermos acreditar nisso). Mas o poder de nos permitir ser vulneráveis com os outros e falar sobre nossas inseguranças e nossos medos é a única coisa que posso pensar para nos ajudar a romper com esses hábitos e maneiras de pensar ultrapassados.

MENTALIDADE Nº 3

Franqueza

Como um jovem aluno de graduação em Yale tive aula de economia com James Tobin, o falecido professor keynesiano e vencedor do Prêmio Nobel. Consegui entrar na turma dele pela lábia — embora não tivesse nem sombra das qualificações necessárias para estar lá — porque queria aprender o máximo possível de um cara brilhante como ele. Não foi surpresa alguma a turma estar muito acima do meu nível; consegui, com muito esforço, passar raspando. A boa notícia foi que troquei ideias com um vencedor do Prêmio Nobel e até joguei pôquer com ele. Ele normalmente ganhava; eu voltava para casa com a carteira vazia, mas com a cabeça cheia de perguntas e coisas para pensar.

Com Tobin aprendi que, em um mercado de ações ideal, todos os participantes teriam conhecimento igual e completo das ações negociadas — o que Tobin chamava de "informação perfeita". O contrário da informação perfeita — um punhado de pessoas tomando decisões de compra e de venda com base em informações não disponíveis para o restante de nós — também é chamado de *insider trading*, o que não é bom.

Nada nunca é perfeito, é claro, mas o fato é que, para o sistema inteiro funcionar com a maior eficiência, todos têm de concordar, em princípio, em revelar informações completas e honestas. (Warren Buffett baseia suas decisões de investimento, em parte, na sensação sobre os executivos de uma empresa serem francos e não tentarem disfarçar os problemas.) Você investiria no mercado acionário de um país em desenvolvimento em que suspeitasse que os números relatados pelas empresas fossem mentiras absolutas? É claro que não.

E assim é — ou deveria ser — na nossa vida pessoal e profissional. O valioso feedback das pessoas a quem respeitamos e que se preocupam conosco e com a nossa carreira (chefes, amigos, colegas, esposas e até conselheiros e terapeutas) pode nos ajudar a nos tornar mais conscientes de onde estamos, o que deveríamos fazer diferente, o que deveríamos deixar de fazer e como poderíamos melhorar nosso desempenho. O poeta Robert Burns resumiu: "Ver nós mesmos como os outros nos veem! Isso nos livraria de muitos erros."

Abrir-se para o feedback também costuma ser livre de risco. Porque, o que quer que nossos companheiros pensem de nós, é o que eles vão pensar de toda maneira! A franqueza deles não mudará isso. Do lado positivo, pode nos abrir oportunidades que não percebíamos.

E o que quero dizer com franqueza? Franqueza é a capacidade de fazer críticas objetivas, saudáveis e comprometidas — ao contrário de guerras entre feudinhos, picuinhas ou simplesmente virar as costas e não se comunicar sobre um determinado assunto. Para mim, franqueza é o maior presente que alguém pode dar, porque emerge do fato de uma pessoa se preocupar com a outra o suficiente para querer que ela melhore. E também é uma via de mão dupla — precisamos ser capazes de contar a verdade aos outros e receber isso de volta.

No entanto, a maior questão particular com que lido ao trabalhar com clientes no mundo inteiro é a falta de comunicações honestas, vigorosas e respeitosas. Dentro do mundo corporativo, a ausência de franqueza é a causa individual mais corrosiva de um desempenho medíocre — é a maior culpada por aquilo que se chama de "panelinha". A falta de franqueza gera ressentimento e um comportamento passivo-agressivo.

Então, por que não gostamos de ouvir a verdade? Porque ela pode machucar!

Temos medo de ouvir algo que contradiga nossa autoimagem tão cuidadosamente construída. No mesmo sentido, temos um medo mortal de ofender os outros dizendo a verdade *a eles*. Consequentemente, calamos, evitamos fazer comentários, seguramos nossas opiniões, apostamos uma no cravo e outra na ferradura, amenizamos nossas críticas ou nosso feedback e reformulamos nossas reações verdadeiras com um viés mais positivo (às vezes chegamos até a mentir). Ser franco poderia custar nossa autoestima, nosso emprego e até mesmo os nossos amigos. É tudo muito arriscado!

Poxa, todos esses são medos compreensíveis.

Meu colega na Greenlight Research, o Dr. Mark Gouslton, diz:

— Parte da razão pela qual não gostamos de ouvir a verdade é que tememos que ela desencadeará metástases para todo o resto do nosso ser. Por isso, se eu estiver errado sobre uma questão, posso estar errado sobre todas as outras! O fato é que todo mundo tem razão em certas coisas e está errado em outras. Todo mundo é muito bom em certas coisas e não tão bom em outras. Uma vez que aceitemos que os nossos defeitos não denegam os méritos, podemos colocar a crítica no seu devido lugar e não deixar que ela nos arrase.

O valor do jogo aberto

Ser capaz de ouvir a verdade sobre o que os outros pensam de nós, nossas ações e nosso comportamento é fundamental na hora de pedir aos outros para fazerem parte do nosso conselho consultivo.

Primeiro, é vital conhecer as regras do jogo, para que tenhamos a oportunidade de mudar nosso comportamento se estivermos agindo de maneira inadequada ou abaixo de ótima.

Segundo, no fim das contas a verdade não sairá correndo para lugar algum. Ignore-a e ela morderá o seu traseiro. Reprima-a e ela vai quase *sempre* entrar em erupção e irromper de uma maneira ou de outra — geralmente no pior momento possível —, resultando em um desempenho medíocre a longo prazo. Muitos trabalham sob a premissa de que, se eles simplesmente ficarem quietos e fora da linha de fogo, e colocarem um tampão sobre seus verdadeiros sentimentos, as coisas vão se acomodar de uma maneira ou de outra. Lamento informar, mas os problemas costumam ficar *piores* quando se tenta abafá-los.

Em terceiro lugar, evitar a franqueza costuma ser fatal para o sucesso a longo prazo. Estudos realizados desde a década de 1970 deixam muito claro que as pessoas que evitam os conflitos abalam seus relacionamentos e seu sucesso. Franqueza envolve ter conversas reais, duras, nas quais um lado se preocupa com o outro. Os funcionários que evitam a franqueza autêntica podem ficar socialmente isolados daqueles que estão à sua volta. Evitar a transparência pode minar todos os aspectos da sua vida, da sua casa ao seu local de trabalho, seja você aquele cara que vai para cama zangado com a mulher, ou aquela mãe que finge não ver quando a filha volta para casa várias vezes depois da hora combinada.

Enquanto isso, aqueles que cultivam a transparência:

- Viabilizam uma melhor compreensão das perspectivas de todos os envolvidos. Escutam com cuidado, não ficam só esperando sua vez de falar, e geralmente são os que mediam a conversa com um entendimento mais claro das necessidades, dos desejos e das preocupações de ambas as partes. Ao não ter medo de se expressarem, eles podem relatar sinceramente aquilo que estão ouvindo e quais as suas impressões e interpretações pessoais do que está realmente sendo dito.

- São mais capazes de desenvolver soluções de grande qualidade. Como esses caras falam as coisas como elas são (não retêm informações, nem fazem politicagem), os outros confiam que eles tragam soluções neutras e equilibradas.
- São mais capazes de construir e manter relacionamentos fortes. As pessoas não se preocupam com o que esses caras pensam delas e de suas ideias — e, consequentemente, elas podem passar com mais facilidade para uma relação de confiança com eles, sem ter medo do que possa estar por baixo da superfície.
- São mais competentes e mais respeitados. As pessoas respeitam a verdade, mesmo quando não gostam de ouvi-la. Os mais transparentes tendem a perder menos tempo dando voltas e vão direto ao âmago da questão.

A maneira certa e a errada de ser franco no trabalho

Os líderes e as organizações para os quais prestamos consultoria na FG geralmente dão valor à franqueza; mas tentam tratar do assunto de todas as maneiras erradas possíveis.

A maneira errada

Primeiro, tem aquela "entrevista de despedida", uma prática muito comum nas empresas. Quando um empregado vai embora, ele se senta em uma mesa diante de um representante dos recursos humanos e é incentivado a fazer uma avaliação franca da sua experiência no emprego para o seu bem e o da empresa. Isso, evidentemente, parte do princípio de que, por não ter mais nada a perder, o funcionário falará o que quiser sem ter medo de uma retaliação. Mas isso realmente funciona desse jeito?

Quando as empresas esperam até um funcionário pedir demissão (ou ser demitido) para ouvir o que ele realmente pensa e sente, é tarde demais para se corrigir o problema, no que tange àquele funcionário. Quando os demissionários não oferecem insights construtivos durante a entrevista de despedida, não é difícil entender por quê. Provavelmente, eles não se importam mais com a empresa (não veem por que deveriam dizer agora o que pensam dela), não aguentam mais (e usam a entrevista para se vingar) ou não querem se arriscar a ofender um colega (porque disseram a eles para não fechar as portas — pudera, eles podem vir a trabalhar com as mesmas pessoas algum dia).

Além do mais, a própria ideia de uma entrevista de despedida inconscientemente desencoraja a franqueza em uma organização. O processo parte do princípio que um funcionário só dirá aquilo que lhe aflige quando não tiver mais nada a perder. Essa é exatamente a mentalidade *oposta* à franqueza, que objetiva forjar relações mais próximas e profundas com um círculo de conselheiros de confiança.

Outro exemplo equivocado de franqueza em uma empresa é a avaliação de 360 graus, na qual funcionários dão feedback anônimo sobre um colega. Aqui o problema é o segredo. Sem ter ninguém sentado na frente deles, os funcionários se sentem livres para apontar o dedo, enquanto os criticados geralmente ficam defensivos demais pelo fato de estarem recebendo um "presente" indesejado. Em vez desse tipo de crítica pelas costas, deveríamos aspirar a oferecer um feedback franco e construtivo face a face; a equipe fica muito mais forte. Lutamos para ter esse tipo de jogo aberto na FG e com os nossos clientes.

Algumas empresas defendem a igualdade e jogo limpo para todos os funcionários e gerentes. Em culturas assim, a opinião de todo mundo conta e a franqueza é bem comum. Outras empresas têm hierarquias bem definidas na organização, nas quais o poder e a comunicação são distribuídos de maneira desigual — o que dificulta a consolidação da franqueza. Nessas empresas, os funcionários podem se sentir incapazes de se expressar sinceramente, com medo de que possam fazer "um comentário fora do lugar" que venha a incomodar seus superiores.

Com toda a honestidade, acredito que esse tipo de postura é contraproducente tanto para as empresas quanto para os acionistas. As pesquisas mostram que organizações francas (e acredito que famílias também) se beneficiam — e até prosperam — com ideias e insights que resultam de uma comunicação aberta. No best-seller *Paixão por vencer*, Jack Welch, o lendário CEO da General Electric, e sua esposa Suzy dedicaram um capítulo inteiro à importância fundamental da franqueza. Mesmo em uma empresa tradicional como a General Electric, os Welch apreciaram, abraçaram e incentivaram a franqueza e a transparência em toda a organização.

A maneira certa

Não estou dizendo aqui que você deve ser franco com todo mundo logo de cara. Tente, primeiro, com as pessoas em quem você confia e quando não há muito a perder, como perguntar ao seu chefe como você está se saindo em relação a um projeto ou uma tarefa específica (é preciso fazer isso com frequência).

A chave é realmente querer ser um empregado melhor — o que começa com um desejo pessoal de estar *sempre* no máximo da sua forma. Peça um feedback do topo e facilite a resposta do seu chefe. Mande um e-mail para ele com antecedência pedindo que pense em algo que você deve fazer para melhorar seu desempenho no emprego. Assegure-se também que seu chefe descreva com clareza os resultados a partir dos quais ela avaliará o seu desempenho e relate regularmente o seu progresso em direção a esses resultados em um e-mail (assim como verbalmente). Além disso, descubra se sua trajetória atual é adequada ou, se por algum motivo, as expectativas no ambiente de trabalho mudaram — porque as coisas *mudam*, como todo mundo sabe, e continuar fazendo as suposições de sempre é perigoso.

E se você marcar bobeira? Seja o primeiro a confessar. No fim, você será recompensado pela coragem e pela franqueza se sugerir proativamente a maneira de consertar o problema. Não se esqueça de pedir desculpas pelo erro e faça uma ação ou traga uma solução corretiva para diminuir as chances de que isso aconteça de novo. E cumpra o que prometeu!

Vamos ser francos

Se queremos oferecer e receber franqueza de outra pessoa, depende de nós fazer isso acontecer. Se as pessoas com as quais você se importa não estão sendo sinceras ou estão evitando que você saiba a verdade sobre si mesmo e as suas ações, deve haver um motivo. De alguma maneira, você está sinalizando para elas que não quer realmente ouvir a verdade. Ah, sim, o problema é *seu*.

Aí você pensa: *Peraí. Por que o problema é meu quando as pessoas não são razoáveis ou honestas comigo? São* elas *que estão se prendendo.* Pode até ser, mas geralmente existe uma razão pela qual os seus amigos lhe enchem de bajulações o tempo todo e evitam fazer comentários sinceros.

Dizemos a nós mesmos que nossos amigos não querem nos machucar, mas não estamos sendo totalmente honestos conosco. A verdade é que os nossos amigos não querem dizer algo que possa estragar a relação. Colocando de outra maneira: na maioria das vezes eles não querem se arriscar a dizer algo que possa machucar ou que os faça se sentirem desconfortáveis. Eles têm medo. E, no fim, isso é problema nosso — e nossa responsabilidade também.

Aumentando o nível de franqueza

Ao se abrir com outras pessoas, sendo generoso e se mostrando vulnerável, você criou um lugar seguro. Agora, como você pode ser mais franco com seus amigos e associados? Comece com um telefonema, uma xícara de café ou um jantar discreto. Pode até ser por meio eletrônico. O mais importante é que seus amigos compreendam que a franqueza é uma característica apreciada e valorizada por você — e que eles podem se sentir seguros ao serem francos.

Um dia mandei um e-mail para vários amigos próximos, pedindo um feedback sincero sobre as horas em que eles sentiram que os decepcionei, ou a outras pessoas. Como pegaram muito leve comigo, mandei outra mensagem, desta vez com o título "Por favor, estou falando sério! Isso é um favor para mim! Não tenham medo. Preciso da ajuda de vocês!"

E aí a represa estourou — mas não da maneira esperada. Um amigo respondeu: "O seu e-mail pareceu com o de um cara muito ocupado, que realmente não se importa com a gente. Nenhuma gentileza, nenhum olá, nenhuma consideração sobre o que significamos para você, nenhuma gentileza por solicitar nosso tempo e esforço, nenhuma explicação de verdade sobre a maneira de como essas histórias vão lhe ajudar, nenhum MUITO OBRIGADO."

Ele estava certo — e a verdade *doeu*. Às vezes, quando estou com o BlackBerry, mandando centenas de e-mails todos os dias em aviões, táxis, ou simplesmente andando na rua, uso uma forma abreviada de comunicação que não marcaria pontos em um manual de boas maneiras. Não quero ser grosseiro ou desrespeitoso, só eficiente — e o e-mail não é conhecido por sua capacidade de passar nuances, como muitos de nós já descobrimos da maneira mais difícil. Mesmo assim, isso não justificava o meu comportamento.

Daquele dia em diante, jurei ter muito mais consideração no que escrevia nos e-mails, algo que procuro aprimorar até hoje. Devo estar melhorando, pois tanto os meus colegas quanto os meus clientes disseram que meus esforços para abrandar o meu estilo de e-mail me ajudaram a (1) me expressar melhor e (2) demonstrar com mais clareza o meu respeito pelos destinatários.

J. P. Kelly, diretor administrativo da minha empresa, confessou que no início foi meio cético quando levantei a questão da franqueza.

— Parecia um enorme investimento de tempo e estávamos sob uma enorme pressão para atingir nossas metas e estar sempre preocupados que os clientes recebessem o serviço adequado — ele disse. — Achei que essa psicologia excessivamente sensível pudesse ser perigosa. Mas a verdade é que isso tornou nosso ambiente de trabalho muito verdadeiro e direto.

Para que dar e receber franqueza ocupem uma parte maior de sua vida, a seguir há uma lista de coisas a se ter em mente.

1. Encontre pessoas que você respeite

Não podemos ser francos com todo mundo — nem gostaríamos que fosse assim. Por isso, precisamos escolher com cuidado as pessoas à nossa volta, cuja opinião valorizamos. Quando paramos para pensar no assunto, respeitamos as pessoas por sua gentileza, amizade, inteligência, sabedoria e energia. É importante encontrar alguém que respeitamos antes de sequer tentar ter uma conversa franca com ela. E o que quero dizer com respeito? Significa reconhecer a individualidade, o valor, a perspectiva e a sabedoria do outro. Se você não respeitar alguém, acredite, a pessoa perceberá isso e será impossível estabelecer um lugar seguro para vocês dois.

E quanto àqueles que podem não ter o tino empresarial que você gostaria de ver em um conselheiro, mas que você respeita profundamente como ser humano? Eles podem ser grandes relações de confiança para você, mas provavelmente não são eles que deveriam estar lhe aconselhando em uma questão empresarial específica que exige uma expertise particular. Certifique-se de estar fazendo as perguntas certas, às pessoas certas — mas, em qualquer caso, você sempre precisará de uma base de respeito mútuo.

2. Crie a oportunidade

Para abrir um diálogo com outra pessoa e pedir seu feedback sincero talvez seja necessário azeitar um pouco as coisas antes do encontro com um e-mail, de modo que o seu amigo tenha tempo para pensar no que dizer com alguma antecedência. Um exemplo: "Jim, queria que você me fizesse um favor. Você sabe que estou muito a fim daquela promoção. Francamente, estou querendo todos os conselhos possíveis, e realmente respeito a sua opinião. Você me vê todo dia. Você poderia me dar meia hora para um feedback absolutamente franco sobre o que faço bem e onde não sou tão forte do seu ponto de vista? O que quer que me diga, será profundamente apreciado."

Se você estiver procurando um feedback honesto, deixe a pessoa saber que você está a fim de uma crítica verdadeira e objetiva — e não de elogios ou meias-verdades. Para fazer isso, primeiro, seja honesto consigo mesmo. Pergunte-se: *Por que estou me aproximando dessa pessoa? Com que fim?*

3. Deixe claro que qualquer feedback que você receber será um presente

Expresse sua gratidão quando receber um feedback. O que você está pedindo é um presente — de tempo, de honestidade, de um feedback bem elaborado. Por exemplo: mesmo quando estou com Greg Seal, às vezes tenho de lembrá-lo de que *preciso* de um feedback incisivo e objetivo! Quando ele me dá isso, sempre agradeço de novo e ele se lembra do significado da *verdadeira* amizade.

4. Reconheça as suas falhas

Não finja ser algo que você não é. A maioria de nós sabe, lá dentro, o que está nos freando. Reconhecer que há coisas a serem trabalhadas facilita a honestidade dos outros com você. Você pode começar assim: "Olha, sei que tenho muito a melhorar, mas gostaria que você me apontasse algumas coisas específicas nas quais eu deveria me concentrar." Ao reconhecer de cara que não é perfeito (e quem é?), você prepara o caminho para a outra pessoa ser honesta.

5. Diga à outra pessoa o que você pretende fazer com o conselho

Você não está pedindo um conselho para pôr a outra pessoa na mira de tiro, nem para "testá-la". Você, certamente, não ficará com raiva nem na defensiva. Você está simplesmente juntando informações. Seja honesto e diga:

— Espero receber bastante feedback de uma série de pessoas que respeito, para escolher uma prioridade a ser focalizada. Certamente voltarei a falar sobre isso, se você quiser. Aprecio qualquer coisa que tenha a me dizer. Não se intimide. Por favor, me diga exatamente aquilo que pensa.

6. Não diga o que você quer ouvir

Meu conselho é começar da maneira mais genérica possível e esperar a outra pessoa fazer o primeiro movimento trazendo um assunto específico. Se ela se esquivar ou de alguma maneira resistir a lhe dar o feedback desejado, diga alguma coisa do tipo: "Estou falando sério. Eu ficaria muito agradecido." Então faça uma pausa. Uma pausa é uma maneira muito eficiente de incentivar os outros a responder — a maioria das pessoas faz de tudo para evitar um silêncio confuso ou constrangedor.

Assegure-se de que não começará a induzir a testemunha — identificando seus defeitos e pedindo que a pessoa os confirme.

Você está em busca de franqueza e não de um eco. Deixe-se surpreender.

7. Faça perguntas específicas

Uma vez recebido o feedback, não há nada de errado em levantar exemplos específicos sobre os quais você deseje ver uma reação. Por exemplo, você pode dizer: "Acho que às vezes pego pesado demais. O que que você acha? Consegue se lembrar de algum caso específico?"

8. É pegar ou largar — mas entregue com cuidado

Lembre-se de que pedir uma crítica não quer dizer que você deva seguir tudo ao pé da letra. Uma crítica é exatamente isso: um feedback sincero de alguém que você respeita e cuja opinião lhe é importante. No fim, você é quem vai decidir se fará uso daquele feedback e como responderá. Quando discordo da perspectiva de alguém, simplesmente digo "Obrigado" ou "gostei de ouvir isso". Se estou confuso, peço que a pessoa esclareça — antes de agradecer-lhe mais uma vez! Lembre-se de que não há nada a perder — você tem a palavra final.

9. Retribuindo

Em circunstâncias ideais, a franqueza deve ser mútua — mas não precisa ser assim se a outra pessoa não está interessada no seu feedback sincero. É uma escolha dela. Lembre-se de que muitos já ganham bastante só por ajudar os outros. Se você for realmente grato pelos comentários, as pessoas serão retribuídas na mesma hora com a boa sensação que tiverem por terem ajudado você.

Para mim, o auge da generosidade é permitir aos outros nos ajudarem — especialmente quando eles se preocupam conosco.

Seja direto

Geralmente o problema mais óbvio — o elefante na sala ou o que um cliente meu chama de "o peixe podre" — é uma questão que todo mundo percebe, mas que ninguém quer levantar. Quando Peter Guber — e às vezes outros companheiros — falava sobre a minha falta de foco, ele estava simplesmente falando aquilo que todo mundo podia ver.

Bob Kerrigan sente que metade da batalha de ser franco é simplesmente admitir que o elefante (ou o peixe) existe. Às vezes, simplesmente dar às pessoas um feedback sobre como você as vê pode ser uma revelação espantosa, mas também pode ser uma maneira extremamente eficiente de cimentar um relacionamento.

Uma vez eu estava prestando uma consultoria para uma empresa de gerenciamento de risco dirigida por um CEO de alta pressão e sem papas na língua. O sujeito era um homem fisicamente grande e claramente gostava de jogar seu peso em cima dos outros. Ele era, figurada e literalmente, o elefante na sala. Naquela noite, durante um coquetel com um grupo de altos executivos, o ouvi se gabar de ter implicado repetidas vezes com o presidente da própria empresa sobre este ou aquele assunto, ficando claro que o CEO, obviamente, tinha o poder nas mãos. Ele estava se divertindo bastante brindando o seu pessoal com histórias sobre como ele se divertia à custa do presidente.

Em um determinado momento me inclinei em direção a ele e falei, casualmente, como se fosse a coisa mais normal do mundo:

— Me diz uma coisa, você realmente gosta de perturbar as pessoas, não é mesmo?

Sorri levemente ao dizer isso, mas, ao mesmo tempo, estava sendo completamente franco, e ele sabia.

Pela expressão em seu rosto era mais do que óbvio que nunca ninguém havia lhe dito isso antes. E também estava bem claro que ele gostou da observação e apreciou a minha cara de pau por ter dito isso na cara dele. Ele gargalhou e me deu um tapa nas costas. No entanto, eu não havia terminado. Pensei apenas que havia criado um lugar seguro com ele. Eu estava sorrindo e me inclinando para ele, meu tom apenas interessado e preocupado.

— Você sempre consegue bons resultados com esse tipo de estratégia? — perguntei.

Dessa vez o CEO franziu os olhos, inclinou a cabeça um pouco para o lado, olhou para o chão e depois voltou a olhar para mim e falou:

— Estou ouvindo.

Tive a minha resposta, e ele também.

Eu sentia então, como sinto agora, que era importante demonstrar aos meus clientes que não estou dando um tratamento padrão. Sempre considerei que 50% do meu trabalho é servir à empresa que me contrata e 50% é servir aos meus clientes, para ajudar a torná-los pessoalmente mais bem-sucedidos. Essa era a minha maneira de mostrar ao CEO que eu me preocupava com ele — que estava bastante *comprometido* — para lhe dizer a verdade. Nas semanas seguintes ele me pediu para ajudá-lo a se concentrar no estilo que o tornava assustador e fiquei convencido que ele sinceramente queria mudar.

O elefante foi banido!

Seja direto, mas nunca quando estiver com raiva

Todos nós somos culpados por, de vez em quando, não usar a franqueza como deveríamos. Mas, lembre-se, quando evitamos a franqueza — quando represamos nossos sentimentos, ou o que os nossos instintos estão pedindo para dizer —, essas questões não desaparecem. Ao contrário, elas se amontoam até explodirem — e acabamos parecendo malucos por termos uma reação excessiva.

Eu mesmo era uma pessoa que costumava evitar conflitos quando mais jovem e, consequentemente, costumava explodir um bocado. Hoje em dia sou muito melhor em reconhecer minha temperatura de pressão. Como levanto os assuntos assim que eles acontecem, não permito que a pressão tome conta de mim.

Mas antigamente eu era um mestre no que chamo hoje de uma "franqueza de chaleira". Pense em uma chaleira no fogo. Ela está fervendo, com o fogo azul da boca do fogão embaixo dela. A tampa pode estar bem fechada, mas em algum momento o vapor precisará sair por algum lugar, não é verdade? Então, como o vapor sai? Resposta: por uma das seguintes maneiras — através de pequenos sopros (um comportamento passivo-agressivo) ou por uma grande explosão.

Olhando para trás, minha franqueza de chaleira chega a me causar constrangimento. Ela não servia para ninguém. Imagino que existam pessoas que consigam guardar o vapor o tempo todo, e elas são aquelas que sofrem de úlcera ou de dor na coluna. Mas, naquela época, eu não podia sequer imaginar que havia outra opção, que era ser aberto e franco desde o início, confiando no meu instinto desde a primeira indicação de que alguma coisa estava errada, ou quando sentia que alguém estava me decepcionando ou fazendo alguma coisa que eu não considerava correto.

O estranho é que, quando minha chaleira estrilava de tanto vapor, eu achava que estava sendo ultrafranco! Na verdade, eu continuava evitando as verdadeiras questões; meu estilo de comunicação fazia as pessoas à minha volta se fecharem comigo e as desmotivava a realmente quererem entabular uma conversa. Eu continuava evitando as conversas verdadeiras. Como resultado, conseguia exatamente o que o meu subconsciente *queria* —

evitar a conversa mais dura. Meu estilo de comunicação, em resumo, era totalmente contraproducente, sem gerar espaço para uma discussão ou uma argumentação saudável. Rompantes temperamentais permitem que pessoas avessas ao conflito se livrem de terem de lidar com as *verdadeiras* emoções e questões subjacentes — como descobri do jeito mais difícil.

As armadilhas da franqueza

Ser franco com outras pessoas, às vezes, não leva ao resultado que se esperava. Aqui estão algumas coisas para se precaver.

Franqueza rebatida

Sua primeira reação a um feedback sincero pode ser responder com aquilo que chamo de "franqueza rebatida" — isto é, uma franqueza que é mais para retribuir do que vinda do coração. Por exemplo, em resposta à crítica de que tento abraçar o mundo, eu poderia dizer aos meus colegas:

— Se vocês prestassem mais atenção ao trabalho de vocês, eu não precisaria fazer tantas coisas sozinho e poderia me concentrar e estabelecer minhas prioridades melhor.

Verdade ou não, isso teria no fundo repudiado os comentários deles e os afastado de mim.

Correndo atrás do "mas"

Uma maneira ruim (mas muito comum) de se praticar a franqueza é o que chamo de "correr atrás do *mas*". Em uma tentativa autêntica de amenizar uma má notícia, as pessoas acolchoam suas críticas com uma enxurrada preliminar de elogios:

— Realmente adoro a maneira como você conduz as reuniões, é tão bom na hora de fazer a equipe se interessar pelos novos programas e realmente sabe escrever uma carta de apresentação...

Todo mundo já sabe o que vem depois da curva: o *mas*. Isso deixa as pessoas na defensiva, uma vez que elas já antecipam a má notícia que vai acertá-las na cara. Meu sócio Morrie Shechtman, cujas lições de franqueza fizeram dele um dos guias mais influentes na minha vida e na minha equipe, chama isso de um sanduíche de besteiras — uma crítica espremida entre duas fatias de pão de forma.

É impressionante como as empresas institucionalizaram essa abordagem de correr atrás do "mas". Por que não ir direto ao ponto e resolver logo a questão? Faça os elogios, claro, mas na hora certa. Afinal, essa é toda a razão de ser franco. Ninguém sai ganhando com bajulações falsas. A melhor crítica tem como objetivo principal o benefício da outra pessoa. Depois que tudo foi dito, a honestidade aberta é uma dádiva.

Ver é crer

Outra questão sobre a franqueza para se ter sempre em mente é que as falhas percebidas na outra pessoa podem nem sequer ser falhas. Você pode apenas estar vendo as ações dela dessa maneira, devido a um comportamento humano normal chamado *self-serving bias* (viés que serve a si mesmo).

O *self-serving bias* diz respeito à nossa tendência de *internalizar* nosso sucesso (ver nossos triunfos como algo decorrente do resultado das nossas ações — "Ganhei a regata porque sou ótimo iatista") e *externalizar* os fracassos (ver nossos fracassos como causados por fatores externos — "Perdi a regata porque não tinha vento").

Inversamente, tendemos a *internalizar* os erros das outras pessoas (ver seus erros como culpa delas — "Você perdeu a regata porque não sabe velejar") e *externalizar* o sucesso delas (perceber seu sucesso como resultado de fatores externos, como sorte — "Você só ganhou porque pegou um sudoeste maravilhoso").

Todos nós somos levados por *self-serving biases*. Eles não apenas inflam o nosso ego como também evitam que nos sintamos inferiores. Quando criticamos outras pessoas, estamos, na maioria das vezes, as culpando e insinuando que o fracasso é culpa delas. Quando os outros nos criticam, instintivamente rejeitamos suas palavras (na crença de que nossos fracassos raramente são culpa nossa) ou nos sentimos ofendidos.

O que não quer dizer que o comportamento pessoal nunca seja problema. Nas ocasiões em que for o caso, fale isso honestamente.

Você apenas *diz* que não quer machucá-los

Se você deixa de ser franco para proteger os sentimentos dos outros, então está sendo, pura e simplesmente, covarde. Está se protegendo mais do que qualquer um — você simplesmente não consegue lidar com a reação potencialmente negativa das pessoas. Sua falta de franqueza não diz respeito a elas, mas sim a você. Se fosse só pelos outros, você lhes diria, para beneficiá-los e seguiria em frente.

Ao longo dos anos também percebi que as pessoas que têm medo de um conflito se preocupam em manter todas as relações que elas têm, porque acham que não vão conseguir recriar uma relação semelhante (ou qualquer outra) depois. Isso acontece muito com os relacionamentos amorosos: quantos de nós já não nos preocupamos de que nunca mais alguém vai nos amar de novo, ou que nunca vamos encontrar alguém como ele, ou ela? Besteira — existe um monte de gente lá fora esperando por você.

Para humilhar

Quando nos sentimos com raiva e inseguros, é fácil descontar em alguém submetendo essa pessoa a um vexame. Entretanto, esse tipo de crítica não parte de um desejo genuíno de ajudar um colega a superar um problema. Destina-se a humilhar. Ou é a reação natural de uma pessoa amedrontada que não tem outra ferramenta à disposição.

Vejo esse tipo de humilhação como um ato de desespero. Ela atinge o âmago de uma pessoa, geralmente de uma maneira desagradável e asquerosa. Insinua que a pessoa é indigna não pelo que ela fez, mas por quem é.

Podemos confiar na exatidão dos outros?

Como se pode dizer que a tentativa de alguém de ser franco está sendo precisa ou não? Afinal, as pessoas, às vezes, distorcem a realidade, projetam seus próprios defeitos em cima dos outros o tempo todo — isso quer dizer que elas nos acusam de coisas que elas não gostam ou que elas mesmas fazem. Meu conselho? Não peça apenas uma opinião. Peça um conselho a *um monte* de gente. E fique sempre de olho no que a linguagem corporal ou expressão facial de seus conselheiros transmite.

Mas lembre-se: nunca refute ou discuta o que estão lhe dizendo. Isso acabaria detonando o lugar seguro que você criou — *buum* — como se fosse um castelo de cartas.

Minha empresa é muito mais franca e acessível *em todos os sentidos* nos dias de hoje. Até J. P. Kelly, nosso inicialmente cético diretor administrativo, ficou impressionado com os benefícios da franqueza. Ele diz:

— Não tem frescura sentimentaloide alguma aqui dentro. Um administrador pode dizer para o CEO: "Vou contar uma besteira que você fez", e não ser despedido por isso. E ainda sai respeitado.

O que leva ao último argumento que eu queria alinhavar: a franqueza, ou a crítica de quem se importa, sempre acaba sendo maior que a soma de todas as partes. Colocando de outra maneira: quando os diálogos francos entre as pessoas batem de frente, a fusão gera novos insights, novas ideias e novas abordagens — o que coletivamente chamamos de *inovação*, na qual o valor é criado —, que talvez nunca tivesse sido considerado de maneira independente. A franqueza nos dá a capacidade de correr riscos, nos preparando para resolver problemas de maneira cooperativa — tanto no trabalho como em nossas vidas pessoais — com resultados melhores do que teríamos atingido sozinhos.

MENTALIDADE Nº 4

Responsabilidade

Promessas e mais promessas. Todos nós já ouvimos. Todos nós já fizemos. É aquela decisão de perder peso no Ano-novo, ou parar de fumar, o compromisso que você assume com os seus colegas de entrar no escritório do chefe na segunda de manhã e pedir aquela promoção ou aquele aumento... além de todas as promessas e amanhãs e "mais tardes" que nunca chegam. Querer nos aperfeiçoar é uma coisa; cumprir o compromisso é outra. Então, o que é necessário para realmente tornar a mudança parte das nossas vidas?

Deixe-me responder esta pergunta com outra: O que aconteceria se o fracasso em cumprir nossas promessas tivesse consequências sérias? Sabemos quais são as consequências das nossas ações porque, francamente, convivemos com elas todos os dias. Compre uma ação errada e você pode perder todo o seu dinheiro. Desobedeça a lei e você pode ter de pagar uma multa, ou até ser preso. Mas essas consequências nos são impostas externamente. O que aconteceria se realmente *optássemos* em punir a nós mesmos por falharmos em viver à altura das nossas expectativas? Em outras palavras, e se, em vez de confiar apenas na nossa imperfeita autodisciplina, criássemos maneiras novas e incrementadas de cobrar nossas responsabilidades?

E, finalmente, a mudança!

Como fazemos uma mudança durar? Por muitos anos procurei uma boa solução para esse problema. Quando dei início à Ferrazzi Greenlight, queria criar uma mudança que fosse se manter, tanto nas empresas como nas pessoas, porque geralmente as empresas e as pessoas pagam muito dinheiro por programas de treinamento e consultoria que acabam em um fichário elegante na prateleira de alguém. E embora eu soubesse que minha equipe conseguia deixar uma plateia de boca aberta fazendo uau!, deixar um grupo maravilhado por 24 horas não era exatamente o que queríamos. Eu não ficaria feliz até que pudéssemos garantir com absoluta certeza de que forneceríamos um modelo econômico (e alavancável) para o crescimento de uma empresa por intermédio de relações mais profundas internas e externas. Meu objetivo maior era ser capaz de dizer que as pessoas com quem eu trabalhava não só mudaram o comportamento no escritório, mas que também mantiveram essa mudança, em casa e no trabalho, com os amigos e as famílias! Eu queria encontrar uma solução para o que os religiosos alegremente chamam de "o problema do domingo para a segunda": inspiramo-nos pelo que ouvimos na missa de domingo, mas, na manhã de segunda, voltamos à nossa vida e ao trabalho normais.

Com este propósito, lançamos um projeto do Greenlight Research Group para avaliar os programas que existiam para manter uma mudança de comportamento. Nossas conclusões foram, na melhor das hipóteses, sofríveis. Sim, é claro que havia muita gente que alardeava uma mudança sustentável como o resultado de um programa de treinamento e consultoria, mas quando tentamos encontrar dados que comprovassem essa afirmação eles simplesmente não existiam. Nem éramos capazes de encontrar muitas empresas cujos programas mostrassem uma mudança mensurável no comportamento humano por um período sustentado de tempo. Conversamos com centenas de executivos em muitas empresas — mas quando realmente mergulhávamos na questão ninguém tinha um sistema comprovado de criar mudanças duradouras entre os funcionários. Independentemente do quanto os programas fossem bem-intencionados, eles não conseguiam chegar à raiz do problema.

Aqui está o que descobrimos, algo que qualquer pessoa que lide com desenvolvimento profissional já sabe: o grosso dos programas de treinamento se concentra em melhorar a compreensão que os funcionários têm dos produtos de uma empresa. Aí vem o treinamento geral de técnicas de liderança e vendas. Isso ajuda e é necessário? Com certeza. Mas o maior crescimento entre os profissionais ocorreu nas empresas onde havia um gerente ou executivo talentoso já contratado que se dedicava diretamente a treinar um indivíduo de maneira regular.

Infelizmente, esse tipo de envolvimento nem sempre pode ser imitado, já que alguns gerentes e executivos são naturalmente melhores do que os outros nessa questão. Do ponto de vista econômico, simplesmente não há tempo suficiente para o treinamento individual de pessoas (especialmente com a atenção cada vez maior que se dá às reduções de custo e ao enxugamento dos níveis hierárquicos nas empresas). Dito isto, esforços bem abrangentes para se "incutir" técnicas de treinamento nos líderes pareceram ter algum sucesso, apesar de, repetindo, questões econômicas dificultarem a aplicação dessa solução.

Minha equipe e eu discutimos os resultados do estudo. Em certo sentido, nos sentíamos felizes por poder fazer uma diferença no panorama do pensamento administrativo se conseguíssemos resolver esse problema. No entanto, a pergunta continuava lá: como conseguiríamos atingir uma mudança sustentável e escalável?

Olhando para trás, vejo que estávamos procurando a resposta em todos os lugares errados. Enquanto fazíamos um brainstorming de ideias, minha irmã mais velha, Karen, ligou para o meu celular. Como já disse, ela encontrou uma maneira de sustentar a perda de peso graças ao Vigilantes do Peso e através do apoio de uma mulher chamada Jan Shepherd. Enquanto Karen falava do programa e sobre a incrível força e incentivo de Jan, minha mente simplesmente se libertou das amarras de pensar dentro da caixa corporativa.

Se os modelos de sucesso estavam bem debaixo do nosso nariz, o que nos impedia de trazer o melhor dessas organizações para dentro de uma empresa? Todos esses grupos praticam a responsabilidade, que é a quarta mentalidade para se criar o apoio mútuo.

Quanto mais pesquisas a nossa equipe realizou, mais animados ficamos. Embora a responsabilidade perante um grupo não possa ser mantida sem as mentalidades anteriores, no fim das contas ela é a mais importante para atingir e sustentar o sucesso duradouro.

Tenho outra expressão para a responsabilidade, que é o "direito de dar um puxão de orelha". Isso porque a responsabilidade, frequentemente, exige algumas lembranças um tanto ríspidas daqueles que estão à nossa volta para nos manter nos trilhos e ir em frente! Quando eu era um garoto recém-saído da faculdade de administração, Greg Seal me disse que eu devia me mudar para Chicago, porque lá havia um chefe de escritório que "realmente vai lhe dar alguns puxões de orelha, Keith". Olhando para trás, Greg subestimou com que força (e com que frequência) eu teria de receber esses puxões. Apenas anos mais tarde cairia a ficha de algumas lições que eu precisava aprender.

É claro que ter um mentor, alguns amigos e um grupo de conselheiros nos ajudando a assumir nossa responsabilidade diante das nossas promessas, objetivos e ações envolve mais do que puxões de orelha. Como a minha irmã estava descobrindo, isso também estava ligado a oferecer incentivo e apoio emocional positivo. Responsabilidade envolve estipular metas. É admitir o fracasso quando as coisas dão errado e colaborar para encontrar soluções ou alternativas que podemos utilizar para nos colocar de novo nos trilhos.

No Vigilantes do Peso os membros estipulam metas para perder peso e então são medidos nos encontros semanais. Embora as pesagens sejam tecnicamente sigilosas e ninguém seja obrigado a dizer quanto ganhou ou perdeu, a última moda é os membros colocarem os vídeos de suas pesagens no YouTube! Será que você ainda vai querer comer bolo, sabendo que, de manhã, 250 mil pessoas no mundo inteiro terão assistido à sua pesagem? Ser responsável compensa.

Um relatório da *Human Relations* revelou que a responsabilidade também incentiva as pessoas a estabelecer metas mais ambiciosas para si mesmas. Em um estudo, os voluntários foram inquiridos sobre suas metas e decisões de desempenho. Um subgrupo foi informado que depois eles teriam de discutir suas respostas com um líder de equipe. A antecipação dessa discussão fez com que eles, em média, estipulassem metas significativamente maiores do que o grupo a que não foi pedido que estivessem à altura de suas respostas.

O que estou querendo dizer é que o apoio entre colegas é fundamental para a responsabilidade, especialmente para sustentar as mudanças de comportamento que precisamos para atingir nossas metas. Não estou dizendo que as pessoas não consigam fazer isso sozinhas. Elas conseguem, o tempo todo. Mas a grande maioria dos mais bem-sucedidos na face da Terra confia nos conselhos, no apoio, no incentivo e nas espetadas de algumas pessoas de confiança que lhes ajudam quando eles tropeçam, falham ou desanimam. Poucos questionariam a ideia de ir até um padre pedir apoio e aconselhamento espiritual; por que, então, não deveríamos ter o aconselhamento permanente de um conselheiro de confiança, ou de um grupo de conselheiros, para nos ajudar a atingir nossas ambições pessoais e profissionais?

O cara *certo*, e não qualquer um

É fácil pedir que um amigo lhe dê um puxão de orelha. Há um ano eu tinha um objetivo ainda um pouco vago na minha cabeça de que os meus livros seguintes ajudariam as pessoas a abraçar uma vida que enfatizasse o poder dos relacionamentos e proporcionariam um mapa magnífico para que pessoas e líderes criassem resultados garantidos.

— Rob — falei para o meu amigo Dr. Dirksen —, me faça um favor. Não largue do meu pé até eu lhe mostrar a estratégia e minha visão para as publicações. São coisas que tenho de fazer, a começar pelo sumário de cada livro e por estabelecer o plano de pesquisa que vai assegurar que o trabalho todo se baseie tanto em ciência como em casos reais. Quero terminar isso em dois meses. Você pode garantir que vai puxar minha orelha enquanto não estiver pronto?

E foi exatamente o que Rob fez. Uma razão por ter funcionado tão bem foi eu lhe ter perguntado se havia alguma coisa pela qual eu poderia *fazê-lo* ser responsável. Rob sugeriu algumas coisas e assumi o compromisso de ligar para ele algumas vezes na semana só para lhe dar um beliscãozinho.

Escolha um plano ou uma meta simples e de curto prazo que você tenha para este mês no qual ainda é preciso trabalhar um pouco antes de estar pronto. Depois, peça a um amigo para cobrar essa promessa de você. No começo, isso serve para lembrar às pessoas que você está falando sério e que a responsabilidade não é só uma ideia moderninha e passageira, mas o início de um compromisso e de um hábito. Além disso, assegure-se de que o seu amigo terá prazer em cobrar. No início, expresse sua gratidão; no fim, agradeça-lhe por ajudá-lo a cumprir sua meta. Como no caso da franqueza, o peso fica nas suas costas para tirar a água do poço.

Ah, e para sua informação, Rob não sabia nada sobre o meu plano de publicações. Ele não era meu parceiro nesse tipo de ideia, alguém com quem eu poderia ter traçado uma estratégia. Em vez disso, ele serviu apenas como um "parceiro de responsabilidade" — alguém que me manteria com os pés no chão. O simples fato de eu dizer em voz alta que ia fazer uma coisa já fez uma diferença enorme.

O que ganhei com isso? Rob e eu começamos a ter o que chamávamos de "corridas de responsabilidade" semanais. Nós dois malhamos e decidimos que as corridas seriam a ocasião ideal para falar do progresso semanal que fazíamos em direção às nossas metas.

Inspirado pelas corridas de responsabilidade com Rob, instituí telefonemas de responsabilidades diários na Ferrazzi Greenlight com as equipes responsáveis pelo desenvolvimento do negócio. Hoje, as equipes da FG dizem umas para as outras o que pretendem realizar naquele dia na criação de novos negócios; 24 horas depois elas avaliam o progresso, enquanto estabelecem novas metas para o dia. O resultado foi uma melhora significativa no grupo e, mais do que isso, eles parecem estar se divertindo mais como equipe!

Responsabilidade. Apoio entre pessoas. Minha própria irmã estava colhendo os benefícios de um programa de apoio — graças ao Vigilantes do Peso ela finalmente começou a perder peso —, mas vivia escorregando. Eu não conseguia entender por quê. *Por que ela simplesmente não come menos?*, eu me perguntava, na posição de quem nunca teve problemas com a balança. O que ela precisava era de uma dose extra de responsabilidade, um amigo como eu tinha no Rob, mas *eu*, evidentemente, não era a pessoa apropriada para isso. A questão era que eu simplesmente não entendia.

Isso precisa ser levado em consideração quando procuramos alguém a quem pedir ajuda para cobrar nossas responsabilidades na vida e na carreira. É importante saber *a quem* pedir ajuda. A curto prazo, podemos ter uma ideia de como é essa responsabilidade com qualquer pessoa a quem possamos pedir. Mas para lidar com os objetivos de longo prazo, escolher a dedo as pessoas certas é fundamental. (Tratarei desse assunto no Capítulo 3.)

O fato é que, mesmo em grupos de apoio, as pessoas podem perder o foco. O grupo está lá para lhe manter dentro do plano e, às vezes, para trazer você *de volta* ao plano. Nos AA, os membros, às vezes, dão uma escapada; nos grupos de parar de fumar, os participantes fazem piada com quantas vezes eles já "pararam de fumar"; e no Vigilantes do Peso, os membros, às vezes, param de ir aos encontros (e encomendam aquela torta de nozes). Há 20 anos, graças ao Vigilantes do Peso, Karen perdeu tanto peso que minha mãe ficou preocupada com a possibilidade de ela ter ficado anoréxica. Agora, com mais de 50 anos de idade, minha irmã acha que é muito mais difícil manter a disciplina.

— Minha força de vontade simplesmente não é mais tão forte quanto era antes — ela me contou certa vez. — E agora também tenho netos que chegam aqui querendo sorvete. Eu não quero dizer não a eles e é claro que, nesse caso, é fácil eu pegar um pouco para mim.

Os grupos de apoio veem isso o tempo todo — e, de novo, eles têm uma solução: apoios individuais formais que são mais frequentes e mais profundos do que o ambiente mais amplo das reuniões de grupo. E é aí que entra a incrível Jan Shepherd. Como "parceira de responsabilidade" da minha irmã, ela ajuda Karen diariamente e está disponível 24 horas por dia, sete dias por semana.

Poder contar com o apoio de parceiros e patrocinadores também é uma prática amplamente utilizada nos programas de exercícios. Algumas pessoas contratam um personal trainer para incentivá-las; outras chamam atletas amigos para malhar com eles e se cobrarem mutuamente. Michelle Mudge-Riley é uma médica da Virgínia que corre pelo menos quatro manhãs por semana com uma amiga. E *nada* a tira da cama mais depressa do que saber que tem outra pessoa esperando por ela na calçada! Quem gosta de deixar um companheiro de exercícios exposto ao tempo?

Outra equipe de cobrança nos exercícios que conheço troca as mochilas de roupas. Desse jeito, se um membro não aparecer, ele realmente deixa alguém na mão, porque a tal pessoa não poderá malhar! (E eles nunca faltaram um só dia.)

Então, como Jan Shepherd entrou na vida da minha irmã? Eu a conheci enquanto ela almoçava na casa de uma amiga e soube na mesma hora que tinha encontrado a parceira certa para complementar a ajuda que Karen já recebia do Vigilantes do Peso. Jan é uma parceira de cobrança de responsabilidade em matéria de perda de peso, uma espécie de companheira de dieta profissional.

Jan é uma inspiração para qualquer um que esteja tentando perder peso. Com 156kg, durante uma época ela se encaixou na definição de "obesidade mórbida". Mas, com o passar do tempo, Jan perdeu 90kg e conseguiu se manter assim por sete anos. Comparada à perda de peso de Jan, a maioria das dietas parece pequena; ela conhece como ninguém as dificuldades de se manter uma dieta. Karen derrama elogios sobre Jan da mesma maneira que faz pelo Vigilantes do Peso, a quem ela agradece por ter lhe salvado a vida:

— Ela é tão sábia; ela simplesmente *sempre* sabe o que me dizer. Ela me liga todo dia à noite e quer saber como foi o meu dia, se passei por alguma situação estressante. Ela me ajuda a priorizar as minhas necessidades quando me sinto puxada em todas as direções na minha casa e me convenceu, por exemplo, de que posso efetivamente dizer para a minha família: "Não posso ajudar vocês nesse momento porque é importante eu tomar conta de mim e poder viver mais tempo para amar todos vocês." E que isso *não é* ser egoísta. Eu nunca pensaria em dizer uma coisa dessas sozinha.

Karen acrescenta:

— Eu jamais conseguiria ter feito isso sem ela. Agora estou começando a me amar.

É importante compreender a diferença entre um amigo e um amigo que cobra responsabilidades. Quer você esteja tentando perder peso ou reenergizar a carreira, às vezes seus amigos e sua família estão próximos demais para colocar os seus pés no chão e cobrar a sua responsabilidade de caminhar em direção às suas metas. Outras pessoas, conhecendo a sua história, podem humilhá-lo ou julgá-lo. É muito fácil ficar ressentido com essa invasão, já que há muita bagagem e muita história em comum para atrapalhar o caminho.

Por exemplo, o marido de Karen, Kevin, tentou repetidas vezes encorajá-la a perder peso, sem sucesso.

— Sempre que meu marido me lembrava o que eu comia, ou me instava a dar uma caminhada, eu ficava com um pouco de raiva — admite Karen hoje. — Eu direcionava a minha raiva contra ele, porque não via saída para a minha vida e para a direção que a minha saúde estava tomando. Eu tinha medo de fazer dele o meu parceiro. Não tinha mais certeza se ele ainda me achava atraente. Preferia simplesmente não tocar nesse assunto com ele.

Jan, por outro lado, não vem com o peso de toda uma bagagem de um relacionamento longo. Ela tem a "permissão" de ser o policial mau.

— Há pouco tempo tive um fim de semana difícil — diz Karen. — Comi demais, e quando contei para Jan ela ficou absolutamente estupefata. Ela me disse: "Karen, estamos nisso juntas. Você tem de ligar para mim." Karen desligou o telefone prometendo ligar para Jan sempre que estivesse à beira de sabotar a dieta.

O que não quer dizer que não haja espaço para amigos ou membros da família no que diz respeito à confiabilidade. (Uma coisa que analisarei com mais detalhes posteriormente é quem deve e quem não deve fazer parte do seu círculo íntimo de conselheiros.) Mas, para muitos de nós, é difícil começar pelas pessoas que amamos. Geralmente, é preciso um pontapé inicial de um conselheiro de confiança que seja um pouco afastado da sua vida diária do que uma esposa ou melhor amigo. E uma vez assumido o compromisso de confiar nos conselhos de um amigo ou grupo que cobre responsabilidades, você pode se ver desenvolvendo toda uma nova atitude em relação a esses parentes "chatos". Eu não poderia ter ficado mais feliz no dia em que Karen me disse:

— Agora que Jan e o Vigilantes do Peso fazem parte da minha vida, os mesmos comentários do meu marido não me deixam mais irritada. Eu até *gosto* deles.

E agora alguns de vocês devem estar pensando: *Mas só um instante — Jan é uma profissional paga. Isso é roubar!*

Ora, não tem nada de errado em pagar um conselheiro profissional pelas informações e pelo apoio em fazer você responsável pelos seus objetivos. A propósito, para aqueles que não conseguem encontrar a pessoa certa para desempenhar essa função, vá em frente — dê início ao processo contratando um profissional remunerado! Isso não é diferente de contratar um personal trainer ou um conselheiro de carreira, pagar por uma aula de ioga ou receber a ajuda de um analista. Os conselheiros pagos normalmente entendem do assunto — porque já passaram por muitas situações parecidas.

Uma vez que você tenha tido sucesso com essa pessoa, existe uma boa chance de que você esteja mais propenso a se abrir com os outros — amigos e, com o tempo, as relações de confiança. Mas o sucesso não depende da sua situação financeira. Quando eu era mais jovem e incapaz de pagar um conselheiro ou terapeuta, comecei a conversar com o padre da minha igreja. É isso aí, já nos tempos do ensino médio! Ninguém me deu esse conselho; eu simplesmente fui lá. (Mesmo naquela época, em algum lugar no fundo de mim, eu sabia que precisava criar uma relação permanente para acelerar e sustentar meu crescimento e o meu futuro sucesso!)

Minha irmã se preparava para morrer, pois não conseguia perder peso. Dinheiro não era incentivo. Por muitos anos acreditamos que aquilo que uma empresa paga é realizado, o que é verdade, mas mesmo com o apoio de um conselheiro profissional nada se compara ao poderoso incentivo emocional de um sistema de apoio entre colegas.

Independentemente de o seu companheiro ser seu amigo ou um profissional remunerado, ter alguém para lhe cobrar responsabilidades em relação às suas metas é um poderoso mecanismo de reforço. No começo, minha irmã precisava de alguém em quem pudesse confiar todo santo dia. Se ela fosse ao Vigilantes do Peso com mais frequência, talvez fosse capaz de armar um sistema de apoio ou um grupo de apoio mútuo dentro do Vigilantes do Peso, semelhante ao programa de patrocinador que os AA têm. Mas ela contava com Jan, e isso fazia toda a diferença. Outros estão procurando maneiras novas e altamente originais de se fazerem responsáveis por seus objetivos de vida. Lançada por dois alunos da faculdade de Yale, uma "loja de compromissos" on-line chamada Stickk.com usa o dinheiro como uma maneira de motivar as pessoas a se manterem fiéis aos seus objetivos. Para utilizar o site gratuito e financiado por anúncios, você só tem de assinar se comprometendo com uma meta pessoal, como perder peso, pagar a dívida do cartão de crédito ou até mesmo passar o fio dental nos dentes todos os dias e, então, fazer uma "aposta" se vai cumpri-la ou não. Você põe o dinheiro na frente — você mesmo decide quanto, normalmente algumas centenas de dólares. O seu progresso é monitorado por um árbitro da sua escolha — um amigo, colega ou até mesmo o seu chefe —, que tem a última palavra sobre o cumprimento de seu objetivo. Se você atingir a meta que estabeleceu, recebe seu dinheiro de volta. Se não, a Stickk doa o dinheiro (em parcelas semanais) para uma instituição de caridade como a Cruz Vermelha ou a United Way. Para se assegurar de que você não terá nem mesmo um benefício indireto, a Stickk não dá sequer um recibo para deduzir do imposto de renda. Em outras palavras, você, deliberadamente, aposta uma quantidade significativa de dinheiro para se obrigar a ser responsável por suas metas, entendendo que perderá tudo se não cumprir a promessa.

 A Stickk também permite que você faça uma aposta anticaridade — ou seja, a favor de uma causa ou organização pela qual tem o mais absoluto desprezo. (No espírito do bipartidarismo, as sugestões no site incluem a Biblioteca Presidencial George W.

Bush e a Biblioteca Presidencial William Jefferson Clinton.) A ideia, é claro, é que a simples ideia de que o dinheiro pelo qual você tanto lutou irá para uma pessoa ou ONG que você odeia é a maior motivação para ser bem-sucedido.

Acredito que tudo isso possa ajudar, mas, no que diz respeito a Karen, eu apostaria o meu dinheiro mesmo, e a qualquer tempo, no apoio pessoal de Jan e do Vigilantes do Peso.

O negócio da responsabilidade

Perder peso, pagar a dívida do seu cartão de crédito, usar fio dental diariamente — todas essas são metas pessoais de valor, e encontrar uma maneira de se fazer responsável é uma maneira importante de alcançá-las. Mas como se usa a responsabilidade para se atingir objetivos de negócios ou na carreira? Os colegas podem cobrar um padrão mais alto dos outros? Existe alguma maneira de os empregados cobrarem responsabilidade de seus chefes?

No nosso site GreenlightCommunity.com escrevo uma Dica da Semana. Há não muito tempo escrevi sobre os "direitos de dar um puxão de orelha", fazendo a seguinte pergunta: *As empresas e as organizações seriam capazes de promover o uso de medidas de cobrança como essa?* Muito bem, nosso site foi inundado de respostas. Observamos que muita gente no meio empresarial já se fez a mesma pergunta. Em vez de esperar que grupos assim se formassem de maneira institucionalizada, eles simplesmente criaram seus próprios grupos de responsabilidade pessoal e círculos de conselheiros.

E foi exatamente o que fiz após o encontro com Bob Kerrigan. Bob me apresentou a Morrie Shechtman, que foi conselheiro executivo de Bob a vida inteira. Imediatamente, Morrie e eu nos entrosamos. Ele tem promovido grupos de responsabilidade há muitos anos e compartilhamos um interesse mútuo em transformar as reuniões de trabalho em grupos de apoio mais coesos e vigorosos. Começamos a trabalhar juntos para formalizar a responsabilidade dentro da FG e disponibilizar isso para os nossos clientes. Para mim, meu fiel conselheiro Greg Seal cobra a minha responsabilidade em administrar uma operação enxuta na FG e para me concentrar mais, em vez de começar novos projetos que acabo sendo obrigado a arquivar porque fiquei sem tempo — o mesmo problema identificado por meus colegas anteriormente.

Um projeto que se destaca é nossa fundação bipartidária para treinar jovens políticos em questões de liderança efetiva — um "acampamento" de liderança política sem fins lucrativos com base no trabalho que fazemos com as corporações. Parecia uma grande ideia na época — e ainda parece — e muitas pessoas influentes concordaram comigo. Mas a questão final é a seguinte: continuo não tendo o tempo e não tenho um líder evidente para carregar esse fardo comigo. Sempre fui politicamente ativo, mas, ao mesmo tempo, já estamos muito ocupados continuando a fazer uma empresa multifacetada crescer, que por sua vez se concentra no crescimento de seus clientes. Entre os nossos negócios: uma empresa de desenvolvimento de liderança e de vendas, uma consultoria, uma empresa de produtos ao consumidor (livros, DVDs e um site comunitário no qual as pessoas compartilham seus valores comuns) e uma comunidade executiva e fundação sem fins lucrativos chamada Big Task Weekend, destinada a unir clientes em joint ventures e focalizar nas sinergias entre eles, ao mesmo tempo em que, coletivamente, procura atender às necessidades sociais do mundo. Recentemente, lançamos uma nova empresa que ajuda executivos bem experientes a construir suas marcas pessoais por meio de suas próprias comunidades. Não dou títulos aos membros da minha equipe. Dou barras, que separam suas várias funções e responsabilidades.

Greg me pressiona o tempo todo quanto ao foco da Ferrazzi Greenlight e, olhando para o que acabei de escrever, posso muito

Responsabilidade

bem entender por quê! Nos primeiros momentos da nossa relação de apoio, Greg e eu fazíamos reuniões mensais e falávamos por telefone a cada duas semanas. Naquela época, o maior objetivo dele era me fazer mais responsável especificamente pelas finanças da empresa e evitar que eu começasse mais um projeto ou divisão da companhia. Eu lhe dizia o quanto estava animado com um novo cliente que queria um produto para treinamento e ele dizia:

— Mas, Keith, você não faz isso.

E eu:

— Não, mas eles estão interessados! E podemos desenvolver isso melhor que qualquer um!

— Tudo bem, Keith, mas você não tem isso agora! E a criação desviará o foco de aperfeiçoar e ter ganhos de escala com aquilo que você já faz. Então pare!

Com o tempo Greg colocaria meus pés no chão (às vezes, na marra). E ele estava certo: se eu ia construir alguma coisa grandiosa e que realmente valesse a pena, teria de matar alguns negócios que não fossem centrais para a nossa empresa. Aprendi a recusar projetos que estivessem fora do núcleo central da FG e com o tempo aceitamos docemente a saída de alguns clientes. Greg estava aplicando sua experiência e sabedoria à minha vida e à minha empresa, exatamente como Jan fazia com minha irmã. Quando contratamos uma nova sócia sênior, Greg lhe disse:

— Você tem de entender que Keith tem essa enorme capacidade de se corrigir quase instantaneamente. Se ele estivesse em uma canoa na corredeira, seria o melhor dos canoeiros. E essa capacidade permitiu que ele driblasse sua falta de foco — mas a longo prazo todo mundo acaba tendo de se concentrar, até Keith. Você e a equipe têm de ajudá-lo a amadurecer e a se manter focado.

Graças aos puxões de orelha de Greg e à vigilância da minha própria equipe, fiz um progresso significativo. Com o tempo, Greg e eu começamos a trazer minha equipe para participar dos telefonemas — lhe dando uma capacidade ainda maior de cobrar minha responsabilidade por meus objetivos e minhas ações. Tanta gente esconde os puxões de orelha e a cobrança de responsabilidade atrás de portas fechadas! Mas ao permitir que Greg, meu parceiro de confiança, *cobrasse minha responsabilidade na frente da minha equipe*, também dei poder e incentivo a eles como parceiros.

Outro lugar em que Greg, meu controller recém-contratado David e minha secretária me cobram responsabilidade é nas minhas finanças pessoais. Juntos, elaboramos meu orçamento pessoal e as metas financeiras para cada ano. A cada mês abrimos os livros e sou cobrado com relação aos meus gastos pessoais. Antes disso, nunca tive alguém para ajudar a controlar minhas despesas. Entre jantares e comemorações, uma coleção de vinhos que comecei na faculdade, filantropia, doações políticas, esportes e viagens, minhas despesas foram às alturas, e eu precisava de uma equipe para colocar os meus pés no chão. Agora, vivo dentro de um orçamento restrito, como sempre me lembram quando ligo para a empresa e peço para comprarem alguma coisa ou para fazerem uma doação. Às vezes, pareço mais um menino com uma mesada (é claro que, a qualquer momento, posso gastar o que quiser — afinal de contas, o dinheiro é meu). Mas, quer saber? Não quero decepcioná-los e não quero parecer irresponsável. Fiz uma promessa para mim mesmo primeiro e pedi que eles me ajudassem. Além disso, prometi que honraria os controles e as restrições que eles impusessem, e tenho sido capaz de honrar minhas promessas.

Quanto mais exercito maiores cobranças e responsabilidades na minha própria vida, mais encontro exemplos de responsabilidades na vida das pessoas. Como disse Rachel Shechtman:

— Percebi que, enquanto crescemos, passamos a vida inteira dentro de estruturas que têm uma função intrínseca de nos cobrar responsabilidades. Na escola, não só temos de aparecer. O nosso desempenho inicial definirá as nossas oportunidades na faculdade e outras opções mais tarde. E então, de repente, ao terminar a faculdade, estamos em um mundo com muito pouca estrutura de cobrança de responsabilidades — e muito poucas ferramentas para autodisciplina.

Rachel tinha uma colega que queria sair da empresa onde elas trabalhavam e começar o seu próprio serviço de redação de textos promocionais.

— Serei a parceira que cobrará suas responsabilidades — sugeriu Rachel. As duas jantavam duas vezes por mês e falavam tudo o que a colega tinha de fazer — desde preparar um portfólio de trabalhos até fixar o preço da diária, assim como a estrutura de preços para uma série de projetos diferentes. E Rachel cobrou responsabilidade de sua colega:

— O que precisa ser feito e em que ordem? — ela perguntava, antes que a colega indagasse. O que ela tinha a ganhar? Sua colega acabara de montar uma empresa.

Reiteramos que criar um modelo de cobrança de responsabilidades é algo que varia. A colega de Rachel tinha ânimo próprio, portanto, os puxões de orelha de Rachel eram relativamente suaves. Mas, ao dar à relação um título e uma estrutura — colegas que cobram responsabilidades —, Rachel *formalizou* a responsabilidade entre elas, mesmo no contexto de encontros individuais. E isso é muito importante, já que muita gente à nossa volta tem um coração muito mole ou não tem persistência suficiente para servir de técnico e motivador. Sem algum tipo de entendimento formal, os outros podem nos deixar escapar com muita facilidade. Pense nisso: "responsabilidade" deriva da palavra "responsável", algo bem formal.

É claro que nem todo mundo quer ter responsabilidades. E nem todo mundo se sente bem em dar puxões de orelha. Assim, as pessoas escolhidas têm de se sentir *obrigadas* a isso. A melhor maneira de se cobrar responsabilidades é fazer disso uma via de mão dupla. Em outras palavras, você está ajudando os conselheiros da sua confiança tanto quanto eles lhe ajudam. Como disse Bob Kerrigan:

— Não há *ninguém* que não tire algum benefício da responsabilidade. Ela deixa você mais esperto. Isso é particularmente importante com empreendedores, porque, por natureza, eles querem estar no controle; é por isso que são autônomos. E eles são profundamente convencidos do valor daquilo que fazem.

O Billionaires' Club é uma organização cujos membros apoiam uns aos outros em suas ambições para serem bem-sucedidos em uma escala gigantesca. O clube junta um membro com um parceiro, com o objetivo de criar uma cobrança e uma responsabilidade individual.

— Fizemos um exercício no qual você tem de fazer alguma coisa diferente todos os dias durante um mês, só como parte da rotina diária — diz Andrew Warner, membro do grupo e fundador da Mixergy.com, uma comunidade de start-ups da internet que começou como um site de planejamento de eventos. — Então nos juntamos com um parceiro e mantivemos contato por telefone o mês inteiro. Meu objetivo era ser completamente positivo durante o mês; todos os dias eu prometia evitar pensamentos e comportamentos autodepreciativos.

Outro modelo de responsabilidade é inseri-lo nas suas práticas diárias, de modo que ele faça parte de um checklist inevitável. Um bom exemplo disso acontece nas Forças Armadas. O tenente-coronel Rob "Waldo" Waldman, ex-piloto de caça e palestrante sobre alto desempenho, diz que a responsabilidade é inserida nos ensaios das missões, ou voos simulados.

— O segredo para o sucesso de qualquer missão é o planejamento de contingências. Isso é feito se perguntando *E se...?* E se um dos nossos for abatido? E se o avião de combustível não aparecer para abastecer? Onde fica o campo de pouso mais próximo? *E se...? E se...?* Passamos por todas essas perguntas, de modo que em uma emergência já saibamos o que fazer *e quem está encarregado de fazer*. Estabelecemos expectativas oralmente e por escrito, nós as debatemos em um briefing antes da missão e, se alguém não cumprir sua parte, é responsabilizado.

Existem muitas maneiras de se cobrar a responsabilidade dos outros. Marc, um consultor de 53 anos, pertence a um grupo de homens que tem aquilo que eles chamam de "o pequeno livro vermelho".

— Quando discutimos os problemas de alguém e a conversa chega a um ponto no qual há um curso claro de ação a ser tomado, escrevemos tudo no pequeno livro vermelho. O cara tem de se comprometer com a ação em suas próprias palavras. Uma semana depois, quando voltamos a nos encontrar, vemos o que estava escrito no livro e partimos daí.

Pôr os compromissos por escrito é uma boa maneira de se registrar e formalizar responsabilidades. Outra maneira de lidar com isso é simplesmente pegando o telefone regularmente. A cada duas semanas o empreendedor Greg Hartle marca uma conference call de responsabilidade com quatro outros membros do seu grupo de apoio.

— Recentemente, falei sobre meu interesse em uma dieta de verduras cruas — ele contou —, mas não tinha certeza de como isso ia afetar minha saúde, pois já fiz um transplante de rim. Eu ficava adiando a pesquisa. Por isso, meu objetivo no próximo telefonema é pesquisar a dieta e explicar porque acho que ela pode ou não ser uma boa ideia para mim.

Greg Hartle e os parceiros a quem ele presta contas não limitam seu tempo a um telefonema a cada duas semanas. Entre as conference calls, eles fazem questão de se manter em contato. Greg receberá uma ligação ou um e-mail em horas diferentes dos membros de seu grupo de apoio, que vão lhe perguntar como está se saindo, ou anexar um artigo que eles acreditam que Greg vai apreciar.

— Nós nos apoiamos por meios eletrônicos diariamente — diz Greg —, e isso é fundamental.

Independentemente de você usar o telefone ou se encontrar em um parque, usar um notebook ou um fórum de debates da internet, o segredo é *formalizar* a responsabilidade e lhe dar uma estrutura e um cronograma regular. Ficar simplesmente esperando que os amigos lhe telefonem quando você perder um prazo não é suficiente. Se para ser franco é necessário um lugar seguro, a responsabilidade próspera dá frutos em um lugar específico. As expectativas precisam ser definidas por ambas as partes:

— Isso é o que vou fazer e quando vou fazer. Se não for assim, o que você vai fazer em troca é isso.

Quando falo de responsabilidade, as pessoas geralmente me perguntam sobre as consequências. O quanto elas devem ser sérias se você falhar (o que acontece com todo mundo)? A resposta, que admito ser frustrante, é: *depende*. Algumas pessoas precisam de um puxão bem dado nas orelhas — como, por exemplo, aquelas que se propõem a dar dinheiro à ONG que mais odeiam se não honrarem seus compromissos. Para outras, o simples fato de saber que tem alguém prestando atenção é o suficiente para se sentirem cobradas. É assim que funciona, por exemplo, no Billionaires' Club:

— Você simplesmente não quer voltar ao grupo e decepcioná-los — diz Amir Tehrani, um dos fundadores.

Elizabeth Amini, outra participante do Billionaires' Club e fundadora da Anti-AgingGames.com (destinada a apurar a memória de curto prazo), sintetiza de maneira mais realista:

— Se alguém consistentemente não cumprisse as promessas que fez para si mesmo, todos nós fugiríamos dele.

É um pensamento macabro, porque ninguém quer ser excluído. Estar à altura dos colegas geralmente é um incentivo maior do que uma bronca, uma humilhação ou até mesmo uma recompensa financeira. Por uma questão de orgulho pessoal, minha irmã não quer decepcionar Jan nem suas novas amigas do Vigilantes do Peso. Da mesma maneira, não me importo se o meu fiel conselheiro Greg vai me castigar se eu momentaneamente perder o foco. Mas a questão é: não quero desapontá-lo — nem os meus colegas na FG. Não consigo mais fingir que não vejo a decepção deles com as minhas ações. Sua equipe, ou seu desempenho na empresa, é sua total responsabilidade. E se nós algum dia planejamos atingir o nosso mais alto nível de desempenho, devemos ter todos os dados na mesa para saber exatamente o que estamos fazendo.

No fim das contas, todos nós somos responsáveis perante nós mesmos. Mas sem uma estrutura formal para cobrar nossas responsabilidades por meio da pressão dos colegas — sem aquele puxão de orelha quando precisamos —, é muito fácil se acostumar com uma rotina confortável e nunca melhorar.

A expertise, os conhecimentos e o feedback que as relações de confiança proporcionam são fundamentais para o apoio recíproco. Mas só a responsabilidade transforma isso em resultados.

QUAL É O SEU DNA DE RELACIONAMENTOS?

Agora que você leu sobre as Quatro Mentalidades, deve estar pensando em que ponto está. Em que medida está vivendo esses valores essenciais no dia de hoje — e quanto mais você ainda terá de progredir? Na Ferrazzi Greenlight desenvolvemos um rDNA, uma ferramenta de diagnóstico para ajudar as empresas a isolarem as forças e fraquezas de relacionamento dos seus funcionários. Fiz uma versão disponível para os leitores na KeithFerrazzi.com. Faça o teste. Descubra onde estão suas forças em criar e manter os relacionamentos em sua vida e como dar um jeito nas suas fraquezas.

CAPÍTULO 3

Construindo o seu *dream team*

Nove passos para criar as relações de confiança que vão lhe ajudar a conseguir o apoio e os conselhos necessários para atingir suas metas

Podia, devia, tivesse. Meu pai costumava dizer:

— Nunca olhe para trás quando for mais velho e se ouvir dizendo: "Eu *devia* ter ido àquela entrevista de emprego. Eu *podia* ter aberto o meu próprio negócio se... Hoje eu seria muito mais feliz se *tivesse* ouvido o meu chefe."

Recordei as palavras de meu pai quando saí do escritório de Peter Guber no Wilshire Boulevard. Já haviam se passado dois anos desde o encontro daquela tarde na casa de Peter, quando ele fez o comentário sobre a minha falta de "elegância" e me colocou de cara em um novo caminho. Ao aprofundar a relação com algumas pessoas-chave na minha vida, que me davam o feedback de que eu precisava, eu havia me tornado melhor administrador e CEO, e minha empresa crescia como nunca antes havia acontecido. Estávamos criando novos materiais de treinamento para equipes de executivos com base em apoio mútuo e uma versão atualizada para organizações de vendas. A FG estava mais ocupada e era mais procurada do que nunca. Eu estava curtindo o meu trabalho — e os meus colegas — como nunca antes. E eu tinha criado um plano de distribuição de ações com os meus principais executivos para permitir que eles participassem da empresa de modo mais adequado.

Hoje, Peter e eu discutíamos mais um empreendimento profissional quando ele saiu do assunto com uma figura de linguagem que me deixou espantado.

— Keith — ele disse —, você realmente devia pegar o elevador.

— O elevador?

Fiquei perplexo. Como alguém que corre diariamente, não me lembro de algum dia ter tido um problema com as escadas — aliás, até gosto de um exercício fora de hora. E, além do mais, eu não havia pego o elevador para chegar ao escritório?

— Keith, observo você — ele prosseguiu. — Você tem a motivação para ser o que quiser, mas parece que ainda faz as coisas da maneira mais difícil. Você sobe correndo pelas escadas e nem percebe que tem um elevador bem do seu lado.

Será que ele estava dizendo que eu dava duro demais? Sempre me orgulhei da minha vigorosa ética de trabalho. E Peter também não fica para trás nesse departamento.

— O que você realmente quer, Keith? — continuou Peter. — Defina sua grandeza. E assim que fizer isso, convença-se dela e comece a agir dessa maneira. Mas agir *de verdade*, como se já estivesse acontecendo. Alguém perceberá e comprará sua visão. Eu prometo. É isso o que quero dizer com tomar o elevador.

De repente, entendi. Peter estava falando da luta e do retorno que eu recebia da luta. Apesar de todas as melhorias fundamentais que havia conseguido com a ajuda da minha equipe de apoio, ainda estava ocupado demais para levantar a cabeça e ver para onde estava indo. Para onde estava indo e o quê, exatamente, eu estava construindo com a minha empresa? Se Peter Guber, uma das pessoas mais inteligentes que conheço, não podia ver isso, não estava claro para ninguém. Eu tinha passado os últimos dois anos cavando e construindo as bases da FG e, agora, Peter parecia estar me dizendo: *Muito bem, Keith, e, então, com que cara isso vai ficar quando estiver pronto? Cadê o seu molde? Pense nisso e comece a agir como se já estivesse lá.*

A analogia de Peter com o elevador acertou bem no alvo. Nos dias seguintes ao nosso encontro comecei a pensar se a equipe de apoio com a qual eu me cercava precisava ser ampliada. Será que meus pensamentos estavam ficando limitados demais? Os conselheiros que eu tinha recrutado — Greg Seal, Bob Kerrigan e minha equipe da FG — haviam me ajudado a reorganizar completamente minha empresa. Antes, eu era o sujeito que nem sequer olhava os números, que, às vezes, evitava tomar uma decisão e então se sentia frustrado por que a empresa não crescia na rapidez desejada. Esses dias pertenciam ao passado, graças ao meu círculo interno de confiança. Mas eu ainda precisava de conselhos que me ajudassem a determinar para onde queria que a empresa fosse agora que a direção geral estava mais clara. Percebi que estava na hora de procurar novos conselheiros.

Como escrevi antes, nos abrirmos para a possibilidade de acrescentar mais gente ao nosso círculo interno, às vezes, temos a impressão de que eles aparecem milagrosamente, como aconteceu com Bob Kerrigan. Em outros momentos, temos de trabalhar para encontrá-los. Neste caso, a resposta se materializou enquanto eu comia um brunch com Doug Turk. Doug é o chefe de marketing e vendas da Aon Corporation, além de meu cliente. Anteriormente, ele havia construído uma bem-sucedida empresa de consultoria a partir do zero, apenas com um grupo de sócios, que abriu o capital em um negócio de US$ 1 bilhão. Durante o brunch, Doug fez algumas perguntas sobre o meu negócio.

— E então, Keith, qual é a sua estratégia de saída? — perguntou Doug, de supetão.

Estratégia de saída?, pensei. *Hmmm.* Será que realmente preciso ter uma? Respondi a Doug que sempre esperei fazer o que estava fazendo pelo resto da minha vida. O meu sonho, como eu o via, era construir uma empresa de primeira e fazer com que eu e meus sócios ganhássemos muito dinheiro em decorrência do sucesso criado para os nossos clientes. Em outras palavras, o modelo tradicional de uma empresa de serviços profissionais.

Entretanto, Doug me pressionou:

— Mas você quer atrair talentos incríveis, não quer? E você quer que essas pessoas invistam bastante no sucesso da sua empresa?

Enquanto ele falava, comecei a me sentir da mesma maneira que me senti naquela noite com Bob Kerrigan. A única diferença era que naquela época eu tinha um pouco de tempo livre e estava realmente comprometido em me abrir para o aconselhamento e a sabedoria dos outros.

— O que aconteceria se alguém estivesse disposto a lhe dar US$ 100 milhões hoje pela sua empresa, ou US$ 200 milhões? — ele continuou. — Você venderia? Em que número você aceitaria a oferta e começaria alguma coisa diferente, ou simplesmente pegaria tudo aquilo que você sabe e poria isso para funcionar em outros tipos de atividades?

A pergunta me fez pensar: sempre me vi administrando uma empresa que me apoiasse em meus esforços e fizesse uma diferença no mundo, desde que eu curtisse o trabalho. Essa foi a premissa de que parti sobre o que ia fazer pelo resto da vida. Mas o que, na face da Terra, me impedia de tentar ambições ainda mais altas?

Fiquei tão grato a Doug que mandei um e-mail para ele no minuto em que entrei no meu escritório. Dizia: "Nosso brunch hoje foi uma virada na minha vida, Doug. Obrigado. Você me fez buscar uma nova meta depois da nossa conversa. Falando sério: nosso brunch hoje de manhã pode ter mudado toda a trajetória da minha carreira!"

Depois do brunch com Doug pedi a opinião de mais um novo conselheiro, Bill Braunstein, ou "Dollar Bill", como o chamávamos afetuosamente. Ele me disse que, por experiência (e Bill passou a vida inteira aconselhando novas empresas), as empresas mais bem-sucedidas são as construídas com algum tipo de estratégia de saída na cabeça. É uma maneira de se assegurar que elas estejam sempre nos cascos e mantendo a escalabilidade, e isso significa que uma empresa não deve depender muito de uma pessoa só, o que poderia, no fim das contas, desestimular eventuais compradores.

Moral da história? Meus conselheiros me mostraram que estava na hora de redefinir os meus objetivos, algo que eu não teria feito sem o feedback deles. Eles me ajudaram a perguntar o que eu queria com a FG. Eu queria criar uma organização que se apoiasse na pesquisa e se consolidasse pela capacidade de produzir resultados tangíveis. Queria que a empresa fosse respeitada e reconhecida como líder em ajudar pessoas e empresas a construir as relações necessárias para se atingir um crescimento fenomenal.

Mas agora eu percebia que, para chegar lá, teria de pensar em termos mais concretos. Eu precisava focalizar no estado final da empresa, que realmente englobava duas coisas: uma FG com verdadeiro valor de mercado e que pudesse existir sem mim e talvez algum dia ser vendida; e a criação de um canal direto para as pessoas que quisessem crescer na vida e na profissão, por meio de publicações e conteúdo na internet.

Eu havia chegado a um ponto na vida e na carreira onde muitos chegam. Eu ainda era capaz — eu sabia — de realizar muito mais. Mais sucesso, seja lá como definisse isso. Mais amor. Mais vida em família. Mais estímulos intelectuais. Mais impacto nas outras pessoas. Eu precisava das dicas e informações dos meus conselheiros de confiança para ajudar a me guiar pelo caminho.

Minha empresa nunca teria se tornado a próspera operação em que se transformou se não fosse pelo meu grupo de conselheiros mútuos. Eles se sentavam comigo, no mínimo a cada 30 dias — e geralmente toda semana, individualmente, por telefone —, para me ajudar a refinar, aprofundar e ampliar meus objetivos.

Para aqueles que se abrem e praticam o apoio mútuo, o todo passa a ser muito mais do que a soma das partes. É isso o que acontece quando você dá o pulo do *eu* para o *nós*.

No restante deste livro passaremos, passo a passo, pelo processo de como encontrar e trabalhar com um grupo de relações de confiança que vão lhe ajudar a quebrar — até mesmo estilhaçar — seu próprio teto de vidro, seja lá o que estiver lhe prendendo, da mesma maneira como isso me ajudou a reconhecer e quebrar minhas próprias limitações. Aqui estão os nove passos aos quais me refiro:

Primeiro Passo: Articule sua visão. Como qualquer coisa na vida, você precisa escolher uma direção. Terá de identificar alguns objetivos amplos e futuros que descrevam as suas aspirações.

Segundo Passo: Encontre suas relações de confiança. Mostrarei onde procurar seus conselheiros em potencial, assim como critérios úteis para avaliar as pessoas e se assegurar de que elas são as pessoas certas.

Terceiro Passo: Pratique a arte do jantar longo. Como transformar esses conselheiros potenciais em amizades e, se possível, em relações de confiança nas quais você pode se apoiar.

Quarto Passo: Amplie sua estratégia de estabelecer metas. Você precisa identificar não só quais são seus objetivos finais, mas os novos talentos e conhecimentos dos quais precisará para crescer e atingi-los. Isso significa estipular dois tipos de metas: metas de aprendizado e metas de desempenho.

Quinto Passo: Crie sua Roda Pessoal de Sucesso. Esse é o plano geral por trás de toda a sua estratégia de vida.

Sexto Passo: Aprenda a Lutar! Esse é o ingrediente necessário para incitar o tipo de conversa e troca de figurinhas que revelam novas verdades e criam valor adicional.

Sétimo Passo: Diagnostique suas fraquezas. Compreender suas fraquezas pode acabar sendo sua maior fonte de força. Aqueles que compreendem o que os está bloqueando já estão avançando.

Oitavo Passo: Comprometa-se com seu desenvolvimento. Comprometa-se a agir sobre a nova compreensão que você adquirir, honrando sua palavra.

Nono Passo: Finja até conseguir — e, então, absorva isso. Fuja da profecia que se autorrealiza de que você não pode ou não vai conseguir. Finja que pode e que vai conseguir. E, então, aprenda a sustentar isso.

Faço uma advertência. Viver dentro das Quatro Mentalidades e fazê-las funcionar não é fácil. Exige dedicação, disciplina e uma vontade de passar por cima das suas defesas e dos seus medos. Estabelecer metas e se arrebentar para atingi-las exige esforço, autorreflexão, honestidade e perseverança. Mas pense em qual seria a alternativa: você realmente gostaria de olhar para trás, lá do fim da vida, e ver os sonhos que você quase, mas nunca realmente perseguiu? Ou os relacionamentos que você não encontrou o tempo ou a coragem para fazer evoluir? Ou você prefere olhar para trás e dizer a si mesmo: "Sim, eu consegui"?

Primeiro Passo: Articule sua visão

Quando comecei a recalibrar o que significava para mim ser realmente bem-sucedido ficou claro que o poder do apoio mútuo trazia possibilidades quase infinitas. Bob Kerrigan era um parceiro perfeito quando eu precisava confrontar e superar minha tendência a evitar conflitos nos negócios e na minha vida particular (especialmente meus conflitos em torno de dinheiro). Greg Seal foi fundamental em me ajudar a assumir o controle da minha empresa. O Dr. Rob Dirkson continuou a ser um amigo incrível, daqueles que cobram responsabilidades. E Peter Guber, que Deus o abençoe, continuou com o papel de meu Yoda particular, fazendo-me aumentar minhas ambições quando eu parecia estar satisfeito com onde estava.

Mas isso foi só o começo. A partir daquele momento, resolvi explorar a possibilidade de incorporar ainda mais gente ao meu círculo de confiança. Mas você não precisa ter tantas relações de confiança como acabei tendo. Até mesmo três relações de confiança podem fazer toda a diferença.

Sempre achei que um dos nossos maiores "pecados" é não maximizar o potencial que temos, não usar totalmente os talentos e as habilidades que recebemos. Conheço pessoas que tomam o maior cuidado para reciclar os menores pedacinhos de plástico, mas que desperdiçam grande parte de suas vidas ao não conseguir viver à altura dos seus talentos e das suas habilidades. Isso sim é desperdício de recursos naturais! Árvores podem ser replantadas, mas, como meu pai me ensinou, você só tem uma vida.

O que nos impede de fazer o máximo desta vida é uma dificuldade de olhar dentro de nós para ver quem somos, onde estamos e o que queremos da vida. Todos nós conhecemos pessoas que não chegaram nem perto do máximo do seu potencial. Se forçarmos um pouco o nosso olhar, poderemos até vislumbrar um pouco desse comportamento em nós mesmos.

Você talvez não saiba, agora, em que direção quer ir. Se não sabe, infelizmente terá de criar uma equipe de apoio com uma grande desvantagem. Se você não sabe o que está lutando para conseguir, ou as maneiras pelas quais quer crescer e melhorar, tem menos chances de encontrar aqueles que podem lhe ajudar nessa jornada.

Aqui vão algumas perguntas para lhe ajudar a começar. Dê uma olhada nelas, juntamente com o Quinto Passo, crie sua Roda Pessoal de Sucesso.

1. Onde você quer estar daqui a um ano na sua carreira? E na sua vida? E daqui a três anos?
2. Que pontos seus podem ser melhorados? Que tipo de conhecimento, experiência, treinamento e relações pessoais você precisa para chegar lá?
3. Que passos você tem de dar para se assegurar de que não vai se arrepender no fim da sua vida e da sua carreira?
4. Que aspecto da sua vida é preciso melhorar mais, neste momento? Você se concentra principalmente na sua carreira? Na sua relação com sua namorada ou esposa? Em encontrar um relacionamento para a vida inteira? Na sua família? No seu desejo de retribuir aos outros?

Segundo Passo: Encontre suas relações de confiança

Lembra do que eu disse antes? Que as três pessoas em que você está pensando neste momento como relações de confiança provavelmente não farão parte do seu círculo interno?

Há alguns meses eu estava malhando em Nova York com uma personal trainer chamada Sandy. Entre séries de levantamento de peso acabamos falando sobre a vida e a carreira dela. Rapidamente ficou claro que ela ainda não tinha descoberto sua paixão na vida, em matéria de trabalho.

— E, então, Sandy? — perguntei. — Com quem você conversa todo dia?

— Bem — disse ela —, falo com minha mãe. E com a minha melhor amiga, Janet, que conheço desde os tempos da faculdade.

— E sobre o que vocês conversam?

— Com minha mãe, normalmente ela é quem passa mais tempo falando, e tudo o que sempre ouço é: "Quando você vai se casar?" Eu a amo, mas ela faz eu me sentir péssima.

— E sua amiga Janet?

— Agora que parei para pensar, ela também fala a maior parte do tempo. Janet tem os seus próprios problemas. Tenho até medo de falar alguma coisa para ela, porque já sei até o que ela vai dizer: "Você acha que isso é ruim? Dá só uma olhada no que aconteceu *comigo* ontem!"

— Olha, Sandy — falei, por fim. — Você merece experimentar uma verdadeira rede de apoio. Vou lhe dar uma dica. Encontre uma única pessoa que você respeite para acrescentar à sua lista de telefonemas diários. Olha, você pode até *me* ligar algumas vezes nas próximas semanas, só para se habituar.

Incentivei Sandy a encontrar mais algumas pessoas (*que não fossem* Janet, nem a mãe) e procurar se abrir com elas periodicamente até que encontrasse um autêntico amigo e conselheiro, alguém que se preocupasse com Sandy e com o futuro dela.

— E então passe a tomar um café toda semana — acrescentei.
— Pense nisso como se fosse um namoro. Mas o que você está procurando é um conselheiro.

Olhe além do seu círculo imediato

Com dois relacionamentos importantes e negativos em sua vida, Sandy pode parecer um exemplo extremo. Mas será que é mesmo? Nas centenas de entrevistas que eu e a minha equipe fizemos para este livro mais da metade das pessoas disse que não tinha *ninguém* com quem realmente pudesse contar — amigos, membros da família, parceiros ou cônjuges.

Algumas pessoas que conheço se sentem constrangidas demais para convidar amigos próximos para participar do grupo de apoio. É mais provável que elas conversem com um estranho sobre os seus sonhos e batalhas do que com um irmão ou um amigo próximo. Por quê? Porque é menos arriscado. Ser rejeitado por alguém que você mal conhece tem menos impacto do que ser rejeitado por um membro da família, um velho amigo ou um companheiro de trabalho (muitas pessoas têm medo de que um sócio ou colega de trabalho acabe espalhando as informações para os outros no escritório ou em sua área de atuação). Alguém de fora da rede imediata é menos arriscado.

Em 1787, o ministro russo Grigori Aleksandrovich Potemkin decidiu impressionar a imperatriz Catarina II construindo fachadas de aldeias muito bem-feitas, mas completamente falsas, ao longo do rio Dneiper — na verdade, uma cidade cenográfica. Seu objetivo foi causar uma boa impressão com a imperatriz exibindo suas novas realizações. E a imperatriz ficou realmente impressionada.

Com base em minha experiência, acredito que a maioria de nós prefere proteger e preservar nossas aldeias Potemkin! Nos preocupamos com o fato de nossas conquistas não serem aquilo que parecem — que os nossos sucessos serão menos impressionantes se vistos dos bastidores. Temos medo de deixar outras pessoas entrarem, com medo de decepcioná-las. No entanto, essa é exatamente a hora em que *devemos* trazer as outras pessoas para nossas vidas, de modo a não nos escondermos atrás de realizações ilusórias.

Um problema que pode surgir entre a sua família e seus amigos íntimos é que eles têm uma percepção particular de você. A relação existente com eles sofre o peso de memórias passadas, assuntos malresolvidos e bagagem emocional. Você deveria considerar incorporar alguém imparcial à sua equipe, que possa lhe dar aquele raio de confiança necessário para começar.

Tive amigos próximos que cobraram minhas responsabilidades na minha vida pessoal, mas não tive esse tipo de relação de confiança na minha vida empresarial. Eu tinha medo de baixar a guarda; dinheiro e sucesso na carreira eram assuntos com os quais eu me sentia inseguro. Desde que era menininho, embalei minha autoestima em torno das impressões de outras pessoas sobre o quanto eu era bem-sucedido, e detestava expor qualquer fissura na armadura, mesmo aos meus colegas mais próximos.

No entanto, o fato de as suas relações de confiança conterem *algum grau* de risco pode ser positivo. Veja o caso do Greg. Nos meus esforços para fortalecer meu talento de administrador, foi útil ter um membro na equipe a quem era arriscado decepcionar. Ao tê-lo na equipe, havia mais chances de cumprir minhas promessas para ele, e para mim mesmo.

Não quero sugerir que você não possa criar relações de confiança com amigos próximos, sua família e seus colegas. Idealmente, o objetivo é esse — quando você estiver pronto, partindo-se do princípio de que as pessoas na sua vida estejam à altura desse papel. Já vi exemplos extraordinários bem de perto.

Mehmet e Lisa Oz, sobre quem já falei aqui, estão casados há 25 anos e são um dos casais mais realizados que conheço. O apoio que dão um ao outro vai muito além do incentivo emocional que se espera de um cônjuge ou parceiro. Como eles trabalham em campos diferentes, desde o início perceberam que o tempo que teriam juntos seria limitado. E esta é a razão pela qual decidiram passar mais tempo próximos, realizando projetos conjuntos e dando não só amor, mas opiniões, conhecimentos e expertise.

— Muita gente acredita que trabalhar junto não leva a um relacionamento feliz — diz Lisa —, mas para nós sempre foi muito bom.

Lisa descreve seu marido como "determinado" e "absolutamente focado". Ela se vê como alguém que estabelece prioridades, mantém as coisas em perspectiva e fica sempre com um olho no quadro geral. O trabalho dela, brinca, é "trazer o Mehmet de volta à Terra, porque, se ele ficasse sozinho, faria tudo".

— Quando você se casa com alguém, primeiro você está apoiando o bem-estar emocional e espiritual dele — continua Lisa. — Por isso, se a outra pessoa está se matando por se cobrar e se esforçar demais, isso não ajuda. Nem tudo é uma questão de sucesso profissional, também é uma questão do sucesso de Mehmet enquanto pessoa, sobre nós como casal e sobre a nossa família. Parte do que eu e ele damos um ao outro é um choque de realidade constante. E mesmo assim, o que é constante na nossa relação é o respeito que temos um pelo outro e nosso compromisso de sermos um casal.

Todos os casais deveriam procurar apoiar um ao outro de uma maneira tão completa como Mehmet e Lisa. É claro que o grau de compatibilidade profissional deles pode não ser possível em todos os relacionamentos amorosos. Minha irmã é uma das pessoas da minha família de quem sou mais próximo. Sempre que preciso de amor, incentivo e empatia, naturalmente procuro por ela. Ela também poderia ser uma grande amiga a me cobrar responsabilidades. Mas Karen é uma pessoa do lar — ela não sabe nada do que é administrar uma empresa, ajudar a treinar vendedores ou manter um cliente feliz. Quando preciso de aconselhamento e apoio específicos para a minha carreira, aprendi a ligar para pessoas com mais experiência em negócios, que podem dar conselhos mais práticos para a minha vida profissional.

Amir Tehrani, empreendedor

Quando Amir Tehrani estava no terceiro ano, um policial de Los Angeles deu uma palestra na turma dele. Amir recorda:

— Ele disse que se você se cercar de boas pessoas, se dará bem na vida.

Amir se lembra de ter dito a si mesmo: *Uau, isso não é simples?* Como aluno apenas mediano, ele começou a se aproximar mais dos "inteligentes" da turma. Não demorou muito tempo e suas notas aumentaram.

Amir nunca se esqueceu daquele conselho e, ao longo dos anos, ele o levou a um nível muito mais alto: ele sempre tentou se cercar não só de boas pessoas, mas de conselheiros de confiança. Mas enquanto frequentava a Anderson School of Management, da UCLA, ele se viu em uma encruzilhada:

— Eu sabia que queria ser um empreendedor, mas a maioria dos meus colegas queria fazer carreira em lugares como McKinsey, Goldman Sachs e Toyota.

Sua estratégia para ir em frente havia chegado a um beco sem saída temporário. Assim, com a ajuda de outro colega, Amir saiu em busca de outros aspirantes a empreendedor. Com o tempo, a dupla montou um grupo de apoio intitulado Billionaires' Club.

A referência aos "bilionários" por enquanto é mera aspiração. Mas Amir não tem medo de sonhar alto. Ele atribui seu sucesso até agora, em boa parte, às reuniões de responsabilidade do grupo, realizadas a cada duas semanas em um café local.

— Ninguém quer voltar para o grupo e decepcionar — diz Amir.

O negócio dele? Ele já sabia, desde os tempos da UCLA, que queria criar um produto que pudesse vender nas grandes líderes do varejo, como Wal-Mart e Target.

— Percebi a tendência do grande crescimento demográfico da população hispânica nos Estados Unidos — ele disse.

Depois de fazer um brainstorming com o grupo e receber o incentivo para agir rápido, ele pegou o primeiro avião e fez uma imersão total em tudo o que era mexicano. Em um jogo de futebol profissional no México, Amir não conseguiu acreditar na intensidade dos fãs. Eles faziam um jogo de basquete do Lakers em casa parecer um necrotério municipal.

— Isso me atingiu em cheio — ele conta.

Ele ligou para o grupo para conversar a respeito e logo obteve os direitos de licenciamento nos Estados Unidos da Federação Mexicana de Futebol.

Na próxima vez que você passar por uma loja da Target e ver uma gôndola cheia de camisas esportivas do Chiapas Jaguares, pense no Amir e em sua equipe. Foram eles que fizeram isso acontecer. Outros no grupo têm histórias de sucesso semelhantes para contar. Todos atribuem ao grupo, em larga medida, sua boa sorte. O sócio fundador, ao lado de Amir, do Billionaires' Club, acabou de levantar US$ 1 milhão para lançar um site educacional de amplo alcance.

Desde que lançou o negócio dos seus sonhos, Amir também se tornou um missionário entre os empreendedores, incentivando colegas a começarem os seus grupos de apoio mútuo.

— Muitos empreendedores têm as mesmas questões que nós enfrentamos — diz Amir.

O desejo de outras pessoas se juntarem ao grupo foi tão forte que eles tiveram de realizar entrevistas para fazer uma triagem de centenas de candidatos.

Criar uma relação de confiança eficaz para ajudar a apoiar os esforços na nossa carreira exige um tipo de amor durão que a família e os amigos próximos nem sempre oferecem. (Embora você possa descobrir que, se compartilhar os princípios deste livro com as pessoas que ama, o que recomendo fortemente, elas ficarão mais qualificadas do que você imagina!) Falando de maneira geral, é muito menos provável que os membros da família ou os amigos próximos façam com que sejamos responsáveis, ou nos cobrem quando escorregarmos. Não importa o que façamos, eles vão sempre nos amar e se preocupar conosco. Isso é uma coisa de que todos nós precisamos na vida. Mas não é o tipo de apoio e responsabilidade de que precisamos para superar o que nos bloqueia.

Dentro do contexto do apoio mútuo, esse tipo de preocupação precisa envolver *honestidade* (mesmo quando ela machuca), *franqueza*, *feedback* e *críticas*. É chato dizer isso, mas as pessoas com as quais estamos familiarizados já se acostumaram a aceitar os nossos "eus" abaixo do ideal. Volta e meia, precisamos de sangue novo e novas perspectivas para nos tirar daquilo que já é conhecido, como meu sócio Morrie Shechtman gosta de dizer.

Anteriormente, comentei sobre a necessidade de se criar um lugar seguro para os outros. Mas cuidado para não confundir *seguro* com *fácil* e *conhecido*. São duas coisas bem diferentes. Em um relacionamento, *fácil* e *conhecido* se referem às pessoas com quem você tem uma história em comum e se sente confortável quando está perto — o que muitas vezes pode levá-las a olhar para o outro lado na hora de dar feedback e cobrar responsabilidade, ou, então, pode lhe embalar ou permitir que os maus hábitos escapem.

O ideal seria que você procurasse pessoas que compartilhem os mesmos valores em relação aos seus sonhos e metas. Todos nós temos amigos que amamos, mas dificilmente todos eles compartilham nosso compromisso em avançar na carreira, em matéria de bem-estar pessoal e desenvolvimento espiritual. Eles sempre serão nossos amigos, mas podem não ser os parceiros certos para nos ajudar a crescer e atingir todo o nosso potencial.

Você perceberá quando encontrar alguém cujas metas de crescimento pessoal sejam alinhadas com as suas. Lena West, fundadora da Convengine, diz que o ditado favorito do seu grupo de apoio é: *Você é o maluco que eu quero ser.*

— Com isso queremos dizer que a pessoa está totalmente comprometida com seu desenvolvimento pessoal e com viver seu maior potencial — ela me disse. — Isso nos faz lembrar de que, às vezes, ouviremos coisas que talvez não gostemos de ouvir. Mas o feedback será maravilhoso.

Moral da história: se você realmente quiser dar um salto adiante no seu desenvolvimento pessoal ou profissional, provavelmente terá de ampliar o seu círculo. Seus amigos, colegas e membros da família podem lhe amar incondicionalmente, mas podem não ter os conhecimentos ou a experiência para ajudá-lo em seu trabalho ou na sua vida pessoal. Sua meta final ao encontrar essas três pessoas que podem ajudá-lo a mudar sua vida é trazer pessoas a bordo com quem você possa construir relações de confiança e respeito.

Agora que já discutimos a necessidade de ir além do seu círculo de amiguinhos e da família para criar uma equipe de conselheiros fortes, onde é que você deveria concentrar suas buscas?

No trabalho

O escritório é o lugar ideal para conhecer pessoas novas e potenciais parceiros de apoio. Afinal, passamos o dia inteiro cercado por nossos colegas! E não sabemos quase nada sobre a maioria deles — seu passado, suas paixões, vida pessoal, hobbies, metas e aspirações. O problema é que no trabalho tendemos a interagir com essas pessoas em função do que elas podem nos oferecer, e, consequentemente, nos distanciamos. Isso é um grande erro.

Aí você pensa: *Mas eu nunca poderia confiar nos meus colegas de trabalho. Eles poderiam me atingir!* O fato é que podemos acreditar mais nas pessoas do que imaginamos. Estranhamente, quando nos aproximamos de alguém do qual tínhamos reservas, o compromisso que eles têm conosco aumenta. É muito mais fácil falar mal de uma pessoa pelas costas quando você não se importa com ela. Por que não se abrir com um colega promissor? Acredite em uma coisa: se você não consegue encontrar uma ou duas pessoas no escritório de quem se aproximar, o problema está em *você*, não nelas.

Obs.: Não se esqueça dos colegas com quem você *trabalhou*. Eles podem não fazer parte da sua vida agora, mas o ex-colega certo pode ser imprescindível para o seu sucesso. Eu me abri com Greg Seal e olha o que aconteceu! Por isso, não deixe de considerar antigos amigos, professores, chefes e mentores.

Na sala de aula

Independentemente de você estar em um curso de bacharelado, em um programa de treinamento para executivos, em um MBA ou em uma faculdade de direito, a sala de aula é outro grande lugar para se conhecer parceiros potenciais de longo prazo.

Mesmo que você já tenha se formado há muito tempo, as relações criadas na faculdade sempre valem alguma coisa. Por que não telefonar para o diretório ou para um antigo companheiro de turma? É claro que ter mantido as ligações ao longo dos anos ajuda, mas, se não, tudo o que você tem a fazer para se reconectar é dar o primeiro passo, por telefone ou e-mail. Os velhos companheiros de faculdade que gostavam de você e lhe respeitavam naquele tempo ficarão felizes de pôr os assuntos em dia. O colega certo pode até ficar felicíssimo em fazer parte da sua equipe. Um dos meus melhores amigos em Yale era um sujeito chamado Ray Gallo, que conheci em uma aula incrível sobre relacionamentos experimentais dada por Ella Bell, a famosa escritora e defensora das mulheres no mercado de trabalho. Ray e eu éramos os únicos brancos em uma turma de 12 pessoas — simplesmente dois italianos — e a identificação foi instantânea. Ray é meu advogado há muitos anos; sendo um de meus conselheiros mais confiáveis, sua ajuda foi muito além das questões meramente jurídicas.

Em atividades, conferências e eventos

Greg Hartle queria tanto ser empreendedor que não fez faculdade e começou a trabalhar logo que saiu do ensino médio — o que representava um desafio na hora de criar uma forte rede de apoio. A solução que ele encontrou? Greg começou a participar de eventos e seminários, procurando estabelecer ligações com donos de empresas. Sempre que conhecia um candidato interessante, ele mandava logo um e-mail, perguntando se a pessoa queria se juntar a um grupo de apoio que ele estava começando. Ele também trouxe um velho amigo com quem jogava basquete e um sujeito interessante que ele conheceu na praia. Quando Greg teve pessoas suficientes, realizou uma conference call — e foi dada a partida. (Hoje, o grupo de conselheiros dele inclui um engenheiro, um corretor de seguros de saúde e um banqueiro.)

On-line

Nunca foi tão fácil conhecer pessoas fora do seu círculo imediato, graças ao uso disseminado de sites de relacionamento como Facebook e LinkedIn. Estou falando de oportunidades praticamente ilimitadas de se conhecer pessoas. E não diga a si mesmo: *Não, sou velho demais para isso!* A maioria dos participantes do Facebook vai ser seu "amigo" sem hesitação. Uma vez que você seja parte da rede deles e capaz de ver os vários perfis, saberá mais sobre a vida pessoal dos outros em dois minutos do que conseguiria se almoçasse a semana inteira com eles. Quando encontrar alguém promissor, considere fazer um comentário público na foto do Facebook da pessoa. Mais tarde você pode participar de um chat no fórum público que o site coloca à disposição (conhecido como Wall). Depois, tente se comunicar em particular, antes de partir para um e-mail pessoal, um telefonema e — me atrevo dizer — até um encontro pessoal.

Outra abordagem pela internet é procurar pessoas em pequenas comunidades on-line organizadas ao redor da sua atividade ou interesse específico. Por exemplo, a minha GreenlightCommunity.com é o lugar para se ir quando há interesse em encontrar profissionais que compartilhem da crença de que os relacionamentos são a chave para o sucesso. Mas o fato é que as comunidades on-line existem para qualquer tema possível. (Você pode encontrar um diretório de algumas delas visitando a Ning.com, plataforma sobre a qual minha comunidade foi construída.) E se ainda não existir uma na sua área de interesse, comece você mesmo!

A tecnologia tornou muito mais fácil a existência de conexões com o maior leque possível de parceiros de apoio. Hanif Rehman, consultor de internet baseado em Yorkshire, a cerca de 300km ao norte de Londres, começou um grupo de apoio por telefone com meia dúzia de londrinos, usando o software gratuito do Skype ou do Dimdim. O grupo conversa uma vez por semana e cada pessoa tem 15 minutos para discutir o progresso das suas metas, seguido pelo feedback dos outros integrantes.

Completos desconhecidos

E não se esqueça de pedir ajuda a estranhos. Não hesito em ter conversas francas com quem acabei de conhecer — em aeroportos, restaurantes e eventos esportivos —, talvez porque eu esteja sempre ansioso de fazer a conversa evoluir para mais do que falar sobre o trânsito ou sobre o tempo. Tudo bem que não há mesmo muita chance de você se enturmar com todos os desconhecidos que encontrar. Mas um desses encontros fortuitos pode se transformar em um grande parceiro de apoio, alguém que um dia vai ajudá-lo a completar suas frases e vice-versa.

Mas como me encontro com estranhos? Eu trabalho o tempo todo. E nos fins de semana fico em casa com a minha família. Isso é o medo e a preguiça falando. Minha resposta é: *Seja criativo!* Da academia ao café mais próximo, até as pessoas do seu bairro, se *quiser* conhecer gente, você pode. Organize um churrasco com os vizinhos. Junte-se a uma carreata de caridade na sua comunidade. Escolha um jogo de basquete por semana.

Conselheiros profissionais

Cada um de nós está em um lugar diferente da vida e da carreira. Pode ser que, neste momento, você não esteja pronto para se abrir e ser vulnerável com as pessoas da sua vida pessoal ou profissional. Se você for uma pessoa religiosa, talvez valha a pena buscar um padre, um rabino ou algum outro religioso para pedir ajuda. Se essa opção não estiver disponível, aconselho que você contrate um terapeuta ou orientador profissional, para lhe dar o feedback sincero e a confiança de que você precisa.

Como saber se a outra pessoa tem potencial para ser uma relação de confiança?

Agora que você já sabe *onde* procurar as relações de confiança, que qualidades específicas você deve procurar? Um bom lugar para se começar são as Quatro Mentalidades sobre as quais falamos na seção anterior.

Pergunte-se:

- A outra pessoa está disposta a conversar francamente com você? Ela tem coragem de lhe dizer as verdades que você precisa ouvir? Ela permitirá que você fale com a mesma franqueza?
- Ela é capaz de ser aberta e vulnerável com você? Ela entende quais são os seus medos e lutas?
- Ela está pronta para cobrar suas responsabilidades a fim de lhe ajudar a atingir suas metas e superar os comportamentos que lhe atrapalham? Ela permitirá que você faça a mesma coisa com ela?
- Ela é generosa no que faz por você? Ela é generosa o suficiente para permitir que *você* a ajude?

As respostas a essas perguntas podem não saltar aos olhos em um primeiro encontro, mas esse é o tipo de pergunta que você tem de fazer a si mesmo. Discuta a lista das Quatro Mentalidades com a pessoa que você tem em mente (quem quer que você esteja considerando seriamente não deve ter restrição alguma em discutir o assunto com você). Se ela reagir mal ao fato de você estar levantando essas perguntas, provavelmente não será capaz de enfrentar as questões mais duras que estarão mais adiante — por isso, continue procurando.

Os quatro Cs

Fazer um levantamento das Quatro Mentalidades é somente o primeiro passo para se avaliar membros potenciais de sua equipe. O tipo de apoio que você procura dos seus conselheiros exige também algumas considerações de ordem mais prática, ou o que chamo de os quatro Cs.

1. Compromisso

Você precisa de pessoas que sejam generosas com o tempo que for necessário para trabalhar as questões mais complexas. No início, pense em entrar em contato — pela internet, por telefone ou pessoalmente — pelo menos uma vez por mês, de preferência mais do que isso. Entre essas reuniões é preciso também que vocês conversem por telefone ou e-mail, especialmente se estiverem começando ou se estiverem passando por um momento difícil. Emocionalmente, você deseja parceiros ou conselheiros com quem possa contar 24 horas por dia, sete dias por semana; com o tempo, seu comprometimento recíproco deve ser tão forte que as questões de cada um estarão sempre na cabeça do outro.

2. Compreensão (ou know-how)

Seus conselheiros de confiança não precisam ser experts na sua área — longe disso —, mas ajuda muito se eles tiverem um conhecimento prático que lhe ajude a conquistar as suas metas. De novo, no nível mais básico, os membros do seu círculo precisam saber das coisas — isto é, compreender suas preocupações, metas e questões. Em outras palavras, é importante que, antes de tudo, você respeite a opinião deles o suficiente para querer seguir seus conselhos.

Debbie Muller, a empreendedora de Nova Jérsei que citei anteriormente na discussão sobre a mentalidade de generosidade, não estava procurando conselheiros com um know-how específico sobre o software que ela estava desenhando. Ela apenas buscava pessoas que pudessem trazer uma expertise prática de negócios para a mesa, desde direito até tecnologia. O mesmo acontece com os membros dos conselhos das empresas. Um conselho típico é formado por CEOs de um vasto leque de empresas. Pense bem naquilo que você quer e então vá moldando sua lista de convidados apropriadamente.

3 e 4. Conexão e curiosidade

Sempre me impressiono com o fato de os membros do grupo de apoio serem genuinamente interessados nos assuntos dos outros

— e que eles realmente gostam e admiram uns aos outros. Essa química e essa curiosidade são a chave, acredito eu, para a capacidade de receber insights importantes da sua equipe. A química pode ser natural ou construída passo a passo, mas a sensação de estar conectado é fundamental.

Curiosidade é uma grande qualidade dos parceiros de apoio — pessoas que se informam rapidamente e que podem se transformar em experts instantâneos em um assunto sobre o qual pouco sabiam antes. Os consultores têm habilidades semelhantes — a capacidade de olhar uma situação e observar o suficiente, rapidamente, para fazer sugestões úteis e apuradas em pleno voo.

5. Diversidade

Ah, e tem mais um critério que vale a pena se levar em consideração (e não começa com a letra *c*). Como diz Jim Whaley, da Fundação Siemens:

— Sempre quero apoio de pessoas com backgrounds diferentes, que tiveram uma formação diferente da minha, que foram a escolas diferentes e que tiveram influências diferentes. E quero gente de todas as idades. Acho que nós acreditamos quase automaticamente que os mais velhos são mais sábios, mas não caio nessa. Tenho conselheiros próximos que são muito mais jovens do que eu; eles têm menos experiência, mas um manancial de conhecimentos que também traz novas ideias para mim.

Ele não é o único. Jack Welch, o lendário ex-CEO da GE, fez com que todos os membros mais velhos de sua equipe adotassem sócios mais jovens quando a internet explodiu no mundo. Em outras palavras, velho ou jovem, nunca tenha medo de encontrar pessoas com bons insights, independentemente da idade e da formação.

Kirk Aubry, ex-COO (chief operating officer) da Textron, é muito ativo em uma organização formal de apoio entre colegas para altos executivos chamada CEO Project. Em sua opinião, os conselheiros são mais eficazes quando *não* se parecem com você.

— Você tem de trabalhar com pessoas que estiveram onde você nunca esteve para ajudá-lo a aprender com os erros que elas cometeram e ver as oportunidades de uma maneira diferente de você — diz Kirk. — Grande parte disso é *Deixe-me compartilhar o que já vi e que você talvez não tenha visto.*

Isso, evidentemente, é uma quantidade considerável de qualidades para se buscar em outra pessoa. Se você estiver pensando *Não conheço ninguém que tenha todas essas qualidades*, tudo bem.

O que acabei de descrever é o Super-homem do apoio mútuo, o ideal. Mas você não precisa de um super-herói no seu grupo; você só precisa de uma super*equipe*. Todas as pessoas do meu círculo interno têm algum tipo de defeito, assim como eu tenho em relação a elas. Uma pessoa pode ser franca, mas não oferecer muita segurança; outra pode oferecer segurança, mas não entender exatamente as minhas metas. A questão é: os membros do meu círculo interno me conhecem bem, já me viram falhar e têm uma boa compreensão do que me levou a tropeçar no passado (e vice-versa). No fim das contas, todos nós estamos trabalhando em busca da melhor equipe que podemos ter.

A equipe que você escolher vai mudar e evoluir

Com o passar do tempo parte da sua equipe de apoio pode se afastar ou ficar menos envolvida. Isso acontece. As prioridades e os interesses das pessoas vêm e vão. Isso é absolutamente normal!

Quando os membros de uma equipe se afastam, rapidamente ou ao longo de considerável período de tempo, acredito que esses membros "se formaram", e não que eu os tenha perdido. Pense no tempo que vocês passaram aprendendo juntos como uma educação recíproca, e ponto. Apenas se assegure de ter aprendido alguma coisa e que ficou melhor com isso. Não tenha medo de pedir ajuda a alguém novo (aliás, isso é algo que eu o incentivo a praticar 24 horas por dia, sete dias por semana). A sua relação com os conselheiros da sua vida é dinâmica, não estática. E lembre-se: só porque alguém desapareceu do radar por algum tempo não quer dizer que ele não possa voltar a desempenhar um papel fundamental na sua vida no futuro.

Não tenha medo de experimentar alguém novo na sua equipe. Se a tal pessoa não der certo, tente outra. E também você não precisa, logo de cara em uma relação, pedir à pessoa para se juntar ao seu círculo interno. (Afinal de contas, nós não entramos em um bar e perguntamos à pessoa que encontramos se ela quer casar conosco.) As relações de confiança evoluem com o tempo, assim como as relações com os mentores. Jogue uma rede bem grande e não pense que o seu trabalho de estar sempre recrutando novos membros um dia terminará.

Limpando a casa

Meu analista, Joe Lay, uma vez me disse:

— Keith, pare de tentar comprar leite em uma loja de informática.

Adorei! O que ele queria dizer é que nem todo mundo é capaz de fornecer tudo o que desejamos deles. Ajuda muito ter o hábito de "retirar as ervas daninhas e cultivar as flores" na sua vida. As ervas daninhas são pessoas que lhe põem para baixo, que tomam tempo e energia e não dão quase nada em troca. As flores nas suas relações são aquelas que trazem brilho, cor, ideias, apoio e significado à sua vida.

Às vezes, precisamos nos distanciar de pessoas que nos põem para baixo, mesmo se nós as amarmos muito. Por outras vezes, é claro, podemos nos encontrar dando mais do que aquilo que recebemos de uma relação. Mas quando a relação é regularmente unilateral, já é tóxica. Evite isso. Passe mais tempo cultivando aquelas relações que são fortes e importantes na sua vida e diminua as que consomem muitos dos seus recursos e não dão quase nada em troca.

Sandy, a personal trainer cuja melhor amiga constantemente tentava mostrar que seus problemas eram piores sempre que Sandy tentava debater suas preocupações, me disse recentemente que não falava com a sua "melhor amiga" havia vários meses, e no entanto a amiga não a procurou nem uma única vez. Você pode manter essas pessoas como amigas se quiser ou, se forem membros da família, pode continuar contando com o amor delas. Mas não busque conselhos ou desabafe com elas e espere receber um feedback valioso em contrapartida. Provavelmente, elas não estão à altura desse tipo de resposta. Apenas aceite simplesmente o que elas têm a oferecer. Se você tentou mudar a relação e não teve sucesso, consiga o que precisa em matéria de feedback sincero daquelas que podem ser verdadeiras relações de confiança. (Em muitos casos, quando você decide abandonar um velho "amigo", não precisa nem anunciar que está partindo para outra; a própria relação vai desabar sozinha.)

A seguir um checklist para ajudar você a decidir se deve se retirar respeitosamente de uma amizade ou não. Se você responder sim à maioria das perguntas abaixo, isso deve ser sinal de que está na hora de partir para outra.

- A relação parece desequilibrada? Você se sente como se estivesse sendo explorado?
- Você acredita que os valores e hábitos básicos dos dois não estão alinhados?
- Você já tentou praticar as Quatro Mentalidades para melhorar a sua relação várias vezes, sem sucesso?
- A outra pessoa só indica que sim com a cabeça, mas não está verdadeiramente escutando?
- A outra pessoa leva suas metas a sério? Ela se esquece de ajudá-lo a se manter na linha?

- Você sente que seria mais forte, mais feliz e mais bem-sucedido se essa pessoa não fizesse parte da sua vida?

A boa notícia é que, se você permitir, algumas das pessoas incríveis a quem você pedir ajuda para a sua rede de apoio podem *se tornar* seus melhores amigos. Eu costumo dizer às pessoas que provavelmente elas ainda não conheceram seus melhores amigos. E, para ser honesto, recebo vários olhares confusos como resposta, como se eu estivesse dizendo que os amigos delas não são bons o bastante. Mas digo isso da maneira mais otimista possível.

As pessoas que vivem as vidas mais longas e completas tendem a compartilhar a atitude de olhar para a frente em relação àqueles que encontram. O que as faz ir em frente é uma convicção de que o melhor da vida — as melhores experiências, as melhores pessoas — ainda vai aparecer. Espero que, quando chegar aos 80 anos, eu continue aberto a conhecer os novos amigos que entrarem na minha vida na hora certa, pelo motivo certo. Não importa sua idade ou em que ponto você está na vida. Eu o instigo a estar aberto a experimentar o melhor da vida, incluindo as pessoas que você ainda vai conhecer.

DREAM TEAM: INTELLECTUAL VENTURES

Então você não acredita que perspectivas diferentes possam criar grandes saltos, inovações radicais e insights profundos? Você não precisa conhecer nada além da Intellectual Ventures, de Nathan Myhrvold, uma empresa cujo único produto são invenções.

Myhrvold, um físico que já esteve à frente da divisão de pesquisa da Microsoft, fundou sua empresa com uma ideia inspirada: se ele juntasse pessoas brilhantes de campos tão variados como a química, a engenharia elétrica e a neurologia em "sessões de invenção", o processo geraria patentes lucrativas. Como disse a revista *BusinessWeek:* "A meta não eram meros avanços incrementais, mas raios e trovões de bilhões de dólares que pudessem mudar o mundo."

Movidas a muita cafeína, bifes na chapa e discursos multidisciplinares, as ideias geradas pelas sessões de invenção de Myhrvold começaram a florescer além das expectativas. Ele, originalmente, havia esperado realizar 100 registros de patentes por ano. Em vez disso, a empresa registra quase 500 patentes. Até agora, a Intellectual Ventures já inventou óculos movidos a baterias, novas técnicas para se fazer microchips e aperfeiçoar turbinas e uma maneira de customizar uma "manga" de tela que os neurocirurgiões podem usar para corrigir aneurismas.

Atualmente, a Intellectual Ventures é um exemplo brilhante de como podemos gerar inovações e acelerar o progresso científico — não só como o resultado de gênios solitários sendo atingidos por uma maçã na cabeça, mas pelo esforço coletivo de um grupo de indivíduos visionários e realmente inspirados.

Terceiro Passo: Pratique a arte do longo jantar

Se identificar os membros potenciais da sua equipe exige a mente clara e estratégica de um general, cortejá-los exige o tato e a finesse de um diplomata. Até pessoas que são totalmente abertas ao conceito de um profundo apoio mútuo — aquelas que entendem perfeitamente as Quatro Mentalidades discutidas anteriormente — precisam ser encaminhadas calmamente para esse processo. É claro que você não iria dizer no seu primeiro encontro com alguém: "Vamos jantar e revelar nossos maiores segredos!"

Uma das melhores ferramentas que conheço para aprofundar uma relação é o que chamo de um "longo jantar", em homenagem a Greg Seal, que propôs uma refeição assim na primeira vez que telefonei pedindo ajuda. Greg sempre compreendeu que afastar as pessoas do seu ambiente e das distrações diárias é fundamental para estabelecer uma relação mais próxima, baseada em um entendimento autêntico.

Como italiano, não tenho problema algum em entender o valor de se conversar assuntos importantes e cimentar relações pessoais durante uma longa refeição. Temos um ditado que é *A tavola non s'invecchia*, ou seja: "À mesa não se envelhece." Eu simplesmente *adoro* essa ideia — o que poderia ser mais verdadeiro? O tempo fica parado. Você pode demorar o tempo que quiser. É um conceito importante porque, sempre que o relógio está correndo, as relações ficam mais do tipo *Vamos direto ao assunto!* ou *O que posso fazer por você?* ou *O que você pode fazer por mim?*

E não é assim que um longo jantar funciona. Quando o relógio para, as pessoas começam a abaixar as defesas. Elas olham além dos preconceitos e do resto da bagagem emocional e procuram caminhos para partilhar. Sua relação com alguém que você queira alistar como conselheiro de confiança ou membro da sua equipe pode acontecer nesses momentos.

— A essência de um longo jantar é gerar confiança, abertura e vulnerabilidade — afirma Greg —, de maneira que se possa colocar o que realmente vale *em cima* da mesa e as agendas pessoais *fora* da mesa. Um longo jantar proporciona uma intimidade que elimina a pretensão e permite aos participantes olhar na alma um do outro e compartilhar a verdade. É somente com a verdade que se pode colocar em prática um plano de ação que há de ser bem-sucedido.

Mas, antes de fazer uma reserva no restaurante local, lembre-se de que um longo jantar não é nada mais que uma metáfora para um encontro entre você e quem você quer ter como membro da sua equipe de confiança. É um ambiente seguro onde as Quatro Mentalidades — franqueza, vulnerabilidade, responsabilidade e generosidade — entram em ação. Você e a outra pessoa estão ali uma para a outra. Nada mais importa.

Se a palavra "corte" vem à mente, bem, não estamos muito longe disso. Com isso não quero dizer que o nosso círculo interno deva ser feito de almas gêmeas ou espelhos de nós mesmos; em certo sentido, o que procuramos são pessoas que possam *complementar* nosso próprio conhecimento e nossos talentos e trazer uma expertise nos assuntos que não são o nosso forte.

Mas qualquer corte tem um objetivo, que é conhecer outra pessoa em um ambiente seguro. A questão não é se comprometer ainda; é apenas uma exploração preliminar, só isso. Não há necessidade de se apressar um compromisso prematuro para apoiar um ao outro, até você estar certo de que a outra pessoa está disposta a desempenhar esse papel importante na sua vida.

Então, no que um longo jantar, no qual cada um compartilha as suas preocupações e revela os seus sonhos, deve resultar, se a relação parece que está funcionando? Idealmente — não importa se basta uma refeição ou três meses para se conhecer —, vocês entendem um ao outro com base nas Quatro Mentalidades de uma relação de confiança.

1. Que cada um reconheça na vida uma necessidade para mudar e ir mais longe
2. Que vocês estejam interessados em trabalhar como parceiros para ajudar a realizar suas ambições mútuas
3. Que cada um esteja disposto a colocar suas necessidades na mesa, para o bem da relação
4. Que os dois reconheçam os benefícios de uma parceria assim
5. Que os dois estejam comprometidos com a honestidade, o rigor e a autorreflexão
6. Que vocês estejam dispostos a não deixar o outro fracassar

O longo jantar realmente gira em torno de conhecer alguém melhor, no ambiente certo. Você nem precisa ir mesmo a um restaurante — especialmente porque, durante algum tempo, você vai se encontrar com algumas pessoas nas quais está pensando em ter como conselheiro em potencial. O objetivo principal é tirar as pessoas de trás de suas defesas, aqueles círculos concêntricos de mesas, cubículos, portas de escritório, home offices, salas de estar, telefones e computadores que encerram as pessoas no trabalho e em casa.

As pessoas, quando estão em suas mesas, se encontram efetivamente fechadas em um casulo de comportamento já estabelecido. Você quer afastá-las dali. No trabalho, os ambientes abertos que são tão populares hoje em dia acabam por frustrar relações autênticas. O escritório sem paredes foi criado para dar abertura e eficiência, ao mesmo tempo em que destrói hierarquias muito rígidas — e, de certa maneira, isso acontece. Mas também já vi isso impedir conversas abertas, pelo medo de que alguém possa estar escutando; isso faz algumas pessoas se agarrarem às suas mesas como se fossem botes salva-vidas, seu último refúgio de segurança e solidão.

Em vez disso, tente o seguinte: convide alguém para tomar uma xícara de chá ou café. Às vezes, uso o sofá da recepção da empresa, já que esse normalmente é o lugar mais quieto e menos usado das redondezas. Melhor ainda é um almoço ou café da manhã fora de casa ou do escritório. Refeições ao meio-dia ou pela manhã podem ser complicadas, porque o tempo é meio apertado, mas pelo menos você pode se afastar das distrações físicas e do barulho do escritório.

Descobri que chamar as pessoas para sua casa é uma das melhores maneiras de cortejar apoio. O simples fato de passar pela porta derruba as barreiras imediatamente — nossas casas são bastiões que devem nos proteger do mundo exterior. Ao entrar na casa de alguém, você está entrando no espaço particular — e na vida privada — dela. Esse simples gesto geralmente é o suficiente para trazer um novo nível de franqueza e abertura a um relacionamento. Você não precisa preparar uma refeição chique, nem mesmo cozinhar alguma coisa. Um coquetel na varanda ou no terraço já pode ser ótimo para quebrar o gelo. Ou, então, convide alguém para ir à academia com você, ou assistir a um filme ou jogo especial na tevê.

Em suma, o longo jantar pode acontecer em qualquer lugar onde vocês dois se sintam seguros.

Agir como se:
representando o papel de pessoa de confiança

A melhor maneira de se saber se a outra pessoa é uma boa candidata ao seu círculo íntimo é mergulhar de cabeça e agir como se ela já fosse! Veja como a outra pessoa responde. O objetivo é levar apenas a relação a um nível mais profundo, sem perguntar se ela quer se "unir" a alguma coisa específica.

Agora, isso nem sempre funciona. O primeiro encontro pode muito bem dar errado. Você pode não se sentir seguro para se abrir, achar que a outra pessoa não se importa muito com você e com os seus interesses, ou, ainda, pode simplesmente sentir que os seus valores e objetivos centrais não estão alinhados. Mas não deixe que as primeiras impressões comandem tudo.

Quando estiver descrevendo os seus sonhos e os seus objetivos, assegure-se de dizer onde você quer ir com a sua vida e a sua carreira. Não se esqueça da declaração de Peter Guber sobre o poder e a importância de se contar uma história! Diga de onde você vem e onde e de que maneira as suas ambições se encaixam nessa história. Depois, atenha-se ao *presente*. Quais são as lutas e preocupações que fazem você ficar acordado hoje? Quais são as suas aspirações futuras? Convide a outra pessoa a fazer o mesmo — e trate de escutar.

Vá bem longe, com muita amplitude e constantemente

Se tentar estabelecer uma conexão mais profunda com a primeira ou com a segunda pessoa que você procurou e não deu certo, *continue tentando*. Você pode ter de passar por esse processo algumas vezes até encontrar as três (ou mais) pessoas certas, assim como pode ter de entrevistar uma dúzia de candidatos para um emprego. Isso é normal. O objetivo é encontrar pelo menos uma pessoa com quem possa estabelecer esse tipo de relação profunda e de confiança mútua. No começo, só tive alguns conselheiros de confiança. (Eu não sabia que Peter Guber se importava tanto comigo e com o meu sucesso pessoal para me ajudar até que ele jogou tudo na minha cara.)

Esteja preparado para jogar uma rede bem grande. Há muitos anos conheci Beth Comstock, CMO da General Electric. Beth é uma mulher de negócios extremamente talentosa, focada totalmente no crescimento da GE, leal à empresa e a seus executivos. Depois do nosso primeiro encontro, mantivemos contato por e-mail, mas por causa da agenda muito apertada dela não voltamos a nos encontrar pessoalmente por mais de um ano. Nessa ocasião, tivemos uma reuniião de negócios, mas ainda não havíamos tido nenhuma social.

Foi por essa época que percebi a necessidade de ampliar o meu círculo de conselheiros. E pensei que devia tentar chamar Beth para minha equipe. Eu a respeitava profundamente e sempre fiquei impressionado com sua abertura, franqueza e generosidade. Por isso, mandei um e-mail para ela e propus um almoço ou jantar para conversarmos sobre um assunto que não tinha nada a ver com os nossos negócios. Aceitando o convite, Beth marcou uma data. Mas nesse dia eu estava em Los Angeles, a 5.000 km de distância. Eu estava tão ansioso por esse almoço que peguei um avião e voei para Nova York.

É claro que nem todo mundo pode largar tudo dessa maneira. Mas o que quero dizer é que você deve fazer o possível para que essas relações importantes aconteçam. Não as entregue à própria sorte.

Tente um pouco de franqueza

Acho importante pedir à outra pessoa para me dar um feedback honesto durante o longo jantar. Se a pessoa já lhe conhecer o suficiente, peça:

— Eu queria saber se tem alguma coisa que eu deveria saber que esteja me atrapalhando.

Convide-a a se arriscar com você. Veja se ela confia no lugar seguro que você está tentando criar.

Eles são bem durões para exigir que você seja responsável?

Se o longo jantar tiver ido bem, próximo ao final você pode pedir à outra pessoa para cobrar algo que você queira realizar. Veja se pode retribuir o favor cobrando a responsabilidade dela por um objetivo que ela tenha na vida. Nos dias e nas semanas seguintes, veja se dá certo. Mas, independentemente dos conselhos mútuos serem informais ou formais — digamos, uma conferida por semana —, é importante que você deixe claro exatamente o que deseja: uma parceria de apoio em que possa confiar, baseada em um feedback franco e sincero. Veja como a pessoa responde — não só no jantar, mas com o tempo.

Uma última coisa

Não termine um longo jantar sem deixar uma hora marcada para conferir o andamento ou voltar a se reunir. Esse é um passo importante para que o processo tenha êxito. Greg Seal e eu, por exemplo, moramos em cidades diferentes, por isso concordamos em nos reunir uma vez por mês. Outros membros do meu círculo interno entram em contato comigo uma vez por semana ou mais. Independentemente do quanto a minha agenda esteja carregada — e viajo pelos Estados Unidos inteiros com frequência —, faço o maior esforço para manter contato com os meus parceiros de apoio regularmente. Se alguém não conseguir arranjar um tempinho para encontrá-lo logo no começo, é muito difícil que venha a fazer isso com o passar do tempo.

Dream Team: The Inklings

A vida literária é uma das atividades mais solitárias que existem. "Nós trabalhamos no escuro. (...) Fazemos o que podemos. (...) Damos o que temos." Essa é uma citação famosa de Henry James. Mas quem disse que escrever não pode ser uma obsessão coletiva?

The Inklings foi o nome de um grupo de escritores e intelectuais da Universidade de Oxford que se reuniu por quase

20 anos, nas décadas de 1930 e 1940, rascunhando os escritos que levariam a alguns dos livros mais famosos do século XX — entre eles *Além do planeta silencioso*, de C. S. Lewis, e *O senhor dos anéis*, de Tolkien. (Lewis escreveu a série de *As crônicas de Nárnia*, pela qual é mais conhecido, depois do fim do grupo.)

Durante uma série de encontros nas terças à noite em pubs e apartamentos locais, Lewis, Tolkien e seus companheiros do Inklings liam os primeiros rascunhos em voz alta e se engajavam em argumentações apaixonadas sobre filosofia cristã e seu lugar adequado na literatura. Os Inklings celebravam o que Lewis chamava de "oposição racional" e o próprio autor procurava pessoas que compartilhassem de seus interesses, mas que "os encarassem de ângulos diferentes", como mais tarde escreveria em *Surpreendido pela alegria*, livro que descreve sua mudança do ateísmo para o cristianismo — uma transformação gerada em boa parte pela influência e pelo incentivo do seu círculo interno de conselheiros.

À parte as palavras e o debate teológico, os valores centrais do grupo The Inklings eram amizade e apoio. De acordo com um dos membros, o escritor Owen Barfield: "Estávamos sempre lutando pela verdade, não pela vitória, lutando pela verdade, não pelo conforto."

Embora o grupo tenha se desfeito ao final dos anos 1940, a amizade entre Tolkien e Lewis continuou pelo resto de suas vidas, sobrevivendo até à crítica negativa que Tolkien fez de *As crônicas de Nárnia* (embora a história, e milhões de leitores, tenham pensado o contrário). Pouco depois da morte de Lewis, em novembro de 1963, Tolkien escreveu para sua filha: "Até aqui eu sentia o que um homem da minha idade sente — como uma árvore velha que vai perdendo as folhas, uma a uma. Mas isso foi como um golpe de machado próximo à raiz."

Quarto Passo: Amplie sua estratégia de traçar objetivos

Bill George, autor de renome, ex-CEO da Medtronic e professor de administração de Harvard, tem praticado o apoio mútuo em um pequeno grupo só de homens há anos. Bill acredita que o seu grupo foi fundamental quando tomou a decisão de sair da Honeywell, um conglomerado de tecnologia, para dirigir a Medtronic, na época uma empresa bem pequena.

— Acho que fiquei tão agarrado ao ego de ser CEO que foi difícil admitir que eu me sentia infeliz em ser o CEO da Honeywell — afirma ele. — Na verdade, sou um construtor; quanto tempo da minha vida eu queria passar endireitando empresas? Acho que o pessoal do meu grupo percebeu isso claramente e me confrontou. Eles ficaram maravilhados quando finalmente enfrentei a questão e me incentivaram a ir para a empresa menor. Sem dúvida alguma, eles me deram a coragem para fazer a mudança.

Os conselheiros de Bill o ajudaram a ver que seu coração gostava de construir empresas e não de consertá-las. Se esse era o seu objetivo, se isso era o que ele estava comprometido a fazer, então ele não estava realizando esse objetivo, nem o compromisso, na Honeywell. Mas era exatamente isso o que ele poderia fazer na Medtronic. Em resumo, as pessoas de quem Bill estava cercado podiam *ver* os compromissos, os objetivos, as forças e as fraquezas dele — sob uma ótica diferente.

Acabei percebendo que, na hora de criar objetivos, como em tudo mais, duas cabeças pensam melhor do que uma.

Pense no estabelecimento de metas como um plano estratégico para Você S/A. Tire uma lição pessoal das melhores empresas, que sabem que precisam de uma equipe para entender para onde estão indo — ninguém pode fazer isso sozinho. Grandes empresas sempre tiveram processos de planejamento estratégico que envolvem gente de dentro, gente de fora, pesquisadores de marketing e outros. Você também deve fazer isso! Não consigo nem lembrar quantas vezes a minha equipe me ajudou a acertar na mosca alvos que eu jamais teria visto, muito menos alcançado. E olha que sou um cara que sempre foi muito focado em traçar objetivos, desde pequenininho.

Muitas pessoas bem-sucedidas e de grandes realizações precisam de ajuda para criar um mapa, incluindo metas anuais, trimestrais, mensais e semanais para atingir um dado objetivo. Criar e priorizar os detalhes desse mapa de viagem é o que se chama de "operação executiva". Algumas pessoas têm isso no sangue, outras, não. Podemos sonhar os sonhos mais ambiciosos, mas se não conseguirmos transformá-los em um fluxo de ação coerente eles, provavelmente, vão se estilhaçar. Se você é uma pessoa que via de regra sabe onde quer chegar, mas parece que nunca consegue, não se desespere — você só precisa de uma técnica de planejamento bem forte para ajudá-lo. (Você ficaria surpreso com quantos líderes e pensadores de ponta precisam daquilo que o *New York Times* chamou de "um CEO do cérebro" para propiciar as técnicas de operação executiva que eles não têm.)

E depois que você tiver um plano de ação, precisará de parceiros de apoio para ajudá-lo a se concentrar nos objetivos principais, principalmente em um mundo no qual as distrações são constantes.

As nuances de se estabelecer metas

O segredinho que ninguém conta sobre estabelecer metas é que isso pode ser bem contraproducente. Existem *tipos* diferentes de metas e não saber a diferença entre eles pode macular a maneira como você pensa sobre o futuro.

Algumas metas, chamadas de "metas de desempenho", implicam um resultado finito, como um pote de ouro ao final do arco-íris. O Dr. Rob Dirksen me disse uma vez que uma de suas metas era ganhar certa quantidade de dinheiro todo ano. Essa também é uma métrica boa e válida. Mas, para mim, muito mais importante do que isso é desenvolver um *processo* e um *trajeto* que vão ajudá-lo a conseguir essa renda em um dado espaço de tempo. Em outras palavras, é preciso pensar no arco-íris e não no pote de ouro.

Recomendo que você não estabeleça apenas um, mas dois tipos de metas: metas de desempenho e metas de aprendizagem. E sua equipe pode ajudá-lo em ambas.

As metas de desempenho são aquelas que a maioria de nós pensa ao se falar em metas. São os potes de ouro: os marcos de uma profissão. Conseguir aquela promoção. Bater a meta de vendas. Ir de férias para o Quênia. Casar-se. Perder 10 quilos. Todas se referem a conseguir um resultado bem específico.

As metas de aprendizagem, por outro lado, enfatizam a obtenção de novas técnicas e conhecimentos para ampliar e alavancar os seus talentos e a sua carreira.

Metas de aprendizagem x metas de desempenho

Você tem dificuldade em distinguir as duas? Então, aqui vão alguns exemplos:

Metas de desempenho	**Metas de aprendizagem**
Perder 5kg	Aprender a fazer refeições mais saudáveis
Aumentar o tráfego no meu site em 50%	Descobrir cinco novas táticas de marketing
Aumentar as vendas em 10%	Burilar meu melhor discurso de vendas

Uma história sobre o meu sócio Data ajuda a colocar esses dois tipos de meta na devida proporção. Data queria, como ele mesmo dizia, ficar "sarado". Ele é do Meio-Oeste, mais magro, e a mudança para o sul da Califórnia o fez repensar seu físico. (Já falei que ele é solteiro? Talvez isso tenha alguma coisa a ver.)

Bem, de todo jeito, Data passou alguns meses na academia, malhando sozinho, imaginando o dia em que seus músculos fossem brotar como os de um Mister Universo. Mas não estava tendo muita sorte, já que levantava pesos ridiculamente baixos. Por isso, um dia me sentei com ele e lhe ensinei um pouco da ciência por trás do levantamento de peso (esse também é um dos meus hobbies e eu sabia que Data ia gostar do meu enfoque analítico.) Pelo que eu podia ver, ele ficara tão obcecado pela sua meta de *desempenho* (estourar os bíceps) que se esqueceu que tinha de *aprender* algumas coisas para poder chegar lá.

Duas horas depois eu o ajudei a reformular um novo conjunto de metas. "Eu quero ficar sarado" passou a ser "Quero aprender os melhores exercícios, os mais eficientes, para fazer o meu corpo crescer". Algumas semanas depois ele já sabia o que estava fazendo e começava a ter músculos de verdade.

Data precisava dos dois tipos de metas — a de desempenho para motivá-lo e a de aprendizagem para mantê-lo focado nas ações que o fariam chegar lá. As metas de desempenho são muito sedutoras — basta pensar nas decisões de Ano-novo! Mas, sem a devida abordagem, elas também podem nos fazer mal.

Quando a FG estava começando a considerar uma estratégia para entrar na internet, nossa meta era registrar 100 mil assinantes para o mailing da nossa Dica da Semana. Mas como? E por que 100 mil? Era, certamente, uma meta ambiciosa, mas era arbitrária e não se apoiava em marcos claros. Não tínhamos dimensão do que não sabíamos e, por algum tempo, a única coisa que essa meta trouxe foi recriminação.

Com o tempo, fomos procurar especialistas no ramo e reformulamos nossa estratégia. Percebemos que o que realmente precisávamos era de uma série de pessoas diferentes e extremamente engajadas que se sentiriam bem-servidas tanto pelo nosso conteúdo on-line como por estar em contato com os outros.

Para encurtar a história, percebi que o número de assinantes era apenas uma métrica dentro de uma meta maior e mais importante: construir uma comunidade on-line. Para atingir esse objetivo no período de um ano estabeleci uma série de metas de aprendizagem: descobrir que tipo de conteúdo as pessoas queriam ver on-line, estipular a tecnologia e a plataforma certas a serem utilizadas e, finalmente, encontrar os parceiros certos que nos ajudariam a construir e a lançar um site para a nossa comunidade. Três metas de aprendizagem e uma meta de desempenho. Um ano depois, eu não podia ter mais orgulho da GreenlightCommunity.com. Dê só uma olhada!

As metas de desempenho podem nos motivar muito. O reverso dessa medalha é que, se forem estipuladas erroneamente, elas podem nos intimidar e até nos prejudicar se não as atingirmos. Aqueles que se concentram muito em metas de desempenho tendem a se encolher e a não ter bom desempenho durante os períodos ruins.

Por outro lado, aqueles que se impõem metas de aprendizagem, de acordo com um estudo das Dras. Carol Dweck e Heidi Grant, da Universidade de Stanford, conseguem lidar melhor, ficar mais motivados e a realizar mais quando deparam com os reveses que inevitavelmente acontecem.

Metas para se esticar

Compreender a necessidade de ter pensamentos incrementais (metas de aprendizagem) não quer dizer que você deva abandonar as metas grandes, cabeludas e audaciosas (para usar uma frase do campeão de vendas Jim Collins) que dão à vida um toque de ambição. Meu colega Peter Roche, do Grupo Perret Roche, de Londres, chama isso de "metas para se esticar".

Uma vez, Peter atuou como consultor de uma empresa com uma marca bem conhecida dos consumidores para aumentar as vendas de seus produtos. Sua primeira pergunta foi:

— Muito bem, de onde até onde e em quanto tempo?

Os executivos da empresa disseram que estavam crescendo a uma taxa de 5% ao ano nos últimos dez anos.

— Se conseguirmos elevar isso a 6% ou 8%, seria ótimo.

— Vocês precisam se desenvolver para alcançar isso? Precisam de alguma sacada revolucionária? — perguntou Peter.

— Não, mas acho que dá para fazer.

— Nesse caso — rebateu Peter —, não quero continuar com essa conversa. Quero saber o que vocês querem que realmente seja uma *revolução*.

Peter voltou e conversou com todas as equipes da empresa. O que ficou claro é que eles estavam comprometidos a transformar a necessidade para esse produto e torná-lo disponível para muitos mais consumidores do que antes.

— Quando perceberam quanto mais gente poderia ser, eles disseram: "Sabe de uma coisa? Vamos nos comprometer a aumentar as vendas em 50%." Esta decisão realmente fez os executivos e toda a organização perceberem que precisavam de uma transformação completa na operação da empresa. O pessoal de vendas entendeu, com toda a razão, que eles não conseguiriam esse nível de desempenho simplesmente com alguns insights e trabalhando mais duro. O que eles precisavam era de uma transformação. E é isso o que eles estão fazendo agora.

Ao esticar sua ideia de sucesso a empresa, agora, estava toda comprometida em trabalhar para transformar o mercado inteiro do seu produto. Mesmo se ela não conseguir atingir a meta de um crescimento de 50% das vendas, ainda assim terá tido êxito ao ampliar o mercado.

Seus parceiros de apoio podem ajudá-lo a esticar suas ideias.

Com as metas de desempenho, é impossível falhar

Durante a criação e a luta para alcançar as metas é claro que você cometerá alguns erros. Faz parte do aprendizado. Ninguém com uma carreira ambiciosa progredirá sem passar por tropeços ou reveses (pode acreditar em mim). Entretanto, uma vez que você mude a sua atenção para as metas de aprendizagem, toda a ideia de "erro" deixa de ter tanta importância. Quando se aprende constantemente com tudo o que acontece, o fracasso deixa de ser uma possibilidade. Pense no caso de Data: mesmo que puxe ferro por vários anos, ele pode não atingir sua meta de desempenho de ganhar 5cm de bíceps. Esse aumento muscular pode não se encaixar em seu biotipo corporal. Mas se a meta de desempenho dele for aprender as melhores estratégias de levantamento de peso e resistência, a única maneira dele fracassar é desistindo completamente.

Faça das metas de trabalho da empresa as suas metas

Como empregados, a maioria de nós já está bastante familiarizada com as metas de desempenho: "Venda X peças e o bônus é seu." Essas metas podem causar mais frustração do que motivação se tentarem nos enfiar pela goela abaixo. Uma maneira garantida de desmotivar os empregados é não recompensar ou reconhecer o aprendizado e o crescimento que se conseguiu entre um projeto e outro.

Criar suas próprias metas de aprendizagem (ou até mesmo sugerir que os gerentes façam delas parte dos objetivos da empresa) para apoiar as metas de desempenho que recebemos pode nos fortalecer. Com isso podemos ser *donos* do que antes eram apenas as metas da empresa, já que elas viraram uma ferramenta para nosso aperfeiçoamento pessoal. Pense nisso como uma maneira de conseguir um bônus que não é parte do seu trabalho.

Imagine uma vendedora, Judy, que decida acrescentar um aprendizado pessoal à meta da sua empresa — *aprender três novas técnicas de venda com os grandes vendedores da empresa para atingir sua quota de vendas*. Seu objetivo final continua sendo vender mil peças. Mas, agora, inserida nessa meta, está uma realização pessoal adicional que Judy deseja conseguir. Acredito que uma empresa que incentive esse tipo de aperfeiçoamento deve reconhecer as conquistas de ambas as metas por parte de Judy. Mas, mesmo se não houver reconhecimento, as novas técnicas farão dela uma melhor profissional por toda a vida.

Não cometa o erro de pensar que as suas metas profissionais a longo prazo não coincidem necessariamente com as do seu emprego atual. Sei que muitas pessoas que eu conheço talvez estejam trabalhando em empregos que aparentemente não têm relação com a carreira que elas querem ter. Mas, como as pessoas mais bem-sucedidas do mundo sabem, tudo é relacionado! Enquanto você faz malabarismos com sua vida pessoal e profissional, pense em misturar as duas e não em equilibrá-las! Eu incentivo as pessoas fervorosamente a misturar as exigências do seu "trabalho diurno" com suas metas a longo prazo fazendo aquilo que chamo de "rascunho" — reformulando as atuais metas do trabalho de maneira que elas sirvam a seus interesses de longo prazo.

Rascunhar permite que você ponha em ação 100% da sua paixão e dos seus interesses; isso também aumentará significativamente a sua energia no emprego que você tem hoje. Durante esse caminho, ela vai lhe ajudar a ter um desempenho melhor — e assim todos saem ganhando! Você tem de comentar as suas metas de longo prazo com as outras pessoas? Não. Apenas faça o que tiver que ser feito. Pegue uma meta que alguém passou a você e transforme-a em uma meta de aprendizado para o seu próprio benefício. Ou, então, ligue para um amigo e diga:

— Ei, estou tentando encontrar uma maneira de transformar as minhas metas diárias no trabalho em um benefício para minha carreira a longo prazo. Essas são as minhas metas atuais no trabalho. E essas são as minhas metas de longo prazo na vida. Você pode me ajudar?

Já os empregadores se beneficiam do maior engajamento por parte dos funcionários.

Metas de aprendizagem são ótimas para serem rascunhadas. Quando Judy reformulou sua meta de vendas como uma missão para ser uma vendedora melhor, ela se tornou o foco para o seu próprio crescimento. Seremos naturalmente mais comprometidos com o nosso trabalho diário (e teremos mais êxito nele) se sentirmos que ele realmente está direcionado para o nosso interesse pessoal. Se você não consegue vislumbrar uma maneira pela qual o seu trabalho atual atenda aos seus interesses a longo prazo, significa que você não está sendo criativo o suficiente, ou realmente está no emprego errado. Trabalhe para alinhar suas metas!

Crie um "press release" para as suas metas

O simples fato de *comunicar* suas metas para os seus parceiros de apoio, ou qualquer pessoa, pode lhe ajudar a conquistá-las.

- Compartilhar seus objetivos com os outros lhe obriga a tornar sua visão mais clara.
- Seus parceiros de apoio serão capazes de ver falhas antes não percebidas no seu plano.
- Comunicar suas metas não é apenas dizer aos outros o que você vai conseguir — é dizer *a si mesmo*, várias vezes, até acreditar.

Quinto Passo: Crie sua Roda Pessoal do Sucesso

Todo mês de dezembro tiro uma semana com o propósito exclusivo de reanalisar a estratégia da minha vida pessoal e reformular as metas específicas que criei para atingir a vida que desejo. Ter um conhecimento sólido das minhas metas de longo prazo vale o tempo que tiro para analisar o quadro inteiro. Afinal de contas, tudo o que faço o ano inteiro vai me aproximar ou me afastar das minhas metas — por isso, é melhor saber bem o que quero.

Começo a estabelecer minhas metas de maneira abrangente. Primeiro, crio uma combinação de metas de aprendizagem e de desempenho a serem atingidas em sete setores da minha vida: pessoal, profissional, financeiro, bem-estar, intelectual, espiritual e de retribuição. Visualmente, represento isso com o que chamo de Roda Pessoal do Sucesso, que você pode baixar e se informar mais no site KeithFerrazzi.com. Eu a utilizo como um mapa de compromisso. Embora nunca tenha encontrado outras categorias que cubram a minha vida de maneira mais completa do que essas, sinta-se livre para criar as suas.

Esta é a versão básica. Geralmente acabo mudando o tamanho dos diferentes elementos para me aproximar do percentual que combina com as minhas áreas de maior concentração para o ano seguinte. (Tenho de ficar me lembrando que só tenho 24 horas por dia!)

Crescimento profissional e sucesso financeiro são autoexplicáveis. Quanto às demais:

- Espiritualidade cobre todo o leque que vai desde ir à igreja até subir uma montanha para um retiro de ioga. O fato é que isso me deixa centrado e permite que eu me preocupe com coisas que estão além da minha própria vida.
- Estimulação intelectual diz respeito a tudo o que desejo aprender ou experimentar, seja ler os livros empilhados na minha mesa de cabeceira, aprender a tocar as músicas de Scott Joplin no piano, voltar à faculdade para tirar um diploma mais avançado ou viajar para um país que não conheço.
- Bem-estar físico se refere a cuidar do meu corpo, me alimentando de uma maneira saudável, fazer ginástica todos os dias, tomar vitaminas etc.

- Relacionamentos profundos incluem amigos, família, minha rede de apoio de confiança e relações amorosas.
- Retribuir à sociedade tem um alcance filantrópico — o que todos nós podemos contribuir generosamente para os outros, por intermédio da nossa comunidade e no mundo.

Misture, não equilibre

Os elementos que você vê na Roda Pessoal do Sucesso não são territórios ou feudos isolados. Todos eles devem, e vão, se sobrepor! Pessoalmente, realizo boa parte da minha retribuição com o trabalho que faço acima e além da nossa fundação, das doações que faço e do meu trabalho sem fins lucrativos. Como acredito em transformar clientes e colegas de trabalho em amigos, conduzo muitas das minhas relações pessoais no contexto do meu desenvolvimento profissional. Também transformei muitas das minhas atividades de bem-estar físico em oportunidades para criar laços sociais, desde acampamentos até esportes em clubes e minhas corridas de fim de tarde. Além do mais, costumo receber as pessoas com tanta frequência que a minha vida em família, meus clientes e amigos tendem a se misturar. Escolhi viver a vida de uma maneira misturada. Se você quiser aproveitar o máximo da sua Roda Pessoal do Sucesso, deveria pensar em fazer como eu.

Deixe-me explicar rapidamente como utilizo a Roda Pessoal do Sucesso.

1. Primeiro estabeleço metas bem gerais em cada categoria. Depois, passo a ser mais específico. Por exemplo, divido as metas profissionais em outras subcategorias: desenvolvimento de equipe, publicação de livros, treinamento e consultoria etc.
2. O passo seguinte é criar períodos de tempo. Eu me pergunto o que preciso fazer em três anos para estar mais perto das minhas metas de vida e, então, o que posso fazer em um ano, e,

finalmente, o que preciso realizar em 60 dias (essas últimas são aquelas que os meus amigos chamam de levantar o traseiro da poltrona). Por exemplo, há três anos uma das minhas metas de três anos era criar o Big Task Weekend (BigTaskWeekend.com) da FG, uma cúpula anual iniciada com o intuito de criar alianças entre grandes empresas para analisar e fomentar o bem da sociedade, a começar pela saúde e pelo bem-estar dos americanos — como fazer com que a Safeway e a Kaiser Permanente se juntassem para levar informações nutricionais para os clientes da Safeway em suas lojas. Foi um grande sucesso, que desejo expandir para uma comunidade mundialmente reconhecida de pessoas influentes, concentradas em criar benefícios para a sociedade nos quais todos ganham, ganham e ganham, nos quais se cria valor para os acionistas e que geram crescimento pessoal para todos os que participam. Minha meta de um ano era esclarecer essa proposta de valor para as empresas que queremos servir e trazer para dentro de nós. E, finalmente, minha meta de 60 dias foi recrutar um grupo de conselheiros e desenvolver um programa de liderança futura com o objetivo de difundir esse tipo de talento e interesse pela próxima geração. (Na KeithFerrazzi.com você encontrará uma planilha de trabalho que pode imprimir para as suas metas de curto e de longo prazo.)

3. Pronto — agora passo a ser ainda mais específico. Dedico a cada meta um percentual do meu tempo, de modo que todo mundo no meu círculo (assim como na minha organização) saiba quais são as minhas prioridades e possa me ajudar a ser responsável. Minha equipe de apoio me ajuda a assegurar que eu dedique o número adequado de dias a cada categoria. Por exemplo, minha assistente sabe que a cada três meses separo um fim de semana para ir a um retiro espiritual. E duas vezes por ano dedico uma semana inteira a leituras, durante as quais me cerco dos livros e das publicações que me mantêm à frente da curva intelectual. Meus objetivos são ape-

nas parte do meu trabalho — não preciso nem pensar neles, assim como não tenho de pensar nos meus exercícios diários, nos jantares semanais com os amigos ou nos grandes jantares festivos que ofereço para os clientes. Essas decisões já foram tomadas!

Jeremy House e Michael McDermott, corretores

Jeremy House e Michael McDermott, uma dupla de corretores de hipoteca do Arizona, conversaram comigo sobre um processo de estabelecimento de metas diárias que eles chamam de "Endireitamento do Dia". Nessa hora, eles juntam os seus pensamentos e discriminam especificamente o que precisam que aconteça para que um determinado dia seja considerado um sucesso.

Jeremy e Michael criaram o "Endireitamento do Dia" quando, em determinado ponto, começaram a sentir que os dias estavam desequilibrados e desencontrados.

— Pode parecer meio esquisito, mas acabamos vendo que o nosso problema se baseava no fato de que nós frequentávamos a academia de noite — contou Michael. — Isso deixava o dia inteiro sob uma pressão estranha e não nos dava os horários e o equilíbrio de que precisávamos. Por isso, mudamos a hora de ir à academia para de manhã cedo, seguida por um brainstorming diário que faz o nosso sangue criativo fluir.

Depois de quase um mês seguindo esse novo horário, a dupla disse que percebeu melhorias significativas nos negócios e na vida.

— O brainstorming matinal nos ajudou a analisar melhor nossos objetivos e obstáculos, e esse apoio nos fez ir em frente.

O fator quem

Estes, portanto, são os fatores "o quê?" e "quando?", e geralmente é aí que o plano empaca. Depois disso, faço uma lista das pessoas que provavelmente serão indispensáveis para me ajudar a atingir minhas metas. Esse elemento final — que chamo de "o fator quem" — é *absolutamente crucial!* E poucas são as pessoas que se preocupam com ele. Aliás, é aqui que até as grandes empresas se perdem no processo de planejamento estratégico. Como parte do planejamento estratégico perguntamos às grandes empresas: "Quem são as mil pessoas mais importantes envolvidas na realização desse plano estratégico?"

Para empresas, a lista se divide em vários "constituintes", ou grupos de pessoas: clientes e clientes em potencial; sócios; formadores de opinião importantes, como analistas, professores universitários e membros da imprensa; e, é claro, o pessoal interno. Para todos nós, vale a pena assinalar um número de "quens" — seja lá o número que parecer adequado para você. Vinte e cinco pessoas? Duzentas e cinquenta? Que constituintes você deve levar em consideração?

Agora, para cada meta-chave de um ano, crie uma lista de pessoas específicas (ou pelo menos do tipo de pessoa) necessárias para atingir a tal meta. Chamamos isso de um Plano de Ação de Relacionamentos. Como você pode criar um mapa para atingir suas metas se não levar em consideração as pessoas que vão ajudá-lo a fazer tudo isso se tornar possível? Essa deve ser uma parte fundamental do planejamento estratégico de qualquer pessoa ou empresa. Também é uma área em que os parceiros de apoio podem ser especialmente úteis — ao fazer um brainstorming dessa lista e até ao estabelecer conexões. (Para saber mais sobre o alinhamento de "quens" necessário para criar uma rede ou comunidade para alcançar suas metas, veja o meu livro *Never Eat Alone.*)

Finalmente, desenvolvo as métricas de sucesso e um orçamento tanto de dinheiro como de tempo — sempre nos casos das metas profissionais, e, às vezes, para as pessoais também. De que outra maneira a minha equipe poderia me cobrar essas responsabilidades? Orçamentos financeiros para metas pessoais podem incluir o quanto você vai gastar em viagens, academia de ginástica, contratar um conselheiro ou terapeuta e as doações que faz à igreja, a um templo ou outras organizações.

Em cada etapa da criação desse calendário estratégico envolvo os meus amigos de apoio — e você deve fazer o mesmo. Às vezes, nos encontramos formalmente em uma sala de reunião para revisar esboços; às vezes nos falamos por telefone e fazemos um brainstorming; ou nos encontramos para jantar e tratar de grandes ideias estratégicas. Essas reuniões envolvem tanto pessoas de dentro como de fora da minha empresa — e não só meus colegas conselheiros como Greg ou Doug, mas as pessoas a cujos conselhos dou valor, como colegas escritores e pessoas que eu acho que podem acabar sendo grandes conselheiros no futuro. Não há maneira melhor de descobrir se vocês podem ajudar um ao outro do que fazendo um "test drive" juntos!

Certa vez reuni um grupo de amigos mais chegados para um retiro de planejamento de metas. Para meu espanto descobri que apenas um deles estava disposto a se comprometer com o alto nível de rigor na estipulação de metas que eu pretendia colocar na mesa. Por isso, apesar de ainda sermos bons amigos, nunca fiz com que qualquer um deles pertencesse ao meu círculo de conselheiros.

Minha assistente administrativa desempenha um papel importante em cobrar responsabilidade na minha vida. Por controlar a minha agenda, ela está mais bem-equipada para analisar se minha administração do tempo, diária e semanalmente, está de acordo com os objetivos que estabeleci. Se 50% do meu tempo são ocupados por atividades políticas ou sem fins lucrativos, em vez do desenvolvimento do meu negócio, ela chamará minha atenção. Nós dois também fazemos uma revisão anual do meu calendário do ano anterior para saber o quanto me mantive dentro do tempo alocado.

Isso não é diferente do tipo de apoio dos colegas e do estabelecimento de metas feito fora de um escritório. Aliás, algumas famílias chegam a fazer isso uma vez por ano. Elas preparam reuniões mensais para rever os planos e o progresso de cada membro, com exceção do cachorro. Conheço um casal que fez isso por muitos anos; quando a filha de 9 anos perguntou se podia participar, eles prepararam uma versão simplificada para ela.

Seus parceiros de apoio podem fazer o mesmo por você — usar a expertise deles para burilar aqui e ali todos os aspectos dos seus objetivos, assim como os seus planos para chegar lá. Você pode querer pedir ajuda a apenas um ou dois conselheiros, ou a uma equipe inteira, se dispuser de um time maior. Cada check-up — você decide com que frequência precisa deles, mas recomendo encontros pelo menos uma vez por mês — deve tratar de três questões: O que funcionou? O que não funcionou? O que está faltando para levar você de volta ao caminho certo? Se você não tiver uma assistente, faça com que um companheiro de apoio revise a sua agenda diária (e você a dele) para ser seu cão de guarda e verificar se a sua administração do tempo se alinha com as suas metas.

É isso o que você realmente quer?
Ou você só acha que *devia* querer?

Agora que você já tem o "quê", o "quando" e o "quem" da sua meta em mente, está na hora de se perguntar "por quê": *Por que você quer atingir essa meta?* Para ajudar a encontrar a resposta, imagine como será a sua vida após atingir essa meta. O que você espera que seja diferente? Sua vida seria a mesma? Um entendimento claro do que você espera que seja o sucesso pode ajudá-lo a compreender melhor suas motivações.

Deixe-me dar um exemplo: por que eu quero montar um negócio escalável? Bem, isso me traria mais dinheiro e mais tempo livre. Por quê? Bem, com mais dinheiro e mais tempo livre eu seria capaz de fazer mais do que quero na vida, como escrever, pensar e gastar mais tempo com o meu desenvolvimento espiritual.

Por quê? Bem, isso me permitiria encontrar mais maneiras de ajudar os outros. Por quê? Bem, quero deixar uma marca no mundo, prestar um grande serviço.

Você já entendeu. Fique se fazendo estes questionamentos e então, no fim, se pergunte: *Existem outras maneiras de eu fazer isso?* No meu caso, acho que poderia ficar só escrevendo e pensando, em vez de construir a FG, mas isso não me permitiria ter contato com tanta gente quanto ao fazer o meu negócio crescer. Ah, ótimo, excelente. O objetivo parece que se sustenta.

Agora, dê um passo a mais. No livro *Liderança autêntica*, o ex-CEO Bill George, de quem já falei, discorre sobre equilíbrio entre motivações extrínsecas e intrínsecas.

As motivações extrínsecas acontecem no mundo exterior:

- Quero ser capaz de pagar uma educação de primeira linha para os meus filhos.
- Quero fazer meus pais serem felizes.
- Quero ter uma Mercedes para impressionar as pessoas que eu conheço.

As motivações intrínsecas saem de dentro de você:

- Quero realizar a paixão da minha vida.
- Quero ajudar os outros.
- Quero ter tempo suficiente para passar com as pessoas que eu amo.

Tire um tempinho para se perguntar como suas motivações se alinham com seus paradigmas interno e externo. Os dois tipos de motivação são válidos, mas, como mostra Bill George, quanto mais bem-sucedidos formos, mais as motivações extrínsecas passam a ser atraentes: dinheiro, status, poder e tudo mais. E muitas vezes, como todo mundo sabe, essas coisas exteriores podem começar a ofuscar nossos desejos mais profundos e silenciosos.

O resultado? Nossas metas parecem vazias quando as alcançamos; perdemos o que Bill chama de nosso "verdadeiro norte", a missão autêntica que nos torna absolutamente capazes de realizar nosso potencial completo como líder.

Solução de problemas para o processo de estabelecimento de metas

Uma charge recente da revista *New Yorker* mostrou um CEO falando em uma reunião de diretoria:

— Nossa meta é desenvolver aplicativos de ponta para o novo paradigma da internet, mas enquanto não atingirmos essa meta continuaremos a fazer os melhores sistemas de coleta de lixo do mundo.

Essa charge é um lembrete fulgurante de que, se os objetivos de curto e longo prazo não estiverem alinhados, suas metas acabarão em uma privada. Se alguma coisa a curto prazo não estiver servindo aos seus interesses de longo prazo, seus colegas devem ajudar a avaliar se você não deve abandonar essa linha.

Veja o caso de Lena West, da Convengine:

— Lancei um programa há alguns anos chamado Technology Direct — ela contou. — Era um programa de aprendizado on-line para as pequenas empresas, para ajudar a entender a tecnologia da internet. Até que ele foi bem, mas não estava recebendo a atenção que julgávamos necessária. Eu não sabia como melhorá-lo e todo mundo me aconselhou a abandoná-lo. Foi um golpe duro para mim; eu não queria ouvir isso. Mas o grupo me fez lembrar que eu havia me *comprometido* a só fazer coisas que fortalecessem o meu negócio, e o Technology Direct não estava fazendo isso. E assim eu caí fora.

Aqui estão algumas das armadilhas mais comuns ao se estabelecer metas e as sugestões de como você e os seus parceiros podem evitá-las.

Aflições da missão

Problema: Você perde o foco e passa muito tempo em busca de resultados que não o ajudam a avançar em seus objetivos de longo prazo.
Solução: Você e o time revisam sua agenda estratégica e discutem os objetivos e as motivações por trás deles como uma maneira de voltar a se comprometer.

Diferença de crenças

Problema: Você não acredita que conseguirá atingir o que deseja e isso leva a uma falta de ação.
Solução: Compartilhar seus objetivos com os parceiros para ajudar a redefinir sua visão; ao dizer uma coisa, muitas vezes, você acaba acreditando!

Diferença de talentos

Problema: Seus objetivos exigem talentos dos quais você não dispõe e isso está atrasando ou dificultando o desenvolvimento do seu mapa.
Solução: Sua equipe pode ajudá-lo a reconhecer e preencher essas lacunas, por meio de outros recursos ou de mais educação.

Desânimo antes do fim do jogo

Problema: Sua motivação está se esvaindo.
Solução: Seus amigos lhe oferecem incentivo, apoio e entusiasmo. Eles podem lhe lembrar as razões pelas quais você está dando muito duro e ajudá-lo a voltar a se comprometer. Ou, talvez, eles ajudem a tirar umas férias rápidas — digamos de uma semana — para rejuvenescer. Mas no fim da semana eles voltarão a cobrar!

Sexto Passo: Aprenda a lutar!

Anteriormente, fiz um comentário sobre Maxine Clark, a CEO da Buil-a-Bear. Maxine é uma mulher especial, que administra uma empresa especial que é genuinamente guiada por uma missão para as crianças, e sua cultura de "seguir a regra de ouro" penetra em tudo o que eles fazem.

Maxine tem uma grande fé no amor durão. Então, quem foi o fdp durão nessa cultura corporativa que assumiu a tarefa de colocá-la no caminho certo na vida e nos negócios?

Maxine me assegurou que o fato de a cultura da Build-a-Bear ser alegre e calorosa (afinal, eles fazem bichinhos de pelúcia para as crianças) não significa que eles não se cobrem. Maxine tem a sua diretoria... e também tem o Jimmy. Ele é um sujeito durão, sem papas na língua, um pai amoroso e cuja empresa de capital de risco foi uma das primeiras investidoras na empresa de Maxine.

Há muitos anos, a diretoria da Build-a-Bear se reuniu para discutir a expansão de suas lojas, assim como algumas questões relativas às operações. De repente, no meio da reunião, Jimmy soltou:

— Isso tudo é bobagem! Quando a gente vai abrir o capital?

Todo mundo na sala ficou assustado, pois a ideia de abrir o capital não estava sequer na ordem do dia.

— Muito bem — disse Jimmy, por fim. — Se vocês não abrirem o capital até uma determinada data, estou fora — dizendo, com isso, que sua empresa de investimentos venderia a participação que tinha na Build-a-Bear.

Maxine se lembra: "Senti um frio na espinha." A diretoria também não estava contente. E embora a conversa tenha se alongado um pouco mais, ela logo degringolou para gritos e dedos sendo apontados de parte a parte.

Mas quando Maxine me contou essa história, ela estava sorrindo.

— Na hora, pensei: *Jim, deixe-me voltar para a pauta e pare de causar tanto tumulto.* — Ela parou. — Mas eu estava completamente enganada. O que Jim disse era o que tinha de ser dito. Não consegui perceber naquela hora, mas ele estava certo.

A CEO se descreve como "uma pessoa movida por uma missão" que vivia abrindo mão do próprio salário para ver sua empresa dar certo. Mas Jim sabia que, para realmente construir uma grande empresa, ela precisava parar de administrar a Build-a-Bear como se fosse uma empresa particular e, em vez disso, administrá-la para os acionistas e os empregados.

— Jim se preocupava muito comigo — conta Maxine. — Ele sabia que eu abriria mão do dinheiro e de tudo mais para cumprir minha missão, mas eu tinha de manter o foco no dinheiro para mim e para os outros, para acabar conquistando os meus objetivos. Ele se preocupava o suficiente comigo para tumultuar as coisas daquela maneira! Na hora pareceu uma atitude de péssimo gosto, mas foi a coisa certa, vinda da pessoa certa. E é isso o que tanto aprecio nele. Porque não recebo esse retorno de nenhum outro lugar.

Em determinado momento da criação da Ferrazzi Greenlight eu também precisava ser responsabilizado. Tudo aconteceu no início de uma noite em junho. Eu caminhava pela calçada em frente ao 30 Rock, o quartel-general nova-iorquino da GE, com um celular grudado no ouvido. Eu falava com Bill Braunstein, meu conselheiro e gerente de negócios externo. Eu já estava atrasado para um jantar no Rainbow Room, lá em cima, mas aquela ligação não podia esperar.

Pouco antes eu havia decidido, com a minha equipe na FG, aumentar o tamanho da empresa. Estava na hora de um investimento de capital — e a Ferrazzi Greenlight tinha tido sucesso suficiente naquele ano para ter direito a uma imensa linha de crédito para a empresa.

Agora havia chegado a hora da verdade: eu precisava assinar o contrato de empréstimo.

Mas, primeiro, isso tinha de passar pelo teste do instinto de Bill Braunstein. Essa era uma regra criada entre nós. Embora eu o conhecesse há anos, ele ainda era um membro relativamente recente do meu círculo interno, além de ser um dos conselheiros mais importantes. O trabalho dele era tentar ver mais do que eu — e segurar a minha onda — em todas as decisões financeiras que eu tomava.

Na véspera desse enorme compromisso financeiro, Bill estava fazendo força para eu pensar duas vezes. Entre suas perguntas estavam:

- Você acha que a empresa está caminhando suficientemente bem para fazer bom uso desse dinheiro agora?
- Quanto desse investimento você *não* teria de fazer se a empresa tivesse um gerenciamento melhor do que tem agora?
- Você terá condições de levantar esse dinheiro ao longo do tempo, por meio das operações normais? Se for assim, esse investimento não estaria apenas cobrindo uma administração desleixada?
- Você está realmente preparado para aceitar a disciplina de administrar essa empresa? Será que a sua empresa, Keith, está no estágio em que você investiria toda a sua poupança? Porque, se não for o caso, você não deveria tomar esse empréstimo. A assinatura no contrato é sua, por isso você se compromete a investir toda a sua poupança! Você está sendo irresponsável?
- Você realmente está gostando de construir essa empresa? E já pensou no que realmente lhe dá alegria?

Em vez ir à festa para a qual eu já me atrasara, ali estava eu, no meio de uma calçada em Midtown, ocupado com uma conversa pesada, acalorada e um tanto desanimadora. Fiquei completamente fora de prumo. Essas não eram perguntas levinhas! Mas era exatamente essa a questão. Bill estava me obrigando a me defender e respeitar meu compromisso de fazer crescer uma empresa que faria uma diferença para outras empresas e funcionários do mundo inteiro.

Bill se preocupava comigo e com o meu sucesso de longo prazo e, assim, estava desempenhando justamente o papel que eu precisava antes de uma grande decisão — um *sparring* competente e comprometido.

Regras básicas do sparring

Quando parceiros que confiam um no outro se reúnem para debater e refinar seus objetivos, eu chamo isso de *sparring*. O que quer dizer? Bem, o processo é muito parecido com a prática de boxe que eu exercito com meu treinador, J. J. O que vale dizer: *não é* uma competição para matar ou morrer; não tem um vencedor e um perdedor.

Sparring,* segundo o site Wikipedia, sempre útil e em constante evolução, é definido como "uma forma livre de luta, com regras, costumes e acordos suficientes para evitar ferimentos". O propósito dessa "luta" é de natureza educativa — o objetivo é fazer com que os participantes adquiram novas técnicas e habilidades. O objetivo *não é* estabelecer um vencedor. O exemplo que salta à cabeça é dos boxeadores que aprendem sua técnica participando de lutas de sparring. Usando equipamento de proteção, os boxeadores entram no ringue e participam daquilo que parece, para um leigo que não tem os olhos treinados, um vale-tudo.

---

* No Brasil, também conhecido como "fazer luvas". (*N. da E.*)

Mas quem sabe das coisas conhece as várias regras e a dança ricamente coreografada que está acontecendo.

A experiência de ver parceiros engajados em um processo educativo que mais parece um combate é intrigante e também útil e relevante para o apoio entre colegas. Quer dizer, considerando-se que já determinamos a importância de incluir os outros no estabelecimento de metas e nas outras etapas do desenvolvimento, é importante dar algum tipo de estrutura quanto à maneira como os seus conselheiros de confiança possam dar feedback de uma maneira segura e educativa.

O sparring é um exercício de importância vital, e é muito mais intenso e produtivo para se atingir um objetivo específico do que uma conversa durante um longo jantar. E, apesar de o combate entre os dois lados poder ser acalorado, no fim todos os golpes trocados entre você e seus conselheiros giram em torno de aperfeiçoamento e aprendizado, mudar e crescer.

— Há pessoas que têm a conversa mais dura e dizem: "Olha, você está fazendo isso errado" — declara Kirk Aubry. — E há também quem diga: "Este aqui é o jeito certo de se fazer isso."

Se for bem-feita, a luta de sparring, tal como as Quatro Mentalidades, acaba sendo uma via de mão dupla. Kirk alega que aprendeu tanto ao ajudar os outros em seus desafios e preocupações do que quando ele mesmo pediu ajuda. Não é uma questão de quem é mais importante ou experiente. No sparring verdadeiramente eficaz as duas partes ganham novos insights e feedback.

É bem parecido com a sabedoria de Shinichi Suzuki, o violinista japonês que criou o método de aprendizagem musical que hoje é usado no mundo inteiro. Suzuki acreditava que, com o apoio e os conselhos certos, qualquer um pode aprender a tocar uma bela música — e que tanto o aluno como o professor podem aprender um com o outro. No fim de uma aula Suzuki tradicional, aluno e professor se olham de frente, se curvam e dizem em uma só voz: "Obrigado pela aula."

No sparring, "seus parceiros de apoio devem tirá-lo da sua zona de conforto", diz Jim Whaley, da Siemens.

— O bom companheiro para dar apoio é aquele que o desafia a cumprir as metas que você mesmo se impôs. Isso leva a processos de pensamento talvez ainda não considerados. Às vezes, as pessoas vão lhe dizer coisas que você não quer ouvir. Isso pode lhe deixar na defensiva. Mas aprendi que na hora do papo sério os meus parceiros estão tentando fazer o que é melhor para mim. Se eles não se importassem, a conversa nem começaria.

Por isso, não é de surpreender que Jim tenha dito que as Quatro Mentalidades andam juntas no sparring. Os parceiros vão lhe dizer coisas que você não quer ouvir (franqueza); você pode ficar na defensiva, no início, mas acabar aceitando o fato de que precisa de ajuda (vulnerabilidade); outros vão desafiá-lo a cumprir seus objetivos (responsabilidade) e você acabará entendendo que eles realmente querem lhe ajudar (generosidade).

Se uma dessas mentalidades for posta de lado, significa que a confiança foi jogada fora. Sem franqueza não pode haver uma conversa honesta; sem vulnerabilidade você vai se sentir ofendido (e fazer vista grossa para o feedback); sem responsabilidade é difícil receber e se beneficiar das informações dos outros; e sem generosidade será difícil conseguir mais ajuda. Você precisa de todas as quatro mentalidades caminhando juntas.

É por isso que o sparring pode chegar mesmo a *aprofundar* suas relações com os outros. Tenho um amigo, Ajit, formado em engenharia, que administra uma divisão imensa de uma grande empresa internacional de tecnologia. Ele encontrou seu parceiro de sparring no final dos anos 1990, quando não estava verdadeiramente preparado para esse tipo de luta.

— Sou uma pessoa eternamente otimista — diz ele — e, consequentemente, a avaliação que faço de qualquer situação, seja uma análise de mercado, a capacidade da minha equipe de vendas ou o valor do produto que temos a oferecer, é quase sempre cor-de-rosa.

A divisão de Ajit estava papando mosca no segundo trimestre e ele não ia cumprir suas metas. Graças a um otimismo maldirigido de que as coisas, de alguma maneira, acabariam dando certo, ele manteve a direção. Khush Mehta, seu CFO na época, se aproximava com bastante frequência e dizia:

— Ei, Ajit, você está no caminho errado. Não vai dar certo.

Às vezes, as discussões ficavam bem acaloradas, no entanto a fundação de confiança que havia entre eles permitia o debate das questões. E, todas as vezes, Ajit voltava a lutar — até que a profecia de Khush finalmente se realizou e Ajit não conseguiu cumprir as metas.

— Foi uma época muito difícil — declarou Ajit —, e ela realmente testou o limite da minha relação com Khush. Mas no fim percebi que ele não estava tentando provar que eu estava errado, e sim tentando me ajudar. Duas coisas aconteceram em decorrência disso. A primeira foi que aprendi a temperar meu otimismo com maior senso de realismo e de gerenciamento de risco. A segunda foi a consolidação de uma confiança total da minha parte em Khush, que continua a existir até hoje. A confiança se baseava no fato de ele ter conquistado muita credibilidade comigo. Ele sabia o que estava falando, e eu podia contar com ele. Ele realmente se deu ao trabalho de entender o que era importante para mim.

— Ao longo dos anos, e em muitos papéis diferentes, ele passou a ser minha consciência. Eu me sinto à vontade de ser vulnerável com ele e, por intermédio dele, me tornei uma pessoa muito melhor. Aliás, não preciso acreditar cegamente nele, porque com ele também aprendi a fazer minha própria avaliação realista da situação.

Às vezes, as pessoas me dizem que a ideia de sparring parece extremamente arriscada. Ou que simplesmente não se encaixaria na cultura da empresa. E, então, eu conto o caso da Maxine Clark e da Build-a-Bear e como ela pede e recebe um "amor durão", mesmo no ambiente de ursinhos de pelúcia de uma empresa voltada para crianças.

A prática do sparring também pode inserir um toque de urgência em seus esforços para melhorar e crescer. Muitas vezes pensamos que temos todo o tempo do mundo — o que não passa de uma ilusão. Nosso tempo é precioso. Enquanto escrevia isso, meu querido amigo Michael Hammer havia falecido repentinamente na noite anterior, aos 60 anos. Criador da expressão "reengenharia" e autor do best-seller *Reengenharia — Revolucionando a empresa*, ele deu às empresas um conjunto de ferramentas revolucionárias do qual elas precisam para se reinventar. Michael foi meu amigo, mentor e conselheiro. Então, o que estamos esperando? A vida é agora. Boa parte do papel do nosso parceiro de sparring é fazer com que venhamos a agir agora.

Ao descrever a mentalidade da franqueza, falei do elefante (ou peixe podre) na sala. Fico feliz em dizer que, na minha própria empresa, avistamos elefantes na sala diariamente. Fazemos avaliações mútuas e podemos aceitar o feedback e a crítica que oferecemos uns aos outros porque não estamos julgando ninguém. Nosso objetivo, de fato, é continuar comprometidos e na direção das nossas metas. Quando contratamos mais pessoas, elas geralmente têm uma curva de aprendizado quando começam a dominar a dinâmica do sparring. Elas se adaptam rapidamente.

— A perspectiva de uma pessoa pode ser muito desnivelada e, por outro lado, você também não consegue sair do próprio corpo — argumenta o diretor administrativo da comunidade executiva, J. P. Kelly. — É por isso que a natureza externa do feedback pode ser tão urgente e poderosa.

Se você *não* se ver se digladiando com seus conselheiros de confiança, você deve questionar o compromisso deles — ou o seu. Maxine confia em Jimmy *porque* ele se recusa a largar o pé dela. Marc, o consultor, ao se referir à importância do sparring no seu grupo de homens, diz:

— Temos de estar dispostos a arriscar a amizade, no interesse de não trair a confiança dos outros. Acreditamos que a pior coisa que pode acontecer é trair o outro por não ter sido de uma honestidade brutal.

O objetivo do sparring é *chegar a um lugar melhor*. Idealmente, um dos dois vai mudar de perspectiva durante a interação, porque vai ter aprendido ou sido exposto a algo que não teria pensado sozinho. Você entra no exercício não para ganhar, mas porque quer (ou pelo menos espera) mudar de opinião — porque o fato é que você pode estar errado! Como é que você pode deslanchar de outra maneira?

Vale a pena repetir: sparring não é uma questão de ganhar ou perder. Muito pelo contrário: você espera mudar! Estar disposto a ver que está errado é uma das oportunidades mais instrutivas que a prática oferece!

Se você estiver dando conselhos, assegure-se de ter no coração o interesse da outra pessoa — e assegure-se de que respeita essa pessoa. Lembre-se disso antes de dar um conselho. Você está agindo em um lugar seguro ou parece a imagem distante de um atirador em uma tela de cinema? Lembre-se, a pessoa com quem você está se digladiando vai se sentir segura enquanto souber que você está cobrando e brigando e usando um tom de voz áspero em prol do sucesso *dela* — que você se importa com ela o bastante para que ela lhe ouça. É daí que vem a segurança no sparring.

Tudo isso posto, é verdade que a prática *pode* ser perigosa. Eu tenho de ser honesto nesse particular. A luta toca nos pontos sensíveis. As pessoas podem se magoar quando os outros a atingem debaixo da linha de cintura ou dão uma de psicólogo de botequim. Por isso, é importante estabelecer algumas regras básicas. As minhas são essas aqui:

1. Segurança em primeiro lugar

O objetivo é cada um de vocês chegar a um lugar melhor e progredir e não ganhar uma disputa. Ajit se lembra de uma época em que ele e Khush estavam juntos em um trem no Japão.

— Tínhamos aberto uma empresa de consultoria — conta Ajit — e eu acreditava que a consultoria tinha de ser uma fonte de lucros e receitas por si só. Khush dizia que ela devia trazer bastante receita para sustentar os outros produtos e serviços da empresa. Discutimos bastante esse assunto e eu estava realmente sendo teimoso. Apesar do fato de eu entender perfeitamente a lógica do raciocínio dele, me agarrei à minha posição e tentei encontrar argumentos para defender a ideia. Finalmente, Khush disse: "Sabe, Ajit, o propósito de uma discussão não é a vitória, é o progresso. Pergunte a si mesmo se nós tivemos algum novo insight durante essa nossa discussão. Se a resposta for sim, então nós estamos progredindo."

2. Ser dono do processo

A pessoa que apresenta os objetivos tem o comando. Jade Van Doren explica como isso funciona no Billionaires' Club:

— Deixamos a pessoa descrever a questão e onde ela acredita que o problema está localizado. Então nos revezamos fazendo perguntas destinadas a pinçar assuntos ou questões relacionados. Esse processo de inquirição geralmente leva a pessoa a repensar a real natureza do problema. Muitas vezes, o que ela acreditava ser o problema não chegava nem perto de ser. Por isso, quando todo mundo acha que compreendeu a verdadeira questão, mudamos de marcha e começamos a dar conselhos, que podem ir desde a recomendação de um curso de ação para um contato potencialmente importante, até a indicação de um livro sobre o assunto. No final, o membro reenquadra a questão juntamente com as possíveis soluções para a discussão.

Depois disso, é com ele. Ele é o dono das sugestões que recebeu, da execução e do resultado.

3. O método socrático básico

O que Jade descreve acima é uma versão do método socrático, pelo qual, a partir de rigorosos questionamentos, as pessoas envolvidas procuram eliminar as contradições em uma discussão e afiar seu raciocínio. Esse método, cujo nome homenageia o grande filósofo grego, é amplamente usado em faculdades de direito e de psicologia. O que caracteriza o método socrático é que ele é um processo; raramente há uma resposta certa.

Vou dar um exemplo de como ele funciona. Na versão clássica, o interlocutor de Sócrates expõe um argumento, como por exemplo: "Nosso gerente de escritório não tem muito o que fazer." Bem, Sócrates sabe que isso não é verdade, então ele tenta refutar. Sócrates é capaz de perguntar:

— O gerente de escritório está trabalhando em oito projetos neste exato instante, não está?

— Está — responde o interlocutor.

— O coitado está tentando aumentar nossa presença na internet neste momento — continua Sócrates. — Está lidando com orçamentos, está recebendo uma bronca da esposa, que reclama sobre sua ausência, está tentando apagar incêndios no trabalho por todos os lados e hoje ainda é quarta-feira.

— Certo — concorda o interlocutor.

— Além do mais — continua Sócrates —, esse cara tem de viajar a Cleveland na terça-feira, voltar para Los Angeles na terça à noite, se reunir com a diretoria na quarta de manhã e supervisionar o workshop do próximo fim de semana. Isso tudo confere?

— Confere — assume o interlocutor, agora já um pouco mais recatado e derrotado.

No fim, Sócrates é capaz de contradizer a tese original... e criar uma inteiramente nova.

Isso pode resultar em novos insights, chegando a todo o vapor.

Veja o caso de Andrew Warner, membro do Billionaires' Club e fundador da Mixergy.com. Ele se lembra de um dia ter chegado ao grupo com o seguinte comentário:

— "Gente, ninguém está usando o meu sistema de convites." Debatemos a questão e depois de muitas perguntas percebemos que eu estava gastando tanto tempo promovendo minha ferramenta de organização de eventos que isso estava encobrindo a função mais básica do site.

Sócrates pode até ter nascido em 459 a.C., mas seus métodos funcionam até hoje.

4. O receptor é o dono do processo e das sugestões

Tão logo ela saia da sua boca, a informação passa a pertencer ao receptor. Os dois lados precisam entender isso. O receptor, então, agradece encarecidamente à pessoa pelo que ela lhe forneceu, mas cabe a ele analisar tudo e tomar a decisão final.

5. Não se esquive dos socos

A prática do sparring pode ser acalorada, até mesmo agressiva, porque, às vezes, você *tem de ter certeza* de que a outra pessoa está realmente escutando! Greg Seal — que, como eu já disse, tem o apelido de "O Martelo" — é muito bom nisso. Ele vai gritar e bater na mesa quando achar que não estou ouvindo, que estou ignorando uma questão, que não analisei um problema o suficiente ou que não compreendi inteiramente a importância de uma questão. A raiva dele não é do tipo "Faça o que digo"; é mais do tipo "Ouça o que estou dizendo". Greg se preocupa bastante comigo para erguer a voz para se assegurar que vou parar de pensar e me concentrar. Isso é uma forma de generosidade? Lógico. Mas a outra pessoa tem de deixar claro que está com raiva porque você não está percebendo uma questão importante. Só tente praticar sparring se a pessoa que pediu tenha capacidade de lidar com essa troca de golpes e reagir bem a ela. Você não vai querer praticar com alguém que vai se fechar, parar de ouvir e ficar na defensiva.

6. Separe um bom tempo para ouvir com cuidado

Enquanto a outra pessoa estiver falando, não interrompa. Uma técnica que aprendi há muitos anos foi a da "escuta ativa". A escuta ativa envolve não só ouvir, mas repetir o que a pessoa que está à sua frente acabou de dizer, em uma tentativa de desfazer qualquer confusão, assim como confirmar que você, efetivamente, ouviu o que acabou de ser dito. Não sei como é para você, mas qualquer um de nós que já tenha tido um relacionamento sabe que 99% dos problemas se resumem a questões de comunicação. A escuta ativa procura minimizar a confusão e os transtornos que advêm de uma simples questão de comunicação.

Tente uma vez. Escolha um assunto qualquer para discutir com o seu sócio ou com a pessoa que você ama. Não tente resolvê-lo; apenas deixe a outra parte falar. Volta e meia interrompa a pessoa e repita o que ela acabou de dizer. Deixe-a corrigi-lo, se você errou o alvo. Faça isso algumas vezes no decorrer de alguns dias. Você vai perceber que o assunto começar a se resolver, graças a maior empatia e compreensão.

Loren Siebert tem uma maneira simples de dividir o tempo com seu conselheiro e parceiro de apoio, Thede. Aos sábados, eles escalam o monte Tamalpais, ao norte de São Francisco, uma trilha de uma hora e meia. Por toda a subida os dois discutem a vida e a empresa de Thede. Na descida, é a vez de Loren falar.

— No fim do dia, nós dois estamos exaustos e recebemos um monte de insights um do outro. Acho que para alguém lhe dar um bom apoio, precisa saber a hora de empurrar. Mas também precisa saber quando só está na hora de andar e escutar.

Os quatro Rs de se escutar

Boa parte de uma prática de sparring bem-sucedida diz respeito a escutar. (A maioria das pessoas gosta mais de falar do que de ouvir.) Meu colega Mark Goulston, um dos melhores ouvintes que conheço, diz que ouvimos de quatro maneiras diferentes, que ele chama de os quatro R: *retraída, reativa, responsável* e *receptiva*.

1. A escuta *retraída* é a maneira que você ouve quando está efetivamente fazendo outra coisa, como usando o seu BlackBerry. Você pode papagaiar de volta o que acabei de dizer, mas não está realmente prestando atenção. É a mesma coisa que falar por cima de alguém em uma conversa — mas, nesse caso, você está "ouvindo por cima" do que eu estou dizendo.
2. Na escuta *reativa* você já está um pouco mais atento. Se faço uma pergunta, recebo uma resposta direta. Você me ouviu, mas não está realmente pensando no que eu acabei de dizer.
3. A escuta *responsável* ocorre quando você não só reage ao que acabei de dizer, mas responde com uma ação ou elaboração adicional. Essa é a base para uma boa conversa. Equivale a falar *com* alguém, em vez de falar *para* alguém.
4. A escuta *receptiva* é a mais profunda de todas. Com esse tipo de escuta você tem uma empatia completa com o que tenho a dizer e sente o que sinto. É esse nível de escuta que todos nós queremos atingir.

Os bons ouvintes conhecem o ditado "O cliente tem sempre razão" — o cliente, no caso, sendo a outra pessoa. Os bons parceiros de sparring consideram a possibilidade de estarem errados e que alguém mais pode estar certo. Na hora do sparring, ouvir é importante para todas as partes. É só ao ouvir cuidadosamente que você pode atingir uma mudança transformadora.

Ajit se lembra de uma época em que ele *não* ouviu — e o que ele acabou aprendendo:

— Eu queria muito lançar um novo produto e decidi que podíamos colocá-lo no mercado em um ano. Khush disse: "Ajit, é muito pouco tempo. Vai demorar entre 18 e 24 meses." Nesse caso, impus a minha decisão porque sou o homem do produto e ele é o homem dos números. Bem, no fim das contas, Khush provou estar certo. Demorou exatamente dois anos para colocar o produto no mercado, e isso nos atingiu; o atraso afastou o vento das nossas velas. Ficamos constrangidos diante dos clientes por não cumprir o compromisso.

Às vezes, você simplesmente não está pronto para aceitar os conselhos que vêm do sparring com seus conselheiros. Mas tudo bem — lembre-se de que você é o dono do processo; você toma a decisão final. Mas se ficar voltando ao grupo com o mesmo problema várias vezes, prepare-se para receber um "amor" mais que pesado dos seus conselheiros.

No Fórum de CEOs, Kirk Aubry diz:

— Temos aquilo que chamamos de questões de marretadas, porque alguém sempre vive trazendo o mesmo assunto e não aproveita os nossos conselhos.

Isso quer dizer que eles não entenderão o recado, a menos que recebam uma marretada.

— Eles realmente não querem ouvir o que o grupo tem a dizer. Acabam fazendo uma pequena modificação e levantam a questão novamente. Aí, temos de tirar a marreta do armário. Em algum momento o grupo vai dizer basicamente o seguinte: "Olha, já lhe dissemos o que achamos que precisa ser feito quanto a isso e, se você quiser fazer outra coisa, a escolha é sua." Em outras palavras, a pessoa está recebendo o recado de que, *Agora, chega! Não traga esse assunto de novo até estar pronto para ouvir o que temos a dizer.*

Preparando-se para a prática de sparring

Existem inúmeras maneiras de tornar mais formal o processo de sparring. Esses são alguns dos métodos que eu uso:

Esclareça o assunto

A pessoa que quer um conselho descreve a sua meta ou o comportamento desejado, do jeito como ela o vê.

Confira se todo mundo entendeu

Todo mundo entendeu o assunto do jeito proposto? É bom fazer com que o grupo ou o interlocutor repita o que acabou de ouvir para se assegurar de que os fatos estão corretos. Se os outros não entenderam devidamente o problema, ponha-o de novo na mesa, dessa vez de um jeito mais específico. Todos agora têm as informações necessárias para começar a debater? Então, passe a ser um observador e não julgue. Lembre-se de que o seu feedback e as suas perguntas estão totalmente a serviço da outra pessoa. Distancie-se emocionalmente da situação. Não é *você* quem está em foco.

Avalie a questão

Seu parceiro precisa aplicar sua *análise* e *expertise* (ele pode ter insights que podem lhe ajudar) e sua *perspectiva* (ele pode ver coisas que você não vê, estando de fora). Ele deve lhe questionar exaustivamente, usando perguntas abertas que vão além daquelas perguntas fáceis de sim ou não. As perguntas, no início, devem ser bem amplas, de modo a entender por que você está fazendo isso. *Onde você acha que isso pode levá-lo?* Então, vá trilhando o caminho até os detalhes do aqui e agora. *O que você acha que vai acontecer se você tiver êxito? Isso é suficientemente grande para ter um impacto significativo? Dá para realizar? Você se sente suficientemente animado para ir até o fim? Você já considerou outras alternativas?*

Você também pode ser mais específico. *E essa outra opção? Por que você não escolheu fazer isso?* Neste ponto, o "professor" observa e oferece um insight, reconhecendo o tempo todo que seu "aluno" pode optar por usar ou descartar o insight, do jeito que lhe aprouver.

Uma vez que você tenha sido empurrado e absorvido o feedback que a outra pessoa tinha a oferecer, pergunte-se se concorda com ela. Se você discordar, reexamine o problema. O objetivo é encontrar um acordo de colaboração e não uma maneira de ceder (que sugere que alguém está abrindo mão de alguma coisa). Mas, de novo, lembre-se de que você não tem de aceitar os conselhos da outra pessoa. Você controla o processo e o resultado. Tente manter seus comentários amigáveis — um pouco de humor pode aliviar o que de outra maneira poderia ser visto como um comentário áspero. A prática do sparring é só uma ferramenta, por isso não se leve muito a sério.

Revise, redefina e refine sua meta

Em consequência do sparring, você pode chegar a um acordo sobre uma nova meta, ou sobre maneiras específicas de lidar com o assunto em questão. O importante é encontrar uma solução à qual talvez não tivesse chegado de outra maneira, que você pode aceitar ou rejeitar. Depois de uma sessão de sparring, lembre-se de agradecer a todos pelas informações, pelo apoio e pelo tempo. Tenha em mente que talvez seja necessário voltar e praticar um pouco mais de sparring outra hora.

Aqui vai uma lista de perguntas que despertam uma boa sessão de sparring:

- Para onde você quer ir? Por quê? Isso vai lhe fazer feliz?
- Qual é a sua motivação para atingir esse objetivo? Como você analisou essa decisão? O quanto você pensou a respeito? Você se fez perguntas suficientes, foram as perguntas certas?

- Quais são as armadilhas e as perdas potenciais? Você tem um plano B?
- Descreva a linha de pensamento que o levou a essa decisão.
- Você está pronto para fazer o que for preciso? Se fracassar, está pronto para reexaminar a questão e começar tudo de novo?

Lá no 30 Rock, Bill Braunstein me fez passar por uma enxurrada de perguntas e então me fez prometer que eu iria pensar. Marcamos de nos reunir alguns dias depois, para almoçar.

Entrando no lobby, notei um retrato do ex-chefão da GE Jack Welch. E me perguntei: *O que Jack faria?*

Sétimo Passo: Diagnostique as suas fraquezas

Não se preocupe — todos nós fazemos coisas que nos impedem de atingir o que temos de melhor e o nosso maior potencial. Pela nossa própria natureza, isso nos faz ser muito humanos.

Há não muito tempo, conheci um jovem chamado Josh em um congresso imobiliário em Miami Beach, onde ministrei uma palestra. Ele estava me dizendo que, às vezes, se torna um pouco intimidador nas reuniões, a ponto de assustar as pessoas, e que talvez isso possa estar atrapalhando.

Falei:

— Parabéns, Josh, é uma análise e tanto!

Quando Josh me olhou meio perplexo, prossegui:

— A maioria das pessoas sequer se dá conta do que as atrapalha. Ter consciência disso é o primeiro passo para superar qualquer comportamento inadequado. Então, o que você costuma fazer quando percebe que está passando dos limites em uma reunião?

— Bem, o problema é justamente esse. Geralmente chego de sola e a toda a velocidade. É como se não fosse eu; é como se eu estivesse vendo um personagem na tevê, e não consigo me refrear. E quanto mais nervoso fico, mais me comporto dessa maneira.

— Acredite, sei bem como é isso — respondi. A história dele me fez lembrar daquele jantar decepcionante com Larry King, no qual eu estava tão nervoso que me distanciei exatamente da pessoa a quem eu queria impressionar. Nossas inseguranças disparam certos comportamentos defensivos em nós — alguns tentam se exibir, outros se retraem e outros, ainda, falam pelos cotovelos e não conseguem expor suas ideias de maneira coerente. Acontece com mais frequência quando temos medo de que não conseguiremos aquilo que queremos ou precisamos — como aprovação ou aceitação. É aí que a insegurança engrena a quinta marcha e nosso comportamento se torna ainda mais exagerado. Círculo vicioso é isso!

— Na próxima vez — falei para Josh —, respire fundo. Faça disso uma piada, se puder, diga algo do tipo: "Gente, tenho de parar por aqui. Dá para perceber que estou animado demais. É porque estou fazendo um trabalho muito bom para vocês e para mim, isso é tão importante que tendo a atropelar as próprias palavras. Deixe eu me acalmar e falar da minha ideia com um pouco mais de detalhes...

Essa é uma atitude que aprendi a ter sempre que me vejo em apuros. Se eu estiver descarrilando, me corrijo um segundo ou dois depois de ter percebido. É uma estratégia que me permite mudar meu comportamento e reconectar com as pessoas que estão à minha volta em tempo real. Faço isso no palco, conversando ou até em uma apresentação formal. Sim, sei que não é muito ortodoxo, mas, acredite, descobri que não só quem está vendo aprecia a sinceridade, mas isso também permite que todo mundo respire e comece de novo.

O fato é que todos nós temos comportamentos que nos derrotam e que atrapalham o nosso caminho para o sucesso. Também tendemos a adotá-los nas horas mais estressantes, mesmo sabendo que esses hábitos ou comportamentos nos fazem mal. Essa aparente contradição tem fascinado a humanidade desde o início dos tempos, e os comportamentos autodestrutivos comandam as tramas de alguns dos maiores dramas da humanidade, das peças de Eurípides às tragédias de Shakespeare e ao filme *Cidadão Kane*.

Nosso próprio colega Mark Goulston, no livro *Pare de se sabotar no trabalho*, argumenta que os comportamentos autoderrotistas são disparados por reações nas nossas células nervosas que, biologicamente falando, são semelhantes às maneiras como os animais respondem ao medo e ao perigo. Os animais se tornam agressivos (o cachorro que late) ou tentam fugir e se esconder (a tartaruga dentro da casca). Diante de uma adversidade, essas reações são mecanismos de sobrevivência básica.

Os seres humanos, por outro lado, nasceram com a capacidade de realizar raciocínios complexos. Consequentemente, dispomos de muito mais maneiras (e bem mais complexas) de estragar tudo! E quando as pessoas respondem aos desafios com uma agressão — digamos, criticando ou berrando, fugindo, se retraindo dentro de suas conchas ou evitando pessoas ou assuntos difíceis usando válvulas de escape como drogas e álcool... o tiro geralmente sai pela culatra.

A boa notícia é que, assim como os cachorros podem ser treinados para ser menos agressivos, os seres humanos podem aprender a reconhecer e a controlar comportamentos prejudiciais. Mas, assim como os cachorros, precisamos de um treinador. Precisamos de apoio. Além de nos ajudar a identificar e a sustentar as nossas metas, uma das missões centrais do apoio mútuo é nos ajudar a lidar com aquilo que nos atrapalha.

Não acredito que algum dia eu tenha encontrado uma pessoa centrada e bem-sucedida que não reconhecesse seus problemas de comportamento e que não tenha tomado passos decisivos para resolvê-los. Frequentemente, os comportamentos que nos atrapalham partem de uma necessidade inconsciente de nos manter onde estamos, o que cria uma espécie de teto de vidro quase intransponível.

A Greenlight Research montou uma lista com algumas categorias de pessoas que fabricaram seus próprios tetos de vidro, com base nas observações dos desafios mais comuns que vemos atrapalhar a vida dos nossos clientes — e, a propósito, nossos próprios clientes fizeram sugestões para serem incorporadas à lista. Você se reconhece em algum desses personagens?

- *Aquele que não acredita em si mesmo.* Você já sabe de quem estou falando — aquele cujo ego é pequeno demais para o trabalho que foi incumbido de exercer. Para a equipe, ele pode até ser o chefe, mas em seu íntimo ele está sempre se perguntando: *E se algum dia todo mundo perceber que sou um farsante?*

- *O que só pensa em preto e branco.* Rigidez? Essa pessoa pode escrever um livro a respeito. Se as coisas não funcionam da maneira esperada, ela fica paralisada, incapaz de encontrar um meio-termo ou tomar outro caminho. Sua própria racionalidade faz com que seja realmente impossível o trabalho em equipe — e sua insistência em fazer as coisas *à sua* maneira impossibilita qualquer tipo de colaboração.
- *O pessimista.* Ele vê eternamente o copo como meio vazio e tende a resistir a qualquer tipo de mudança, uma vez que a alternativa pode vir a ser pior! Mas quando a balança está sempre inclinada contra as mudanças, nada muda. Nunca.
- *O perfeccionista.* O perfeccionista estabelece um padrão tão alto que é impossível de ser atingido. A perfeição passa a ser um obstáculo, em vez de uma maneira de se atingir uma meta. Ele é hipercrítico e incapaz de aceitar os erros e as imperfeições de si mesmo ou dos outros.
- *A vítima.* A pessoa desta categoria se sente impotente para confrontar seus desafios ou resolver seus problemas. Ao lidar com os desafios, tenta culpar os outros ou pensar que uma situação está fora do seu controle.
- *O que evita riscos.* É inseguro e tenta se afastar de situações ou decisões que possam resultar em derrota ou fracasso.
- *O batalhador.* Sentindo-se isolado ou excluído pelos outros, ele gosta de chamar a atenção com seus esforços. Busca confusões e situações impossíveis — e pode até chegar ao ponto de criá-las.
- *O que evita conflitos.* Por se sentir responsável pela felicidade dos outros, o que evita conflitos evita desavenças, muda de assunto quando a discussão fica mais sensível ou evita falar totalmente de certas questões.

- *O super-realizador.* É aquele tem medo do fracasso e da humilhação. Tem baixa autoestima e tende a assumir muitas tarefas, tornando-se um workaholic.
- *O que realiza pouco.* Em vez de tentar e fracassar, o que realiza pouco não acredita em si mesmo e prefere nem se expor. Geralmente fica abaixo das expectativas dos outros.
- *Aquele que gosta de humilhar.* Esse tipo lida com seus sentimentos de insegurança colocando a culpa em outras pessoas. Tende a humilhar, constranger ou fazer os outros passarem por uma vergonha para encobrir seu medo do fracasso.
- *O consertador.* Como se julga melhor que os demais, ele se ressente das fraquezas alheias e acredita estar sempre limpando a sujeira alheia.
- *O intimidador.* Um intimidador tende a lidar com seus sentimentos de raiva e insegurança ficando com raiva do mundo. Ele encobre sua sensação de estar sozinho no mundo explodindo ou implicando com os outros.
- *O sedutor.* Esse tipo de pessoa está sempre ligada. Na relação com os outros, tende a ser muito superficial. Tem uma predisposição a dizer o que os outros querem ouvir, porque realmente não dá a mínima para eles ou para os relacionamentos.
- *O gerente implicante.* Sem conseguir confiar nos outros, um gerente implicante sente que a única maneira de controlar o mundo é controlando tudo o que está à sua volta. Ele não espera que os outros atendam às suas expectativas e impõe restrições pesadas ao poder de decisão das outras pessoas.
- *O palhaço.* Pessoalmente temendo a verdade, o jeito que o palhaço tem de lidar com o mundo é sempre fazer graça. Usa o humor para evitar assuntos sérios sobre ele e sobre os outros.
- *O cientista.* O cientista se sente mais à vontade com fatos, informações e estatísticas. Confia mais no intelecto do que nas próprias emoções. Tenta manter os sentimentos afastados na interação com os outros.

- *O que está sempre querendo agradar.* Sempre precisando de aprovação, tenta ser tudo para todo mundo.
- *O dramático.* Como esse tipo se sente subvalorizado ou pouco importante, tende a pegar pequenas questões e transformá-las em superproduções. Tem muita dificuldade em manter as coisas em perspectiva.
- *O cavalo de corrida.* Avançando a 150 km/h, ele não dá atenção suficiente a como as suas atitudes afetam quem está à sua volta. Raramente dá atenção aos sentimentos ou às necessidades dos outros e acredita que quem cruza a linha de chegada primeiro vence. Está muito longe de ser um jogador para a equipe.

E essa é só a ponta do iceberg das coisas que atrapalham as nossas vidas!

— Quando as pessoas me perguntam qual é a minha medida de sucesso — comenta Lena West —, digo: "Quanto me conheço mais este ano do que no ano passado? O que fiz para me entender melhor este ano, este trimestre, este mês?" Sei que, quanto mais eu me entender, mais bem-sucedida serei.

(Este, por sinal, é um exemplo perfeito do uso de uma meta ativa de aprendizagem!)

Para melhorar a maneira como lidamos com os outros, temos de começar com nós mesmos. No meu caso, percebi como o medo de conflitos que tive a vida inteira levou a muitos dos erros de gerenciamento com os quais me defrontei no início da FG. Bob Kerrigan costumava dizer:

— O que chamam de problema de negócios não existe. Eles realmente são problemas de pessoas. Nós é que trazemos as nossas disfunções sociais para o trabalho.

Há muito tempo sou um verdadeiro fã do movimento de forças defendido por escritores e consultores de negócios como Tom Rath e Marcus Buckingham. Acredito que o conselho da Organização Gallup de se concentrar nas suas forças já ajudou milhões de pessoas anônimas. Aliás, esse mesmo hábito me deu o ímpeto de ter o meu próprio negócio.

No entanto, tenho percebido que as pessoas entendem essa abordagem de maneira equivocada, como uma desculpa para não lidarem com os comportamentos que não só as atrapalham, mas que acabam minando suas carreiras. Focar nos seus talentos naturais não quer dizer que você tenha de aceitar os comportamentos que impedem o seu sucesso. São dois lados da mesma moeda. Todos nós temos forças básicas nas quais devemos apostar as nossas fichas e alguns elementos da personalidade que deveríamos amenizar. Enquanto não reconhecermos os dois, não conseguiremos ter o merecido sucesso. Por que não fazer uma pausa para elaborar uma lista dos seus pontos fortes e fracos?

Para complicar ainda mais as coisas, as mesmas características que podem nos tornar bem-sucedidos no início da carreira podem acabar nos prejudicando mais à frente. Controlar de perto os seus funcionários pode ser muito eficaz quando umas poucas pessoas se reportam a você e o objetivo é a produtividade a curto prazo. Mas quando você é responsável por toda uma divisão ou equipe, controlar de perto o trabalho dos funcionários passa a ser impossível. Além do mais, controlar seus empregados de maneira que eles não consigam trabalhar sem ter você olhando sobre o ombro deles é um problema para todo mundo — e aponta para uma fraqueza retumbante no seu tipo de abordagem.

Como eu disse, minha falta de foco sempre foi um problema. Ao mesmo tempo, ela me permitiu assumir (e administrar) vários projetos ao mesmo tempo, de uma maneira que impressionou meus superiores e que acabou expandindo os meus interesses e a minha rede de contatos. Eu não era só o presidente da minha fraternidade em Yale — eu era presidente da união política, trabalhava no escritório do reitor da faculdade, dei início a uma fundação sem fins lucrativos e também encontrei tempo para concorrer à Câmara de Vereadores de New Haven, sempre tirando boas notas.

Divertido e compensador? Claro, quando você é um garoto cheio de ideias. Porém, mais tarde na minha carreira, quando eu administrava uma empresa que queria crescer com recursos limitados, minhas múltiplas tarefas eram, efetivamente, um peso para mim. Nos meus tempos de Starwood, precisávamos de ideias. Manter dez bolas no ar era positivo (havia tanta coisa a se fazer!) e nosso CEO tinha um apetite enorme por mudanças, todas de uma vez só e em todas as áreas. Mas quando passei a administrar minha empresa, comecei a ver minha falta de foco começando a interferir na qualidade de projetos fundamentais para se criar as bases para o longo prazo.

Então, como eu ia saber que a mesma coisa que me serviu tão bem por tanto tempo não servia mais para mim? Os outros tiveram de me dizer isso, e em voz alta; senão, eu jamais teria ouvido a mensagem.

É aí que entra o meu círculo interno.

Deixe-me mostrar como ele funciona agora na empresa. Meu sócio J. P. Kelly e eu temos o hábito de falar um por cima do outro nas reuniões. Nós dois ficamos sem paciência de ouvir o outro e nos interrompemos. Foi preciso que o nosso COO, Jim Hannon, mostrasse esse fato para nós! Ouvindo isso, nós dois rimos timidamente, mas agora que o comportamento foi colocado na mesa os outros o apontam para nós sempre que começamos a atropelar um ao outro.

O primeiro passo para consertar ou mudar um comportamento é reconhecer que ele não serve mais. Uma das formas das definições de vício é: um comportamento que não nos serve, mas que mesmo assim continuamos tendo. A essa altura todo mundo já sabe que o primeiro passo para uma recuperação é admitir que temos um problema; uma vez feito isso, nunca mais voltaremos inteiramente a ter o mesmo comportamento nocivo. Com o tempo, provavelmente encontraremos a coragem e a capacidade de encará-lo e lidar com ele. Mas se recusar a admitir um problema faz com que ele se infeccione dentro de nós — e permite que continue a nos controlar.

E é aí que entra a franqueza! Sem que as outras pessoas apontem meus comportamentos contraproducentes, não posso melhorar.

— Um dos primeiros mandamentos do exército é não pedir que alguém faça aquilo que você mesmo não faria — diz Jim Whaley. — Se você estiver pensando em mandar alguém pular de um avião, é melhor que seja o primeiro a pular.

Os líderes têm uma maneira de diagnosticar suas próprias falhas e fraquezas de liderança e, então, passá-las para sua equipe de executivos, de modo que elas possam ser resolvidas ou compensadas. Quando os líderes fazem revisões dos subordinados, mas fingem que eles mesmos não têm nenhum problema, duas questões surgem. Primeiro, quem está nos escalões inferiores saberá que o chefe vive enganando — que o CEO cultiva uma cultura de desonestidade. Segundo, todo mundo começará a se esconder, porque perceberá que, para subir na hierarquia, é preciso se fingir de perfeito.

Em vez disso, o que realmente importa é uma cultura que celebre a honestidade e o crescimento individual.

O mesmo princípio pode ser aplicado dentro de casa. Quando um amigo percebeu que a namorada estava bebendo demais, ele a convenceu a parar... e também se absteve de beber. E quando decidimos ir ao fundo dos nossos problemas na FG, começamos por cima, por mim.

Quando as coisas estavam indo mal na minha empresa, em vez de procurar resolver os problemas de uma maneira ponderada com quem estava à minha volta, minhas células nervosas animais se incendiavam. Eu tentava conter a minha frustração, e isso acabava gerando ressentimento. Para mim, isso só confirmava o que eu já sabia pelo trabalho de vários cientistas sociais sobre o poder dos comportamentos autoderrotistas nas nossas vidas.

O que mais me interessava nessas pesquisas eram os estudos que reforçavam a minha convicção de que você precisa da ajuda dos outros para superar esses comportamentos condenáveis.

Todos nós temos a capacidade de autossabotagem. Mas, com um pouco de ajuda, também temos capacidade de melhorar.

Basta escolher uma

E se você tiver mais de uma questão de comportamento ao mesmo tempo que precisa ser trabalhada? É claro que você tem! Todos nós temos! E, então, por onde começar?

Basta escolher uma. Realmente não faz muita diferença qual. A questão é que quando você passa por isso e vê os benefícios, terá uma ótima ferramenta nova à sua disposição e depois pegará mais uma questão, depois outra e assim sucessivamente. Afinal, para que estamos aqui senão para melhorar no pouco tempo que temos?

Não é má ideia começar por alguma coisa que seja ao mesmo tempo fácil de identificar *e* que você fica animado só de pensar em superá-la. Comecei há muitos anos com a minha tendência a me gabar, algo que vem desde a infância. Preocupado com que as outras crianças da escola pudessem usar contra mim o fato de eu ser pobre — o que algumas realmente faziam —, eu escamoteava a verdade. Tudo bem, de vez em quando eu mentia descaradamente. Se alguém me perguntasse qual era a profissão do meu pai, eu dizia:

— Ele trabalha em uma fábrica.

(Não consegui pensar em nenhuma maneira de inflar o trabalho de faxineira da minha mãe, por isso eu nunca dizia o que ela fazia. Para ela, isso também servia, porque ela não ficava nem um pouco animada de lidar com algumas das mulheres esnobes para as quais trabalhava — Deus a tenha!)

Já adulto, assumi o compromisso de não encobrir mais a verdade. Mas a essa altura minhas mentirinhas de infância haviam se metamorfoseado em algo muito pior — me gabar das minhas realizações para afastar o medo de que os outros, de alguma maneira, fossem me julgar inferior. Embora isso hoje pareça uma bobagem, eu me agarrei a esse hábito por toda a vida. No que me dizia respeito, minhas realizações seriam como árvores caindo em uma floresta sem emitir um som... a não ser que todo mundo soubesse delas e imaginasse os troncos caídos e os galhos esparramados. Se eu não ficasse lembrando às pessoas o quanto eu era incrível e maravilhoso, quem iria saber?

Eu sabia que o autoelogio era um péssimo hábito, assim como muito fácil de os outros perceberem. E ele estava me atrapalhando. Caramba, *eu* estava me atrapalhando. Isso pejudicava minhas conexões com as pessoas. A única pessoa que atrapalhava o respeito autêntico que eu almejava — e a chance de ser visto pelo que realmente era — era eu mesmo. Por isso, muito antes de pensar no poder do apoio dos colegas, escolhi o autoelogio como o hábito que eu estava a fim de mudar, com a ajuda dos outros.

Primeiro recrutei a pessoa mais próxima de mim na época, meu professor de ensino médio Roel Hinojosa, para chamar minha atenção toda vez que ouvisse eu me autoelogiando. Escolhi Roel pelo simples motivo de que eu me sentia seguro pedindo isso a ele e sabia que ele se importava comigo o suficiente para me ajudar e que ele me respeitava e reconhecia as minhas realizações — sem necessidade de enfeites. Além do mais, nós dois geralmente nos encontrávamos no tipo de situação social que levava ao autoelogio.

Agora, quando Roel e eu discutíamos o meu autoelogio, eu não voltava até a infância e procurava escavar as razões complexas subjacentes ao meu comportamento. Isso é ótimo para fazer com um analista, mas Roel não tinha essas qualificações. E não importava que Roel não tivesse prática de terapia, já que essa é a prática comprovada para se quebrar um mau hábito. Pense nisso como aprender uma língua estrangeira: se você passar o tempo todo pensando se a palavra *menu* tem uma raiz latina ou anglo-saxônica, acabará se perdendo em um emaranhado de história da língua quando tudo o que quer é pedir um cheeseburguer com pão integral, sem fritas.

Escolher um assunto da sua vida que você queira trabalhar se resume a tomar a iniciativa e mergulhar fundo nele.

— É melhor tomar uma decisão errada do que não tomar uma decisão e ficar preso no limbo — diz Amir Tehrani.

Eu concordo. Como já disse, basta escolher uma questão! O objetivo é começar a fazer uma mudança positiva hoje, curtir os resultados quando os conseguir e ter um gostinho para enfrentar outras questões. Com o tempo, você resolverá os assuntos que mais precisa encarar na sua vida. Mas a coisa mais importante é o seu comprometimento com um processo inteiramente novo.

A primeira regra para melhorar é aquela que já repeti várias vezes: perceber que ninguém é perfeito. Você não tem de ser perfeito — só tem de começar e ser sincero no seu desejo de melhorar. Imagino que jogar uma luz dura nos seus problemas o faz ficar apreensivo. Tinha vezes em que eu também me sentia assim. Mas logo o processo passa a ser maravilhoso, à medida que, um a um, os pesos começam a se dissipar. É como se fosse um exercício — não há ganho sem dor! Malhar dói um pouco, mas no dia seguinte você sente uma dor gostosa, uma prova de todo o trabalho duro que você realizou.

Kirk Aubry escolheu uma questão em sua vida e, ao lidar com ela, teve um grande insight pessoal:

— Uma das coisas que percebemos na Textron é que as pessoas envolvidas em mudar a empresa tinham de mudar também, e isso valia para todos nós. E a minha questão específica, francamente, relacionava-se com a imagem que meus colegas tinham de mim. Eu sempre me via como o garoto pobre de Windsor, Ontário, que não pertencia àquela turma. Quer dizer, muitos de nós sofrem com a síndrome do impostor: quando vão descobrir que não sou o mais inteligente? Quando fui para o Centro de Liderança Criativa, descobri que a maioria das pessoas me considerava um dos caras mais inteligentes da sala e que eu devia manter o revólver no coldre por mais tempo, porque não precisava atirar nas pessoas com a frequência que atirava. Na minha cabeça, eu só estava tentando justificar a minha existência e a minha participação, e não precisava daquilo.

É isso aí, Kirk. Um primeiro passo incrível.

Por falar em passos, tenha em mente que uma autoanálise rigorosa — pensar muito nas suas forças e fraquezas e nas maneiras como você se contrai — é um exercício valioso. Posso garantir que vai se sentir muito melhor depois. Neste livro já listei algumas coisas comuns que as pessoas fazem e que as atrapalham. Mas não tenha medo de criar a sua própria lista. Você pode descobrir que alguns dos seus atos se enquadram em mais de uma categoria; a maioria de nós tem vários comportamentos que nos atrapalham. Lembre-se de que você não está confessando ser um fracasso — todos nós temos fraquezas e forças.

Algumas das descrições das páginas 240-43 lhe pareceram familiares? Elas se enquadram em algumas situações e em outras, não? Mais uma vez, não tenha medo de criar suas próprias categorias. Depois, escreva os papéis que você desempenha ou os comportamentos que exibe. A sua lista deve servir para fazer seus pensamentos correrem sobre o que você faz e o que não faz na sua carreira e na sua vida pessoal. Ela pode inspirar uma discussão com amigos e colegas para levar a uma reflexão mais profunda.

A seguir, três maneiras eficazes de se aproximar dos espinhos e escolher a primeira questão a ser trabalhada:

1. *Vire o espelho na sua direção.* Pense em uma interação ocorrida na semana passada que realmente o deixou irritado. Agora (e essa é a parte engraçada), pense em como você pode ter contribuído para essa irritação. O que poderia ter feito de diferente para evitar essa situação?

    Eu costumava ficar frustrado com a equipe da empresa quando não conseguia atender o telefonema de um cliente importante. Eu me perguntava: *Como nós pudemos pisar na bola desse jeito?* Mas se eu desse um passo atrás e me perguntasse o que eu havia feito para piorar a situação, perceberia que costumava pegar muita coisa ao mesmo tempo e não tinha equipe suficiente para lidar com a grande quantidade de ligações, e-mails, reuniões e projetos que tinha na vida. E eu também não era consistente em comunicar todas as coisas para a equipe. Era praticamente impossível a minha equipe acompanhar o meu ritmo e me ajudar a ser mais organizado. Eu estava sempre correndo a 200 km/h e raramente tirava um tempo para explicar cuidadosamente o que queria que fosse feito ou dar as informações básicas necessárias à minha equipe para me ajudar a priorizar o trabalho delas e a minha agenda. Eu também precisava ser mais claro com os meus empregados sobre as prioridades do nosso negócio.

2. *Tente aprender lições com as pessoas que você admira.* Quais são as pessoas que você mais admira? Pense cuidadosamente no que você admira nessa pessoa. E, então, se pergunte: *O que estou fazendo que me impede de ser mais parecido com ela?* Por exemplo, quando penso em Bob Kirk, na Deloitte, me lembro do tipo de chefe surpreendente que ele era, que nunca se perturbava naquelas horas em que eu me metia em uma encrenca. Em vez de me dizer o que fazer, Bob simplesmente fazia perguntas. Às vezes isso me enlouquecia, porque tudo o que eu queria era uma resposta fácil e rápida, mas Bob insistia tanto para que eu aprendesse a pensar com independência que aguentava os meus erros até que eu finalmente percebesse as coisas sozinho. Chamo isso de "deixar errar". É exatamente o contrário do meu comportamento instintivo de sair distribuindo respostas como se fossem barras de chocolate em uma festa de Halloween. Sim, isso parece ser mais eficiente a curto prazo, mas não ensina nada. Por isso, procuro refrear meu impulso de resolver os problemas de todo mundo

à minha volta e tento moldar meu comportamento mais ao jeito do Bob.
3. *Pergunte aos outros*. Esse é o meu passo favorito e uma das maneiras mais eficientes de se decidir que tipo de comportamento é preciso enfrentar primeiro: há alguns anos, em uma palestra que dei para um monte de corretores de imóveis na Califórnia, perguntei à plateia se havia alguém que não conseguia pensar em nada que pudesse estar atrapalhando a sua vida. Uma mulher muito corajosa levantou a mão e pedi que ela subisse ao palco.

— Você realmente não consegue pensar em nada que interfira nos seus esforços de lidar com os outros e conseguir realizar as coisas? — perguntei.

— Não, nada — respondeu ela.

— Tem alguém aqui que a conheça bem?

— Para falar a verdade, meu marido está aqui.

— Muito bem, vamos trazê-lo ao palco.

O marido dela subiu ao palco e, para grande diversão da plateia, começou a fazer uma lista de vários comportamentos que atrapalhavam sua mulher, inclusive sua necessidade de ser perfeita em tempo integral. Foi um momento muito divertido e instrutivo (e que realmente me deixou convencido que posso ter futuro algum dia apresentando um programa de games na televisão). Desde então, fiz esse exercício muitas vezes no decorrer das minhas palestras. Cheguei até mesmo a chamar o namorado ou namorada da pessoa pelo telefone celular bem no meio do palco. Mas o que quero dizer é sério. Lembre-se de que os outros veem as nossas falhas com muito mais clareza do que nós — por isso, aproveite o feedback deles.

Minha decisão de enfrentar a questão do foco veio depois de sessões francas e intensas com todos os lados, incluindo a minha equipe inteira. Jim Hannon se lembra de como um dia a discussão girou em torno das minhas mensagens abreviadas enviadas pelo BlackBerry.

— Dissemos ao Keith que até os e-mails dele não tinham foco e eram difíceis de se decifrar. "Será que ele quer que eu cuide disso, ou mande outra pessoa fazer?" Por isso, falamos bastante sobre o seu estilo de comunicação. Ele aceitou tudo de maneira muito didática e voltou ao assunto na vez seguinte, para tentar mostrar que havia feito algum progresso. Com instruções mais específicas, começou a mudar seu estilo de e-mail. Keith não teve problemas em dizer: "Não tenho administrado a empresa tão bem quanto deveria." Isso nos permitiu apontar o que precisávamos que ele fizesse para se tornar um líder melhor. Isso também nos deu a coragem de discutir abertamente o que cada um de nós precisava fazer para melhorar o desempenho da empresa. Ele iniciou toda uma cultura de crescimento na FG.

Lembre-se de que se você quiser a ajuda dos outros para identificar um mau comportamento seu, às vezes você tem de pedir, exigir, cobrar e até mesmo implorar para ouvir a verdade. Por exemplo, você poderia ter de dizer a quem trabalha com você:

— Realmente quero ter sucesso aqui e sei que a maioria das pessoas não fala o que sente com os outros. Por isso, por favor, estou pedindo para me dizerem: o que vocês viram que me atrapalha no trabalho?

Se perceber que a conversa não está indo a lugar algum, você pode, *com jeitinho*, jogar algumas sementes:

— Algumas pessoas já me disseram que sou muito desorganizado. Vocês também percebem isso? Será que essa é a maior coisa que me faz ser menos eficiente do que eu poderia ser? Ou tem algo mais que interfere na minha capacidade de fazer bem o meu trabalho? De novo, estou pedindo para que sejam honestos.

Ao mesmo tempo, deixe bem claro que nessa etapa está apenas colhendo informações. Você é quem vai decidir o que deseja corrigir e como. Depois que escolher, *aí* você pode pedir ajuda a alguém para corrigir o problema. Nesse caso, você poderia dizer:

— Se vocês não se importarem, gostaria que chamassem a minha atenção sempre que eu me comportar dessa maneira. Realmente quero melhorar esse aspecto.

Você pode até tentar criar uma palavra de código a ser usado para tornar a comunicação rápida, fácil, e você saberá que está fazendo *aquilo que costuma fazer*. Por exemplo, um gerente que normalmente despeja um monte de tarefas em cima dos funcionários sem dar primeiro as informações adequadas pode pedir que eles usem a palavra de código "voando".

Essa também é uma boa hora para perguntar às pessoas aquilo que elas acham que você faz bem, para que você também faça isso mais vezes. Entre os seus conselheiros, isso deve ser fácil, mas sugiro que abra o leque o máximo possível para conseguir esse feedback. Acredite em mim, as pessoas ficarão impressionadas com a sua coragem e o seu compromisso com o crescimento pessoal.

Depois de ter escolhido um hábito, um comportamento ou uma meta, use uma escala de 0 a 5 para acompanhar seu progresso com os conselheiros. Zero significaria um problema intratável em sua pior fase, enquanto 5 seria um comportamento que foi remodelado com sucesso. Durante a checagem, você pode falar para o seu amigo: "Acho que minha mudança de comportamento esta semana foi nota 2" ou "Acho que foi um 4". O que quero dizer é que o simples fato de dar uma nota ao comportamento ou objetivo pode ensejar uma conversa rica com os outros sobre o seu progresso e como você pode melhorar. Depois de ter passado algum tempo no nível 4 ou 5 em um determinado objetivo, está na hora de passar para o próximo.

Com o tempo, à medida que for escolhendo os comportamentos nos quais quer trabalhar com sua equipe de conselheiros e os trouxer à tona para tratar de superá-los, você pode vir a descobrir que alguns dos seus piores medos e inseguranças começam a diminuir ou até mesmo a desaparecer. É assim que funciona para mim, e ponho isso entre as minhas bênçãos. Para usar as palavras de Bob Kerrigan, no fim todo mundo tem de responder à pergunta difícil, mas direta, de por que somos quem somos. Passei a me entender melhor ao superar algumas das minhas fraquezas. Chego mais perto da raiz de quem sou e do que quero realizar na vida.

E há maneira melhor para se implementar as Quatro Mentalidades do que analisando o que o atrapalha e enfrentar suas questões com o apoio dos colegas (do diagnóstico até a manutenção da mudança)? Ao pedir feedback, você está usando da franqueza; ao pedir às pessoas para ajudá-lo a manter as mudanças, está pedindo que lhe cobrem responsabilidade; ao dividir suas lutas com os outros, está se abrindo e se tornando vulnerável para os outros; e no fim você verá que os outros julgarão o seu pedido de ajuda e apoio como um ato de generosidade, e eles ficarão mais do que honrados em lhe ajudar a conquistar. As Quatro Mentalidades são para ganhar, ganhar, ganhar e ganhar!

DREAM TEAM: OS 12 APÓSTOLOS

Que grupo está entre os círculos internos mais venerados de todos os tempos? Um grupo leal de judeus da Galileia que viajava com Jesus e que, após a morte deste, assumiu a responsabilidade de espalhar sua mensagem por todo o mundo antigo.

Pouco se sabe sobre a vida pessoal dos 12 apóstolos, mas o que sabemos é que Jesus dava um valor enorme em se cercar de uma diversidade de seguidores. Os primeiros quatro apóstolos — duas duplas de irmãos, Pedro e André e Tiago e João — eram pescadores no mar da Galileia. Mateus, outro apóstolo, era coletor de impostos (já naquela época uma profissão muito impopular). Indagado por que queria se associar com uma pessoa tão execrável, Jesus respondeu:

— Não são as pessoas saudáveis que precisam de um médico, mas quem está doente. Não vim chamar os justos, e sim os pecadores.

Entre muitas outras características, Jesus parecia valorizar a sinceridade em seus seguidores.

— Será que algo de bom pode vir de Nazaré? — perguntou Bartolomeu, um dos apóstolos, que no início hesitou em se unir a Jesus.

— Eis um homem que não esconde as coisas — retorquiu Jesus.

Embora os apóstolos tenham asumido a missão de espalhar a palavra de Jesus, os indícios mostram que, para Cristo, essa relação era mútua, como se vê pelo recrutamento dos primeiros apóstolos depois do jejum de 40 dias no deserto, quando foi tentado pelo demônio.

O círculo interno nem sempre era constante. Após a traição de Judas, os apóstolos fizeram um sorteio e nomearam Matias como o "novo" 12º apóstolo. Depois de algum tempo, o soldado romano Paulo se tornou o chamado 13º apóstolo, ou gentio. Quando os apóstolos se prepararam para disseminar a palavra de Cristo depois de sua morte, eles aparentemente se sentiram confiantes o suficiente no apoio mútuo para viajar pelo mundo em duplas; alguns, tragicamente, foram mortos e hoje são lembrados como mártires.

Superando as nossas limitações

Temos uma visão desequilibrada, em larga medida, sobre *tudo*. Cientistas sociais descobriram que tendemos a pensar que somos muito melhores em certas atividades do que realmente somos. A alternativa seria admitir que nem sempre estamos à altura do que estipulamos (e ninguém quer entrar nesse assunto). É por isso que a maioria das pessoas se considera "acima da média", muito embora isso seja estatisticamente impossível. Você pode imaginar uma escola fundamental onde a nota média realmente fosse 5? Os pais iriam se insurgir, revoltados.

Às vezes, só por diversão, peço aos membros da plateia para responder a três perguntas, sobre em que posição eles acham que estariam ranqueados em uma escala de 1 a 10. As perguntas são:

1. O quanto você acha que é inteligente?
2. O quanto você acha que é bonito?
3. O quanto você se considera bom de cama?

Bem, em uma plateia de milhares de pessoas, imagina-se que haveria uma distribuição normal — número de pessoas acima de 5 igual ao número de abaixo. O fato é que 90% do público se posiciona consistentemente acima de 6! Estatisticamente, é claro, isso é impossível! Mas ilustra bem a nossa inclinação natural a nos sobrevalorizar.

Ao mesmo tempo, nós, seres humanos, tendemos a *subestimar* nosso conhecimento em certas áreas. Descobrimos que as pessoas tendem a superestimar ou subestimar sua capacidade de fazer várias coisas ao mesmo tempo — isso acontece nas duas direções. No fim das contas, somos terríveis em julgar o que sabemos, o que não sabemos, o que podemos fazer e o que não podemos. É aí que ter uma equipe de conselheiros objetivos e de confiança pode ser crucial. A equipe pode nos ajudar a ver claramente nossas forças, nossas fraquezas e o nível de progresso que estamos fazendo.

Quando julgamos saber mais (ou menos) do que realmente sabemos, nós tipicamente erramos ao calibrar como as outras pessoas vão reagir a nós. Um fenômeno demonstra que, de maneira geral, acreditamos que as pessoas concordam em tudo conosco — e, como você pode imaginar, isso leva a muitas surpresas no mundo dos negócios! Imagine que você e a sua equipe apresentem um plano no qual passaram meses trabalhando para o chefe, só para serem informados de que não era aquilo que ele queria. Ou quando ficamos chocados ao descobrir que a pauta que tentamos aprovar em uma reunião não tem o apoio de tantas pessoas com as quais contávamos. Isso é particularmente válido ao se falar de vendedores que, com muita frequência, saem de apresentações de venda pensando, confiantes: *Esse negócio está praticamente fechado; é só mais um mês* — só para ver, semanas depois, que estavam errados. (Eu mesmo me considero um deles.)

Imaginem quanto mais sucesso teríamos se tivéssemos uma equipe de conselheiros com quem pudéssemos passar as coisas e fazer checagens no meio do caminho — pessoas de nossa confiança que nos incentivariam a nos defrontar com um conflito e que insistiram que confirmássemos antes do dia da próxima reunião qual a opinião dos outros sobre a nossa pauta. Como resultado, provavelmente desenvolveríamos argumentos mais completos para apoiar o que defendemos, em vez de simplesmente pensar que todo mundo está de acordo, só para ficar surpreso e constrangido quando descobrimos que exatamente o contrário é verdade. Ficaríamos mais conscientes dos argumentos que poderiam ser levantados e isso nos ajudaria a olhar para a proposta sob a perspectiva *deles* e, então, melhorar e fortalecer nosso plano, ou pelo menos nos ajudaria a preparar uma resposta apropriada.

Sabe-tudo

Existe outra tendência natural que pode distorcer ou desequilibrar nossas avaliações. O fato é que tendemos a procurar e aceitar informações que confirmam o que acreditamos, enquanto, sem querer, evitamos ou menosprezamos aquelas que contradizem as nossas crenças. Em outras palavras, ouvimos o que queremos ouvir. Quando partimos do princípio que tudo o que falamos ou fazemos está certo, nunca temos que pôr o pé no freio para repensar nossa posição. É por isso que os maus líderes tendem a se cercar de puxa-sacos — eles não estão realmente interessados em ouvir os pontos de vista que possam contradizê-los. Tenho uma cliente que, ao ouvir isso, disse:

— Ai, meu Deus, faço isso o tempo todo. Eu digo à minha equipe: "O que vocês acham dessa apresentação? Eu a considero brilhante!"

Ela está claramente pedindo a informação que quer ouvir. E é por isso que, se quisermos ser líderes e administradores mais eficientes, precisamos dar duro para garantir um feedback sincero e objetivo das pessoas cuja opinião valorizamos.

Lembre-se de que o copo também pode estar meio cheio

Às vezes, precisamos que os membros da nossa equipe nos encorajem, da mesma maneira como eles nos desafiam. Você já enfiou a mão naquele casaco que você não usa desde o inverno passado e encontrou uma nota de R$ 50,00 toda enrolada? A sensação foi boa, não foi? Mas a sensação logo passou e você continuou com o seu dia. Agora pense naquela vez que você perdeu R$ 50,00. Você passou muito mais tempo se culpando do que o tempo que gastou comemorando quando encontrou o dinheiro. Para a maioria das pessoas, perder dinheiro gera uma sensação *pior* do que achar a mesma quantia dele. Estudos mostram que a dor de uma perda pesa muito mais do que a satisfação de quando obtemos um lucro ou um ganho.

Nos momentos difíceis, costumo pedir aos clientes para pensar e falar sobre o que eles se sentem gratos. Todos nós somos tão abençoados... O simples fato de você estar lendo este livro já me diz que você, provavelmente, está melhor do que muita gente neste mundo... Então, reconheça isso. Seja grato por isso. Tire um momento hoje para lembrar aos outros da sorte que eles têm.

Hanif Rehman, nosso consultor de internet de Yorkshire, conta como ele se comportou durante a crise de crédito que começou em 2008.

— Ao discorrer com a minha equipe sobre os compromissos que eu tinha com os clientes, me disseram que eu estava bufando muito. Uma das pessoas me perguntou: "Hanif, você está cansado ou está suspirando de ansiedade?" Respondi que considerava o atual ambiente de negócios muito difícil de se lidar. Foi a minha equipe que me fez perceber que muita gente no mundo enfrentava os mesmos desafios naquele mesmo momento; pelo menos, eu estava correndo atrás do meu sonho. Eles disseram que eu não devia levar a atual situação para um lado tão pessoal. Por isso, comecei a projetar mais confiança para os meus clientes, e isso fez uma enorme diferença.

O medo de Hanif, de ver as perspectivas da sua empresa piorarem, na verdade mascarava uma crise muito maior de confiança, que o atrapalhava muito mais do que a economia. Sem seus conselheiros, ele nunca teria percebido o quanto o seu comportamento o estava atrapalhando.

Outro modo de descambarmos para as emoções negativas é por meio do que Dan Gilbert, pesquisador de Harvard, chama de "previsões afetivas". Resumindo muito, ele declara que os seres humanos não são muito bons em adivinharem como os eventos futuros vão lhes fazer sentir. Por exemplo, tendemos a pensar que a compra de um aparelho eletrônico novo e da moda vai nos fazer feliz, quando na verdade essa emoção passa depressa. Por outro lado, supomos que não teremos condições de aguentar certos sofrimentos que na verdade todo mundo supera todos os dias.

Com um descompasso desses, estamos inclinados a esperar o pior ao considerar se devemos ou não nos comprometer com uma meta. E descambamos para a negatividade. Como sempre, uma perspectiva externa pode ajudar a nos recolocar nos trilhos.

Mike, um executivo de contas a pagar que conheci recentemente em uma palestra, passou por uma situação semelhante.

— Li um artigo sobre programas de bem-estar nas empresas no *Wall Street Journal* — conta ele — e, como gosto muito desse assunto, mandei o link do artigo a algumas pessoas no escalão mais alto da empresa em que eu trabalhava. Sei que tenho um lado cético que tende a enquadrar os assuntos de maneira negativa; é um comportamento que estou tentando mudar. Mas, nesse dia em especial, eu simplesmente não conseguia ver como poderíamos implementar um programa como aquele. Assim, em vez de me concentrar nas coisas boas que podíamos estar fazendo sobre o bem-estar na nossa empresa, fui muito crítico no e-mail sobre o que nós estávamos fazendo. Uma mulher do RH que eu desejava trazer para a minha equipe de apoio respondeu que, embora ela conhecesse as minhas intenções, minhas críticas menosprezavam tudo de bom que eu havia mencionado no e-mail. Ao falar de tudo o que não funcionava, eu estava apontando o dedo para o sistema que tínhamos.

A reação ao e-mail de Mike foi bem negativa. Seus colegas se perguntaram se ele estava querendo chamar a atenção ou se era apenas um funcionário problemático. O feedback da executiva de RH o ajudou a vislumbrar uma luz e Mike conseguiu tomar uma ação corretiva antes que a opinião dos outros sobre ele piorasse.

— Fico tão feliz de ela ter se sentido segura para dizer o que disse porque ela realmente me ajudou a ver um tipo especial de comportamento que estava me atrapalhando.

Serei bem franco com você: inevitavelmente, haverá momentos desagradáveis em nossa jornada em direção ao sucesso e ao aperfeiçoamento. Não é fácil admitir nossos erros na frente dos outros. Mas isso liberta *tanto* a gente! Como diz Lena West:

— Você tem de estar disposto a parecer um completo idiota para progredir na vida. Às vezes, isso dá certo e você vira uma estrela do rock e, outras vezes, tudo o que você ganha é um ovo na cara. Como diz Oprah Winfrey? "Quando você quer ter uma vida grande e plena, é uma idiotice pensar que os seus erros serão pequenos." E, para mim, esse é um risco que vale a pena correr.

Se eu chegar aos 90 anos e tiver a chance de dizer a uma pessoa mais jovem o que realmente conta na vida, espero poder declarar: "Reflita sobre a vida... e encontre a felicidade e o sentido dela *agora*" — e não no mês que vem ou no ano que vem. Temos uma tendência a não apreciar o que temos na hora em que temos. Segundo, acho que eu daria uma grande ênfase à importância dos amigos e da família. Sim, posso pensar que o meu trabalho é tudo para mim e o propósito de tudo neste momento. Mas quem vai me visitar no hospital quando eu ficar velho e doente? Por mais que eu os ame, dificilmente serão meus companheiros de trabalho. E assim eu abraço, curto e amo os meus amigos (sendo que muitas dessas relações surgiram a partir do meu trabalho).

Finalmente, espero que, da perspectiva de um senhor de 90 anos, eu venha a perguntar: "Você correu atrás dos seus sonhos?" Acredito que as pessoas que tentam atingir seus sonhos levam vidas muito mais felizes do que aquelas que não correram atrás. Descubra qual é a sua verdadeira vocação e vá em frente, independentemente do seu sonho ser pequeno ou gigantesco. No fim das contas, não faz diferença se você nunca os realiza. A pergunta que conta é: *Será que eu realmente dei uma chance real disso acontecer?*

Vida. Felicidade. Amigos. Sentido. Sonhos. Você já percebeu que nenhuma dessas perguntas e respostas tem alguma coisa a ver com dinheiro?

Use a sabedoria dos 90 anos *agora mesmo*. Afinal, você vive no dia de hoje — não deixe que os *podia*, *devia* e *tivesse* lhe tomem de assalto.

DREAM TEAM: BILL WILSON E O ALCOÓLICOS ANÔNIMOS

Quando a revista *Time* publicou sua lista das "100 pessoas mais importantes do século XX", muitos leitores devem ter se perguntado: *Mas quem é esse tal de Bill Wilson?* Que é exatamente a resposta que Wilson, morto em 1971, aos 75 anos de idade, gostaria de ter ouvido. Conhecido simplesmente como "Bill W.", Wilson foi o fundador dos Alcoólicos Anônimos e um dos homens mais influentes de sua época. Empresário de Nova York sem qualquer formação em psicologia, medicina ou teologia, ele criou o programa de 12 passos que ajudou milhões de alcoólatras, viciados em drogas, jogadores e viciados em compras a superarem seus vícios.

O que Wilson não tinha em matéria de credenciais profissionais era compensado em matéria de experiência. Em 1934, ele parecia ser um alcoólatra totalmente perdido, condenado a passar a vida em asilos e com os médicos lhe dizendo que ele não tinha chance de recuperação. Enquanto buscava tratamento em um hospital e implorando a Deus para que o ajudasse, Wilson passou por um despertar espiritual — um "flash de luz", como mais tarde descreveria — que lhe deu o ímpeto para parar de beber.

Wilson percebeu que sua única chance de recuperação era contar com o apoio e a companhia de outros alcoólatras, que entendiam a doença e poderiam admitir suas deficiências. Ao reconhecer sua situação e se entregar a um poder maior — fosse ele Deus ou o grupo —, os alcoólatras poderiam se manter sóbrios um dia de cada vez, o que o próprio Wilson conseguiu pelo resto da vida.

Wilson criou os 12 passos dos AA partindo principalmente das práticas do Oxford Group, uma organização evangélica cristã que incentivava seus membros a confessar seus pecados e, então, usar o poder do grupo para ajudar os outros que estivessem necessitados.

— Esses ensinamentos não tinham nada de novo — disse Wilson. — Você poderia consegui-los na própria igreja que frequentava. Na verdade, eles eram um exame de consciência, de confissão, de restituição, de solidariedade aos outros, e de orações.

Nascido em Vermont, Wilson aplicou os princípios da democracia da Nova Inglaterra aos AA, criando uma estrutura de baixo para cima, sem hierarquia ou liderança central. As notícias sobre o sucesso do grupo se espalharam rapidamente e, em 1944, os AA já tinha formado grupos em 30 países. Como o próprio Wilson escreveu: "Estávamos altamente convencidos de que a sobrevivência do todo era muito mais importante que a sobrevivência de um indivíduo ou grupo de pessoas. Isso era algo muito maior do que nós."

Oitavo Passo: Comprometa-se com o aperfeiçoamento

Uma semana depois da minha conversa telefônica com Bill Braunstein na calçada do 30 Rock, eu já estava de volta a Los Angeles. Liguei para Bill e combinamos um encontro em um restaurante no vale de São Fernando. Quando cheguei, Bill já estava lá, bebericando um ice coffee.

— Bill — falei enquanto me sentava —, graças a você decidi não tomar aquele empréstimo. O que *vou* fazer é subir um degrau. E ser o CEO que olha para a frente e põe as mãos na massa desse negócio e fazê-lo crescer. Aqui está uma lista de mudanças que pretendo implementar.

Entre os itens estava o compromisso de trazer mais executivos sêniores para me ajudar a carregar o peso cada vez maior da administração.

Eu precisava me associar melhor e aproveitar mais os esforços dos meus colegas no trabalho, confiar mais neles e lhes delegar mais responsabilidades. Precisava treiná-los melhor para os papéis que desempenhavam na empresa e ajudá-los a alcançar seu maior potencial. E percebi que precisava deixá-los cometer alguns erros por conta própria, para que aprendessem como poderiam melhorar. É assim que os verdadeiros líderes que conheço instilam a lealdade e inspiram o crescimento pessoal, e eu gostava e era bom em ser um líder quando tinha tempo para isso. Agora estava comprometido a *encontrar* esse tempo. É assim que uma empresa cresce além dos talentos do fundador para incorporar os talentos, os sonhos e a expertise de cada um de seus empregados. Eu precisava levar a empresa do *eu* para o *nós*.

"Compromisso" é uma palavra assustadora e há boas razões para isso. Embora venha do latim *committere*, que significa "juntar", ao longo do tempo a palavra ganhou uma série de significados negativos. Na Roma antiga, ela passou a significar uma ação imposta — como um juiz condenando alguém à prisão.

O significado voluntário de compromisso — ou seja, nos comprometermos de livre e espontânea vontade com alguma crença ou curso de ação — é relativamente moderno. Mas a sensação remanescente de que um compromisso é algo imposto a nós sem a nossa aquiescência ajuda a explicar por que a palavra ainda desperta tantas emoções negativas. As mulheres costumam reclamar que "os homens têm medo de compromisso". Ao se comprometer com alguma coisa, os homens se amarram a um relacionamento ou posição e eliminam outras opções. Não é à toa que tanta gente tem problema para se comprometer.

Mas é bom lembrar que compromissos são muito diferentes de obrigações. Primeiro, eles não nos são impostos — são promessas que fazemos a nós mesmos, por nossa causa. E também não são rígidos e inflexíveis. No fundo, no fundo, tudo o que me comprometi foi a mudar e a melhorar — crescer. Esses compromissos não envolvem abrir mão do controle; ao contrário, são para ganhar controle.

No contexto das nossas carreiras, os compromissos, se expressos em voz alta a um conselheiro próximo ou círculo de amigos de confiança, servem para estreitar nossas ligações com os outros. Visto dessa maneira, um compromisso é uma maneira de alcançar uma comunidade mais ampla. É uma promessa feita para os outros — uma promessa duradoura, com um cronograma, para superar determinados desafios e se manter dentro dela, mesmo diante de obstáculos esperados e inesperados.

Mas antes de ter um compromisso com os outros precisamos assumir um compromisso com nós mesmos. Como essa mudança vai se fazer sentir e com que ela se parece? Quanto mais pudermos sentir, até mesmo com o tato e o paladar, o que a mudança vai nos trazer, é mais provável que ela aconteça.

O que se tem a ganhar assumindo um compromisso?

1. *Primeiro, ele é extremamente libertador.* Pergunte a alguém que tenha admitido que era alcoólatra ou viciado em drogas. É preciso uma coragem e uma convicção sobrenaturais para se comprometer a mudar. Mas encarar de frente os seus defeitos traz enorme alívio ao libertar você do peso de guardar tudo dentro de si.
2. Uma vez assumido um compromisso público, *não há como voltar atrás*. No fundo, você não quer se decepcionar nem decepcionar os outros. Ao se comprometer publicamente, tem muito mais chances de cumprir suas promessas.
3. Assumir um compromisso público é uma das maneiras mais rápidas que conheço de *criar intimidade com os outros*. Ao compartilhar seus objetivos com outras pessoas você permitirá que elas saibam no que você acredita e que aprecia o retorno que elas lhe dão. Ao reconhecer suas falhas e prometer modificá-las, você está se tornando vulnerável e convidando os outros para participar.

Waldo Waldman, o piloto de caça de quem falei anteriormente, acertou na mosca quando disse:

— Os membros das Forças Armadas levantam a mão direita e se comprometem a servir. No mundo dos negócios, não existe um compromisso formal; simplesmente aceitamos o emprego ou dizemos que cumpriremos nossas responsabilidades. Mas será que isso é realmente um compromisso? Para chegar a esse ponto é preciso criar um ambiente em que as responsabilidades sejam inerentes a ele. Isso começa ao ser responsável pelos seus resultados, e entendo que as suas ações têm um impacto sobre toda a sua equipe. Não dá para ter voo solo nos negócios.

Ao expressar um compromisso aos seus conselheiros, lembre-se de que isso não é um discurso de campanha. É uma conversa! Você quer ouvir o que os outros têm a dizer. Pense nisso como mais um exercício de sparring. Quando Bill e eu nos encontramos no restaurante, não anunciei pura e simplesmente que continuava comprometido e então montei no meu cavalo e saí em direção ao pôr do sol. Bill tinha preocupações e perguntas específicas. Ele queria ter certeza de que eu havia realmente pensado bem no meu compromisso de construir a empresa.

Ao formalizar um compromisso, lembre-se de que isso é uma via de mão dupla. Primeiro, expresse o que deseja fazer. Então, permita que sua equipe tenha o espaço e o feedback para garantir que você esteja se comprometendo com as coisas certas, na hora certa. Você e os seus conselheiros precisam estar de acordo sobre o que exatamente você está se comprometendo a fazer, de modo que seus parceiros possam lhe ajudar se perceberem que está escorregando. Ponha no papel qualquer compromisso. Por quê? Repito: porque isso ajuda a torná-los mais reais. Bo Manning, meu amigo e outro mentor que tive na Deloitte — e agora o novo presidente da FG —, costumava me dizer que pensar em alguma coisa gera um nível de clareza, falar sobre a tal coisa gera outro e colocar no papel finalmente a formaliza de tal maneira que ela pode vir a acontecer.

Sejamos honestos: mesmo com as melhores intenções e um plano escrito bem completo, comprometer-se com um curso de ação pode ser difícil, mesmo para os mais disciplinados de nós. É por isso que você precisa do seu círculo interno para volta e meia puxar sua orelha.

— Não há substituto para se ter pessoas que constantemente pressionam você a se ater ao seu plano — diz o empreendedor Greg Hartle. — Já houve vezes em que cheguei a, literalmente, chorar ao telefone com o meu grupo de apoio.

— No começo da minha empresa — conta Lena West da Convengine —, tínhamos uma cliente que era consultora de liderança e nós duas ficamos muito amigas. Eu disse para ela que, por alguma razão, eu sempre conseguia fazer as coisas quando tinha outras pessoas para me cobrar, mas que as minhas metas pareciam escapar entre os meus dedos quando precisava agir por conta própria.

Além do apoio, precisamos de equipes que cobrem de nós. Assim como de vez em quando abandonamos os nossos compromissos, nossos conselheiros também podem escapar dos compromissos que *eles* assumiram de nos manter nos trilhos. E isso pode ser muito frustrante. Ainda tenho funcionários que não se sentem muito seguros ou confiantes na relação que têm comigo para me dizerem que não estou fazendo uma coisa que deveria fazer. Por isso, vivo os lembrando. Mas, em vez de perceber essa "atualização" constante da relação como um problema, encaro isso como uma espécie de manutenção de rotina, como trocar o óleo do carro, fazer a barba ou cortar a grama; independentemente do quanto o seu trabalho seja bom, você terá de continuar fazendo, para manter as coisas sempre em ordem.

Uma maneira de manter seu compromisso e fortalecê-lo é fazer um check-up especial uma vez por mês com os seus conselheiros de confiança. Isso pode ser parte de uma reunião regular já marcada, ou uma discussão rápida de dez minutos. Se houver pressa, pode até ser por e-mail. Reafirme seu compromisso. Faça a todos um relatório do seu progresso. Reitere que conta com a cobrança deles. Algumas pessoas podem ter um conselho ou um feedback para dar na mesma hora, por isso separe um pouco mais de tempo do que acha que precisa. Lembre-se de que você quer sempre fazer a sua equipe se sentir segura em ser franca com você. E parte dessa segurança é lhes dar o tempo necessário para dar o feedback que julgarem ser importante.

DREAM TEAM: MUHAMMAD YUNUS E O BANCO GRAMEEN

Viajando por Bangladesh durante a fome que se abateu sobre o país em 1974, o banqueiro e economista Muhammad Yunus percebeu como a miséria que ele via era agravada por agiotas inescrupulosos. Ele conheceu mulheres que pegavam empréstimos para comprar bambu para os móveis que faziam e, então, se viam obrigadas a entregar todo o lucro aos agiotas — um círculo vicioso de dívidas permanentes. Horrorizado, Yunus tirou o equivalente a US$ 27 do próprio bolso e na mesma hora emprestou a um grupo de 42 mulheres. Depois de vender seus produtos e devolver o dinheiro, as mulheres obtiveram um lucro de 84 centavos — uma grande quantia para elas.

Daí ele teve a grande sacada. Yunus percebeu que, ao emprestar dinheiro para grupos de aldeões pobres — em vez de para pessoas específicas —, ele poderia alavancar o apoio dos pares que garantiria os pagamentos. Até aquela época, a maioria das tentativas de se estabelecer o chamado microcrédito era atravancada por um alto risco de calote; administrar e fazer cumprir milhões de contratos legais, cada um com quantias muito pequenas para os padrões ocidentais, simplesmente não era viável. A inspiração de Yunus era eliminar os contratos e deixar que os devedores se policiassem.

Para receber um empréstimo do Banco Grameen (que quer dizer "banco da aldeia"), de Yunus, as pessoas têm de, primeiro, se juntar ou criar um grupo de cinco ou mais tomadores de empréstimo. Os empréstimos em si não são garantidos pelo grupo inteiro — mas se um membro der um calote, ninguém do grupo pode pedir outro empréstimo. A pressão social e o medo de passar vergonha reduziram consideravelmente o número de calotes.

"Estávamos convencidos de que o banco devia ser construído com base na confiança humana", escreveu Yunus em seu livro *O banqueiro dos pobres*. "O Grameen ia fracassar ou dar certo com base na força das relações pessoais. Podemos ter sido acusados de ingênuos, mas nossa experiência com os maus créditos é de menos de 1%."

Apesar de os tomadores não assinarem contratos, eles precisam estudar e estar de acordo com práticas éticas e comunitárias conhecidas como as 16 Decisões. Entre os acordos estão: "Devemos estar sempre prontos a ajudar os outros" e "Devemos participar coletivamente de todas as atividades sociais".

Até hoje, o Banco Grameen já emprestou mais de US$ 6 bilhões a seus clientes, muitos dos quais conseguiram sair da pobreza e mandar seus filhos à escola, assim como fazer refeições regulares e receber água potável. Por seus esforços simples, porém profundos, Yunus ganhou o Prêmio Nobel da Paz em 2006.

Nono Passo: Finja até conseguir — e depois mantenha o comportamento

Quantas vezes você já tomou uma decisão ou decidiu virar uma página, só para vê-la empacar diante do primeiro obstáculo? As academias de ginástica contam que alunos novos costumam ir três vezes por semana nos primeiros três meses, e depois o entusiasmo esmorece. Após seis meses, os alunos aparecem uma vez por semana (se muito), se aproximando de todas aquelas moderníssimas máquinas como se fossem aparelhos de tortura. Só os mais dedicados continuam pelo tempo suficiente para ver os resultados.

Esse comportamento também é comum no mundo do trabalho. Depois da palestra motivacional no congresso anual de vendas, todo mundo está brilhando, todo mundo aplaude e depois vai para o coquetel. Para trás ficam, debaixo das cadeiras, inúmeros fichários grossos cheios de páginas de PowerPoint. Isso tudo para sustentar a mudança em uma organização. É por isso que simplesmente não distribuo pastas em uma palestra. Procuro criar experiências com os clientes que mantenham as práticas vivas no dia a dia do ambiente de trabalho. Se não fosse assim, eu não teria prestado o meu serviço. Por favor, não me entenda mal: é fundamental dar os primeiros passos — abraçar as Quatro Mentalidades para estabelecer relações profundas com umas poucas pessoas de confiança, encontrar seus parceiros de apoio recíproco ou seu círculo de conselheiros e se comprometer em estipular metas ou mudar de comportamento. É preciso começar de algum lugar, e este livro até agora girou totalmente em volta disso.

Mas, uma vez que você já esteja com a sua equipe funcionando — independentemente de você ter dois parceiros de apoio ou um time inteiro — e mapeado o seu trabalho, começa a parte difícil. Como se sustenta o processo de apoio recíproco? Como você sustenta as mudanças em si mesmas? Como é possível transformar boas intenções em ações diárias?

A chave para a sustentabilidade está exatamente na palavra "diária". Uma das grandes razões para o sucesso dos programas de 12 passos é que eles se referem a fazer as coisas um dia de cada vez. Concentrar-se nesses pequenos passos diariamente é um princípio norteador de muitas religiões e organizações de autoajuda. O *agora* é a chave para a prática da meditação. O ato de se concentrar no que você pode fazer *exatamente agora* é uma das maneiras mais eficientes de você e seus conselheiros de confiança sustentarem as mudanças.

Uma vez ouvi Ray Charles dizer em uma entrevista de rádio que ele não conhecia um único músico de bom nível que não praticasse *todos os dias*. A prática é simplesmente parte da vida de um grande músico, como respirar.

Ninguém nasce tocando piano ou clarineta. As primeiras tentativas de quase todo mundo parecem grosseiras e horríveis. Mas os músicos de sucesso insistiram anos a fio enquanto melhoravam e acabaram por dominar seus instrumentos. Eles não se preocupam com as notas erradas ou de ensaiar uma peça dezenas ou centenas de vezes. Até os mais renomados cometem erros, inclusive no meio de um concerto no Carnegie Hall. E você acha que eles guardam o violino ou fecham a tampa do teclado do piano e saem de fininho do palco? É claro que não! Eles continuam tocando! Afinal, não existe esse negócio de perfeição — só o nosso esforço de tentar atingi-la.

O que isso tem a ver com sustentar uma mudança? Na minha experiência, o medo do fracasso é o maior motivo pelo qual interrompemos nossos esforços de mudança. As pessoas têm medo de não viver à altura das expectativas de seus parceiros de apoio.

Elas ficam excessivamente preocupadas com a possibilidade de fracassar diante dos colegas ou de decepcionar os conselheiros escolhidos para ajudar. Elas, subconscientemente, se sentem mais seguras ao não fazer nada. E assim guardam o violino.

Infelizmente, permitir que fiquemos paralisados de medo é uma garantia de que não atingiremos nossas metas na vida ou no trabalho. Precisamos entender que nossos erros e tropeços não vão nos matar. Aliás, são até parte do nosso aperfeiçoamento natural. Poucos erros são fatais para uma carreira, com exceção de um comportamento grotescamente negligente.

Veja o caso de Martha Stewart, a empresária esperta e bem-sucedida acusada de cometer erros suficientemente sérios para fazê-la passar um tempo na prisão, seguido de uma prisão domiciliar de quase um ano. Todo o modelo de negócios dela baseava-se na marca pessoal do seu nome. Sua condenação poderia ter sido o golpe fatal nos seus negócios. Mas ela morreu? Não. Perdeu sua empresa ou todas as suas lindas casas? Não. Ao contrário, sua linha de decoração para o lar efetivamente *se ampliou* depois que ela foi libertada. Ela encarou seu período na prisão com garra e altivez e as pessoas a respeitam ainda mais. Atualmente, você pode comprar suas linhas de produtos no Wal-Mart, no Kmart e na Sears. Sua principal revista, *Living*, vai muito bem, juntamente com seu império de outras revistas.

Você, provavelmente, nunca terá de reconstruir a sua carreira após passar um tempo na prisão. Mas se Martha Stewart não só conseguiu sobreviver à experiência como voltar com ainda mais força, você também pode — mesmo que de vez em quando venha a cair de cara no chão.

Isto é, a não ser que você desista. E a maneira de evitar isso é por meio do engajamento diário com os nossos colegas — construindo o sucesso com nossos grupos de apoio, um passo após o outro, até os nossos medos desaparecerem.

Isso talvez signifique fingir no começo — agir com mais confiança do que sentimos, só para poder encarar nossos medos.

Fingir não tem nada a ver com ser falso. Não estou dizendo para você ser uma daquelas pessoas que nunca abaixam a guarda. Aliás, o conceito de fingir é uma estratégia que tem uma história bastante respeitável. Os programas de 12 passos têm um ditado: "Finja até conseguir." Em outras palavras, tente mudar seu comportamento com o apoio dos outros, *mesmo se ainda não estiver preparado para mudar suas crenças.*

Por exemplo, alguns alcoólatras conseguem parar de beber por medo ou vergonha. Com o tempo, eles percebem o quanto se sentem melhores e quão mais felizes e produtivos passam a ser; a mudança no comportamento leva a uma mudança nas crenças — nesse caso, nos benefícios da sobriedade. Com apoio permanente, eles são capazes de vencer sua doença e seu vício.

"Finja até conseguir" é uma versão daquilo que, às vezes, é chamado de "profecia que se autorrealiza" — nossa tendência a cumprir expectativas, sejam elas boas ou más. Não nos surpreende o fato de que muitos criminosos profissionais tenham crescido em famílias desestruturadas e que constantemente foram levados a acreditar que eram "coisas ruins". E sabe o que aconteceu? Eles acabaram vivendo à altura dessas expectativas. E quanto em mais encrencas se metem, mais o fato de ser "coisa ruim" passa a ser realidade, o que alimenta um comportamento com tendência apenas a piorar. Esse é um exemplo de expectativas negativas. Da mesma maneira, alguém que nunca fala porque sempre lhe disseram (e ele se convenceu) que era tímido acaba ficando tímido.

Também podemos criar expectativas *positivas* que se autorrealizam. Uma pessoa tímida pode fingir ser extrovertida e ver como se sente e, em decorrência disso, passar a ser mais amigável e expansiva. *Finja até conseguir!* Jessie, uma amiga minha, está parando de fumar. A tática principal? Fingir que não tem a menor vontade de fumar. Quando ela tem vontade de fumar um cigarro, diz a si mesma: "Fumar é nojento. Cigarros fedem. Sou uma pessoa saudável e limpa, não fumo!" Nada a ajudou mais em resistir à tentação.

Você pode adotar uma estratégia de "fingir até conseguir" em qualquer aspecto da sua vida. Você é uma daquelas pessoas que têm problemas em frequentar uma academia? Tente fazer o seguinte: vista sua roupa de ginástica. Já é um começo! Depois, por que não fazer alguns exercícios de alongamento em casa mesmo? Ou dar uma volta ouvindo música? Tente correr devagar alguns quarteirões. E qual é mesmo a distância até a academia...? Uso esse tipo de abordagem passo a passo o tempo todo na minha empresa e nas minhas consultorias com executivos da Fortune 500 — fingir até conseguir, um passo de cada vez.

Fingindo até conseguir ter seu apoio mútuo

Mas como o "Finja até conseguir" se relaciona com o apoio mútuo? Primeiro, você pode recrutar seus conselheiros para lhe ajudar a "fingir" seus novos comportamentos — a dar os passos necessários, mesmo que ainda não esteja convicto de que eles serão eficazes. Uma vez, os membros do Billionaires' Club saíram por Beverly Hills procurando uma casa de muitos milhões de dólares para comprar, daquelas que só quem é muito rico pode pagar. Eles foram às casas que estavam à venda e passearam pelos halls de mármore, pelos terraços ajardinados, pelos closets do tamanho de apartamentos, pelas grandes escadarias e pelas piscinas que se misturavam ao horizonte. É claro que isso foi só um exercício. A questão era experimentar as recompensas que a riqueza de verdade podia lhes dar! Eles estavam fingindo. Mas a ideia foi excelente! A ideia era se acostumar à sensação de ser um bilionário. Não foi apenas uma tarde de diversão; fazer aquilo juntos deu uma sensação de solidariedade e propósito à missão que eles dividiam. Depois, o grupo separou um tempo para debater a excursão e como isso aumentou seu compromisso com relação a suas carreiras e negócios.

A seguir, uma fórmula simples para praticar o "finja até conseguir" com um grupo de pessoas:

1. Comprometa-se a dar um pequeno passo. Escolha um comportamento que você possa mudar hoje.
2. Passe para a ação. Pense em como uma mudança de comportamento ou o início do sucesso em atingir a sua meta fará você se sentir. Prove! Você não pode esperar uma cura completa da noite para o dia. Ninguém espera eliminar de um dia para o outro um comportamento que o atrapalha. Minha irmã mais velha não teve sucesso em perder peso até começar a se sentir bem com o Vigilantes do Peso e com Jan, sua companheira de dieta; foram os pequenos passos incrementais que a levaram aonde ela está hoje.
3. Discuta como você sentiu a experiência desse sucesso com seus parceiros de apoio mútuo. Lembre-se de que é possível sustentar uma mudança de comportamento durante algum tempo sem chegar a mudar suas crenças!
4. Faça outra vez.
5. Após adquirir o hábito do novo comportamento, comprometa-se a dar outro passo.

Uma vez que experimente um pouco do sucesso graças ao apoio mútuo, você começará a *acreditar* no seu poder e eficácia. Mas até pessoas que acreditam de verdade podem derrapar algumas vezes. Por isso, é tão importante fazer da sustentabilidade parte da sua prática de apoio.

A seguir algumas regras que uso para sustentar mudanças nas minhas reuniões e conversas com a minha equipe:

1. Marque reuniões periódicas com sua equipe de apoio ou membros individuais da sua equipe. Isso deve se tornar um hábito — e dos bons. Como dizem nos AA: "Volte sempre. Dá certo se você se esforçar."
2. Em todas as reuniões, dê uma conferida nas mudanças pelas quais você e os outros passaram. O que foi bem e o que não foi? Descreva o seu progresso, ou falta dele.

3. Elogiem uns aos outros pelas coisas que andaram bem.
4. Se for o caso, questionem-se sobre por que as outras coisas não caminharam conforme o planejado. Como poderia ter sido melhor? O que poderia ser modificado ou melhorado? Pense nisso como uma versão reduzida da prática de sparring.
5. Volte a se comprometer com os seus conselheiros e com as suas ações.
6. Não descuide das questões de longo prazo que possam fazer o entusiasmo esvanecer. Em intervalos de alguns meses, dedique um pouco do tempo da sua equipe aos assuntos mais gerais: novos conselheiros serão necessários? Você precisa reavaliar suas metas ou criar mais algumas? Como você está se saindo nas mudanças de comportamento que deseja implementar?
7. Adquira o hábito de obter apoio mútuo diário dos conselheiros mais importantes da sua equipe nos momentos de estresse. Checagens diárias como essas não precisam ser complicadas. No livro *Never Eat Alone* falei do ato de "ficar pingando", de estar sempre em contato com as pessoas por meio de um e-mail ou de um recado ocasional. Ficar pingando também funciona com conselheiros de confiança: "Ei, Jane, lembra que comentei sobre o meu medo de falar para novos investidores? Dá só uma olhada nesse artigo sobre como um cara conseguiu levantar dinheiro para a empresa de bicicletas elétricas dele. Tem dinheiro de verdade a ser ganho com baterias recarregáveis e o pessoal do Vale do Silício adorou. Também tenho uma apresentação 'verdinha' para a minha start-up. O dinheiro existe! Só preciso identificar os capitalistas de risco adequados para abordar."

Por intermédio do engajamento diário o apoio mútuo passa a ser tão fácil quanto acender uma luz; é um processo que, de certa maneira, se sustenta. Não há uma linha de chegada, não há uma esteira de bagagens ao final; o que vale é o processo ativo de aprender e crescer.

No ano em que me formei na faculdade, juntei todas as minhas economias e comprei uma mochila e uma passagem para a Inglaterra. Trabalhei como porteiro nas boates de Londres para juntar dinheiro suficiente para comprar um *Eurail pass* e dar uma volta pelo continente. Meu plano era cochilar nos trens noturnos para economizar o dinheiro do hotel e passar os dias passeando pelas grandes capitais. É claro que isso significava que eu só tinha um dia em cada cidade, já que precisava voltar a entrar em um trem noturno para poder dormir algumas horas. Naquele verão, vi algumas das cidades e arquiteturas mais famosas do mundo, e caminhei quilômetros em museus de renome mundial e por vistosas ruas de calçamento antigo.

Mas quando penso naquela viagem, todas essas grandes imagens e sons são apenas um pano de fundo para as pessoas que conheci naqueles leitos apinhados da segunda classe. Aprendi mais sobre a Europa com os outros passageiros do que olhando milhares de quadros e igrejas.

Para mim, o apoio mútuo é como aquela inesquecível viagem de verão. É claro que cada um de nós tem metas e marcos no caminho, mas, na minha experiência, eles são relativamente poucos e bem espaçados; a maior parte do tempo você passa mesmo é na estrada. Então, por que não aproveitar isso ao máximo? Ao focalizar nas tarefas diárias e nas interações de rotina com seus colegas, conselheiros e amigos, você ficará nos trilhos para alcançar as grandes metas.

Quando as coisas dão errado

Mais cedo ou mais tarde você acabará tendo alguma dificuldade em lidar com todas as informações e conselhos que vêm de um ou mais dos seus conselheiros. Sempre que duas ou mais pessoas se reúnem, surge o potencial para conflitos ou desentendimentos. Não entre em pânico; quase sempre há uma solução. A seguir, algumas dicas para resolver problemas.

Quem são essas pessoas?

Ao longo do tempo, as prioridades das pessoas mudam. Os conselheiros que ajudaram você a atravessar os percalços dos primeiros tempos podem não ser os ideais para guiá-lo pela próxima fase da sua vida e da sua carreira. Isso não quer dizer que eles não continuarão a ser seus amigos ou parceiros próximos. Mas você pode precisar de um ou dois novos conselheiros para ajudá-lo na próxima etapa.

Se você passar de um cargo de gerente para um cargo de escalão mais alto, pode precisar dos conselhos de mais pessoas que estejam ou que já estiveram em um cargo semelhante. Se você tentar criar o seu próprio negócio, pode precisar de mais gente com talento de empreendedor.

Ao mesmo tempo, é importante perceber que nem todos os seus conselheiros atendem aos mesmos objetivos. À medida que você progride em alcançar suas metas e seus compromissos, pode vir a descobrir, como eu descobri, que alguns de seus conselheiros são muito melhores para colocá-lo nos trilhos em algumas tarefas do que em outras.

Loren Siebert, o empreendedor de software de São Francisco, tem dois conselheiros, Greg e Thede, que o ajudam de maneiras diferentes.

— No caso de Greg, são ajustes no quadro mais amplo, quando estou ambicionando coisas que consomem muito tempo. Por exemplo, se eu tiver me inscrito para obter um financiamento ou um contrato do governo, é algo em que ele tem experiência. Assim posso discutir com Greg as estratégias gerais para esse tipo de situação. Quando estou com Thede, posso falar sobre uma apresentação para um capitalista de risco específico; o que ele sabe sobre esse capitalista e como devo fazer a apresentação? Portanto, ele me ajuda mais nos microajustes do dia a dia.

Personalizar a sua equipe de apoio faz parte do refinamento e alinhamento de suas metas. Assim como você busca o entrelaçamento dos seus objetivos, você deve buscar conselheiros que possam lhe dar uma expertise a partir de uma experiência própria. Apesar disso, todas essas pessoas precisam genuinamente entendê-lo.

— Sem saber o que alguém realmente quer, qual é a missão real de alguém, é muito difícil orientar — diz Loren. — O conselho acaba sendo muito banal ou genérico.

Não se preocupe se, com o tempo, alguns dos seus conselheiros não atenderem mais às suas necessidades correntes. Você pode gradualmente afastá-los do papel que desempenharam, chamando-os com menos frequência, ao mesmo tempo em que se volta com mais frequência para aqueles que lhe dão feedback para as suas necessidades atuais. Em um grupo mais formal, você pode ter de ser mais explícito sobre as suas necessidades atuais. E, é claro, faça-os saber o quanto você é grato pelo auxílio deles. Prometa manter contato. Lembre o quanto você ganhou com a amizade deles, e o quanto deseja continuar com ela.

Quando um parceiro cai fora

O apoio mútuo exige energia, coragem e confiança. Se alguém decide que não dispõe mais do tempo ou da energia necessária para ser um parceiro desse nível, não leve para o lado pessoal. As próprias necessidades dele podem ter mudado. Ou talvez ele nunca tenha abraçado inteiramente as Quatro Mentalidades. Deborah Puette St. Amant, uma atriz de Los Angeles, participou de vários grupos de apoio profissionais. Como ela diz:

— Para algumas pessoas, os grupos são uma boa ideia, mas quando chega a hora do atrito na estrada descobrem que não aguentam o tranco. Elas simplesmente não conseguem se comprometer. Acho que é o medo que as afasta. Os membros do seu grupo pedem para você tentar coisas que são difíceis ou desafiadoras, desde telefonar para pessoas que podem intimidá-lo até encontrar novos mentores. Elas pedem para você ampliar suas fronteiras. Tem gente que acha isso tudo muito ameaçador, e nem todo mundo estará à altura do desafio.

Ao se defrontar com a necessidade de encontrar novos membros para a sua equipe lembre-se da generosidade: as pessoas realmente gostam de ajudar.

Você passou a ser íntimo demais para ser eficaz

Já vi isso acontecer mais vezes do que gostaria de admitir: todo mundo no grupo fica muito amigo e curte muito o tempo que passam juntos, mas os membros não se desafiam mais. Ninguém está a fim de se desgastar e dizer a verdade sobre as metas não alcançadas ou sobre os comportamentos que estão atrapalhando. Há uma maneira muito fácil de ver quando isso está acontecendo: todo mundo simplesmente concorda com a cabeça sempre que um assunto espinhoso é levantado? Isso significa que o grupo, provavelmente, perdeu a noção do próprio objetivo.

O apoio mútuo simplesmente não funciona se as pessoas têm medo de oferecer uma crítica construtiva. Lembre-se de que é seu trabalho construir o lugar seguro onde os outros *possam* criticar de coração, com os seus melhores interesses em mente. Você tem sido defensivo demais? Agressivo demais? Você pode estar mandando mensagens sutis que falam para os parceiros diminuírem a franqueza e a honestidade.

Preste atenção a como os comentários do seu grupo de apoio fazem você se sentir: com raiva, triste, traído? É natural ter dificuldades em aceitar críticas, mas isso se torna mais fácil com o tempo. Pratique as técnicas de escutar discutidas na seção sobre o sparring. Sua meta é alcançar os dois níveis mais altos de escuta: a *escuta responsável* e a *receptiva*. Sempre tente ouvir com cuidado, sempre agradeça aos seus parceiros e sempre deixe claro, a cada reunião, que você espera toda a verdade e que pretende rebater com toda a verdade. Na minha experiência, ninguém vira puxa-saco porque quer: quando isso acontece, é porque alguém telegrafou que *quer* ter o saco puxado. Deixe claro que sua intenção não é ter puxa-sacos na equipe, e você não os terá. O apoio mútuo deve ser realmente compensador, mas não é uma happy hour.

Você espera coisas demais, rápido demais

Se você espera que o apoio mútuo seja um processo perfeito, ou que vá deixar você perfeito, logo vai desanimar e desistir. Não tente comer mais do que é capaz de digerir. Acredite em mim porque sei o quanto isso pode ser extenuante. Lembre-se de que ninguém é perfeito e que todos nós podemos cometer muitos erros. Se você ou qualquer membro da sua equipe começar a desanimar por razões imprecisas, isso pode estar acontecendo pelo medo da imperfeição. Tenha consciência de que as coisas realmente darão errado de vez em quando.

Ken Sacher, líder de um programa profissional de apoio a colegas chamado The Marketplace Forum, destaca que o apoio mútuo é um trabalho em constante progresso.

— Um ponto que gera frustração para muitos grandes realizadores é que não há um fim nesse processo. Para eles, isso é uma surpresa. Mas estou no ramo imobiliário. Sei que passamos 20 anos mantendo um teto que ao final desse período precisa ser substituído. Não tem esse negócio de fazer uma vez e pronto. E com as pessoas é a mesma coisa.

Uma maneira de trazer energia renovada à sua equipe de apoio é acrescentar novos integrantes. Acredite — um único membro, novo e comprometido, pode ser o suficiente para atiçar toda a equipe.

Outra maneira de melhorar é mudar o lugar, a forma e a frequência dos encontros. Se você normalmente se encontra uma vez por mês em um restaurante para tomar um café da manhã, tente marcar um jantar ou uma saída no fim de semana. Acrescente um acontecimento social e convide as esposas e as famílias. Se estiver a fim, faça-os se envolver em um debate sobre o grupo e seus objetivos. Essa é uma maneira fácil de ampliar sua perspectiva entre as pessoas em quem você já confia.

Solução de problemas para as Quatro Mentalidades

Problema: Perda de responsabilidade — quando as pessoas não cumprem os compromissos que assumiram.
Solução: Reafirme suas metas ou comportamentos e refine-os o suficiente para torná-los exequíveis. Às vezes, você pode até ter de refinar o seu processo de cobrança de responsabilidade — por exemplo, pensar em se reunir com mais frequência, ou acrescentar um telefonema ou acompanhamento por e-mail.

Problema: Falta franqueza entre seus conselheiros de confiança. Você tem medo de dizer alguma coisa sobre um parceiro, ou então fica pisando em ovos.
Solução: Você deve reiterar a necessidade de aperfeiçoamento constante. E lembre-se sempre de que esse processo é uma viagem. Às vezes, é preciso alguém de fora, talvez um conselheiro profissional, para apimentar um pouco as coisas.

Problema: Perda da vulnerabilidade. Na minha experiência, isso acontece quando as pessoas ficam com medo de parecerem imperfeitas.

Solução: Reforce a intimidade e a abertura compartilhando histórias de batalhas. Organize eventos sociais para o seu grupo que aumentem a intimidade.

Problema: Perda de generosidade. Isso acontece quando as pessoas ficam ocupadas demais para ajudar, ou acham que precisam tocar a vida.
Solução: Nunca se esqueça de que as pessoas sempre podem sair. A generosidade é a pedra fundamental absoluta do nosso sucesso. Se alguém tiver de seguir em frente, permita. E agradeça pelas informações e sugestões dadas nos meses ou anos que se passaram.

Colabore, não ceda

Sempre que você interage com outra pessoa existe o perigo de haver um problema de comunicação, um mal-entendido, uma confusão ou um conflito. Todos nós temos necessidades e incentivos diferentes. Seria ingenuidade partir do princípio de que as abordagens e preferências individuais de todo mundo vão se alinhar perfeitamente desde o início.

Um lema que adotei há alguns anos no meu tempo de diretoria pode ajudar: "Colabore, não ceda." "Ceder" implica que uma parte, ou ambas, tem de abrir mão de alguma coisa para chegar a algum tipo de acordo. A colaboração, por sua vez, sugere que, trabalhando juntos, os parceiros podem desenvolver uma solução que não exija que alguém tenha de sacrificar alguma coisa. Ambos ajudaram a chegar à solução e os dois são os donos dela.

Uma vez, em uma das minhas palestras, dividi a plateia em dois grupos: os "colaboradores" e "os que cedem". Dentro de cada divisão, cada pessoa fez par com outra, com a qual elas deveriam negociar alguma coisa. Cada grupo recebeu uma folha de papel com informações relativas a um cenário fictício detalhando a negociação que estava ocorrendo e os recursos de que dispunham para negociar. Os cenários eram idênticos nos dois grupos.

Dei 30 minutos para que eles negociassem em salas separadas, e então os conduzi de volta ao salão principal. Os resultados foram fascinantes. De cara, os colaboradores terminaram na metade do tempo dos que foram orientados para ceder. Além disso, quando perguntei que grupo estava mais satisfeito com os resultados, os componentes do grupo dos colaboradores ganharam fácil.

Provavelmente, haverá momentos no processo de cobrança de responsabilidades nos quais os parceiros terão de negociar ou concordar em relação ao significado do que as duas partes estão se comprometendo. Em vez de abordar o debate como quem está pronto para ceder, acredito que seja melhor lidar com qualquer assunto com a postura de colaboradores.

DREAM TEAM: FORD, EDISON E FIRESTONE

Uma das equipes de apoio mais surpreendentes da história dos negócios foi composta por Henry Ford, Thomas Edison e Harvey Firestone. Esses três mestres da indústria não tinham concorrentes, mas, em vez de se cercarem de bajuladores e puxa-sacos, procuraram a companhia uns dos outros para conselhos, incentivos e um feedback sincero.

Os três tinham muito em comum. Todos eram autodidatas, nascidos no meio-oeste e oriundos de famílias modestas. Combinavam um amor pela tecnologia com um tino inato para os negócios. Mais ainda, seus interesses comerciais frequentemente se sobrepunham. Ford inventou a linha de montagem que transformou a produção industrial. Suas fábricas demandavam enorme quantidade de eletricidade, entregue por Edison, que é largamente responsável pela criação da moderna unidade de pesquisa industrial que possibilitou tantos avanços automotivos. Já Firestone aperfeiçoou o pneu de borracha necessário para fazer todos aqueles Modelos Ts se locomoverem.

Mas a relação entre eles era mais profunda do que as alianças estratégicas. Os três homens e suas famílias passavam o inverno juntos na Flórida (Ford e Edison eram, literalmente, vizinhos de porta). Lá, passavam horas avaliando os sucessos e os fracassos uns dos outros. Chegaram até mesmo a construir um laboratório conjunto de pesquisa em Fort Myers (um dos projetos incluía encontrar um substituto para a borracha).

Seus empreendimentos mais conhecidos foram uma série de viagens de acampamento feitas em todos os verões entre 1914 e 1924. Intitulando-se Os Vagabundos, eles partiam pelos Estados Unidos em caravanas de carros empilhados de tendas e outros equipamentos, frequentemente na companhia de naturalistas como John Burroughs e Luther Burbank, ou até mesmo de um presidente ocasional. Na mesma viagem ia um batalhão de repórteres e câmeras convidados. Os arquivos mostram imagens dos homens jogando panquecas para cima, cortando lenha e — é claro — girando a manivela dos automóveis.

Na raiz de toda a relação: incentivo trilateral. Mais tarde Ford se lembraria que, em 1896, quando estava desenvolvendo o carro a gasolina, Edison foi o primeiro a reconhecer seu valor.

— É isso mesmo! — disse Edison, batendo na mesa. — Você acertou em cheio! Seu carro é autossustentável e carrega a própria unidade de força.

Mais tarde, Ford escreveu:

— Aquele murro na mesa valeu o mundo para mim. Ninguém até então havia me dado o menor incentivo. (...) E então, de repente, debaixo de um céu azul, o maior gênio inventivo do mundo havia me dado a mais completa aprovação.

É fascinante de se pensar que esses três homens, cujas invenções levaram o mundo a um novo patamar de mobilidade e conectividade tecnológica, foram igualmente inventivos ao se conectar em nível humano.

CAPÍTULO 4

Faça disso a sua vida

As táticas, as estratégias e as estruturas — de organizações formais até grupos de ajuda pessoais — para lhe ajudar a se manter no rumo

Um pouquinho de estrutura já ajuda muito

Como um garoto escaldado que nasceu do lado errado dos trilhos de Latrobe, imaginei que ser escolhido para uma das sociedades secretas de Yale seria uma ambição grande demais. Não sendo um cara muito paciente, do tipo "vamos ver o que acontece", organizei nos primeiros anos um grupo de amigos e comecei uma associação chamada The Old Campus Society. Um dos propósitos assumidos do grupo era formar uma "fraternidade" — que se traduzia principalmente em camaradagem e diversão. E com o tempo acabamos transformando o grupo em um diretório da fraternidade Sigma Chi.

Nós estabeleceríamos quais regras seguir (ou quebrar), e o grupo me fez sentir que com aquelas pessoas eu podia contar. A experiência me permitiu ganhar um pouco de confiança e um novo grupo de amigos. Mas como não tínhamos uma estrutura montada, rituais a serem seguidos ou um protocolo de regras e tradições a nos guiar, acabamos não nos tornando tão íntimos como poderíamos. Para isso, tive de esperar.

No meu último ano em Yale fui chamado para uma das sociedades mais importantes da universidade, as chamadas "sociedades secretas", das quais a Skull and Bones é a mais famosa. O mistério que circunda esses grupos recebeu grande atenção durante a campanha presidencial de 2004, quando os dois candidatos, George Bush e John Kerry, se recusaram a fazer comentários sobre terem sido integrantes da Skull and Bones — o que foi muito idiota, porque, quanto mais mistério você cultiva sobre uma sociedade secreta, mais perguntas são feitas!

O objetivo desses grupos não era incentivar atividades clandestinas e dúbias, ou realizar algum tipo de ritual destrambelhado; na verdade, eles são uma versão mais formal do apoio recíproco, como a Old Campus Society. Nosso grupo se encontrava duas vezes por semana para se ajudar durante a assustadora, febril e estimulante transição da faculdade para o mundo real.

O ápice aconteceu quando cada um de nós teve de compartilhar sua história de vida — de onde vínhamos, que batalhas tivemos de enfrentar, para onde estávamos indo e por quê. Nossas regras exigiam total confidencialidade — nada que alguém dissesse poderia sair daquela sala! —, o que incentivava uma total franqueza. A intimidade do nosso grupo fazia daquele um dos poucos lugares do campus onde podíamos ser simplesmente nós mesmos, sem medo de sermos julgados ou de ver aquilo que contamos vazar para a universidade inteira no dia seguinte. No ambiente competitivo e altamente estressante de Yale, aquelas sessões "secretas" eram o lugar mais seguro.

As reuniões foram cruciais para mudar minha vida. Foi a primeira vez que discorri longamente sobre os medos e as inseguranças que eu tinha por ter sido criado na classe trabalhadora — especialmente com um grupo em que muitos nomes podiam ser vistos nas paredes dos prédios da universidade. Mas os riscos que corri foram recompensados de muitas maneiras. Logo descobri que, apesar da família da qual eu vinha ou das aparências externas, todos nós lutávamos com coisas parecidas, tentando deixar nossa melhor marca no mundo, com as vantagens educativas que conseguimos. Uma vez compartilhado, meu passado parou de me envergonhar. Parecia mais uma marca de coragem.

Sem a estrutura formal, as regras e os mecanismos de garantia de uma sociedade importante de Yale, tenho certeza de que eu teria demorado anos para conseguir todas aquelas bênçãos. Só em retrospecto, depois das minhas próprias provações e atribulações recentes, e o trabalho e a pesquisa subsequentes da FG nos grupos de colegas, é que percebi exatamente por que aquele período da minha vida exerceu tanta influência no meu crescimento e na minha autodescoberta. Lá ganhei minhas relações de confiança! E havia rituais e códigos que governavam o comportamento que garantiam que aquelas pessoas de confiança fossem fortes e benéficas.

É claro que não tínhamos nenhuma das informações, da pesquisa ou dos rótulos e regras precisas que a FG tem hoje, mas mesmo os fundadores desses grupos, que remontam a 100 anos ou mais, entendiam o enorme poder do apoio mútuo. Eles criaram, e foram refinando ao longo de décadas, toda uma infraestrutura para cultivar e passar esse poder adiante para as gerações vindouras.

Hoje, a formalização desse poder em grupos não está limitada somente às elites universitárias — ou alcoólatras e pessoas que tentam desesperadamente perder peso, só para citar dois grupos que se baseiam em um apoio formal. Ela existe para qualquer um que tente superar seus desafios para atingir a grandeza.

DREAM TEAM: UNIVERSIDADE DE PHOENIX

A Universidade de Phoenix, uma organização extremamente bem-sucedida e com fins lucrativos fundada por John Sperling em 1976 com a missão de dar acesso à educação para adultos que trabalham, incluiu os grupos como parte crucial do modelo de aprendizado desde a sua criação. Projetos em grupo respondem por cerca de um terço da nota de cada disciplina. Como Terri Bishop, vice-presidente executiva de assuntos externos da universidade, me contou: "A maioria dos nossos alunos chega em casa cansada do trabalho e ainda precisa estudar. O que motiva os alunos a irem à aula ou a entrarem na internet? Geralmente, é uma coisa: saber que os membros da sua equipe confiam neles para apoio e cooperação mútuos."

Embora atualmente Terri supervisione os assuntos externos da faculdade, seu papel original foi o de diretora fundadora do programa de aprendizado on-line, ao final dos anos 1980. O trabalho em equipe também está no coração da administração, e muitos empregados da Universidade de Phoenix têm uma longa carreira na instituição que os faz passar por muitos cargos. Não é um lugar onde se formam feudinhos!

Embora eu tenha ficado agradavelmente surpreso pela forte presença do apoio mútuo no currículo e entre as equipes da universidade, realmente faz muito sentido que uma instituição voltada para o lucro esteja na vanguarda de como usar o apoio entre os pares em um contexto educacional. Na verdade, uma universidade com fins lucrativos tem dois objetivos: responsabilidade acadêmica e responsabilidade financeira. Assim como qualquer negócio, a Universidade de Phoenix tem de contentar seus clientes — os estudantes que a cada cinco semanas votam com seus dólares e procuram uma educação que os faça avançar na carreira. As empresas querem contratar empregados que tenham exatamente as técnicas de construção de equipe que a Universidade de Phoenix instila nos seus alunos em todos os cursos — a capacidade de obedecer, liderar e de trabalhar em colaboração com os outros para se atingir os resultados.

É claro que você pode abraçar os princípios de 3 *pessoas para mudar sua vida* informalmente, como fiz em alguns momentos da minha vida, e aplicar as mentalidades sem regras muito rígidas em torno de um compromisso e ver o que acontece. Mas há grande probabilidade de que dentro de algumas semanas ou meses você começará a perder o embalo e ter retornos decrescentes. Para realmente fazer o apoio dos pares — e a mudança que ele promete — se sustentar, precisamos pegar essas mentalidades e esses passos e lhes dar alguma estrutura para garantir que continuaremos no rumo certo.

Conheço bem os perigos de fazer tudo isso sem uma responsabilidade formal. Veja, por exemplo, as minhas primeiras experiências com a igreja dominical. Eu havia pego um lugar em uma congregação novíssima e me senti incrivelmente tocado e conectado a pessoas desconhecidas à minha volta, e quando a missa acabava, eu jurava a mim mesmo que nunca faltaria uma semana. Mas sem um grupo comprometido em cobrar a minha responsabilidade por aquele voto, a promessa nem sempre é cumprida. O mesmo aconteceu depois dos meus retiros para meditação. Eu saía de lá completamente centrado, alegre e com paz de espírito e convencido de que iria meditar todo dia pelo resto da vida. Alguns dias mais tarde a única coisa sobre a qual eu meditava era o e-mail que eu tinha de responder com o BlackBerry.

Há uma explicação bem simples para o significativo aumento de grupos de apoio formais nos últimos 20 anos: eles funcionam! De acordo com um estudo de 2004 conduzido pela Dun & Bradstreet para o grupo de apoio executivo Vistage, as empresas cujas diretorias se uniram ao Vistage quase triplicaram as receitas no período de dois anos.

— No Vistage, ajudamos nossos membros a pensar no que fazer e então cobramos deles essa responsabilidade — diz Rafael Pastor, presidente e CEO do Vistage.

Na Ferrazzi Greenlight vimos resultados verdadeiramente espantosos acontecerem também entre os nossos clientes. Em uma das empresas de engenharia e eletrônica mais importantes do mundo, diminuímos a rotatividade de funcionários em 30% entre os mil líderes de alto desempenho no nosso programa de treinamento. Esse treinamento se centrou em grupos de apoio entre colegas de divisões diferentes — o que agora chamamos de Grupos Greenlight.

Testemunhamos de perto os benefícios quase infinitos desses grupos. A seguir, uma lista dos cinco primeiros:

1. *Momento*. Uma vez que um grupo formal é criado, ele tende a se manter em movimento, o que promove a sustentabilidade. Uma estrutura de reuniões formais promove a longevidade e a estabilidade da organização. O compromisso e os incentivos de um grupo inteiro podem impedir que você desanime logo cedo.
2. *Estrutura*. Ao criar uma estrutura ao redor do seu grupo os compromissos passam a ser mais concretos, aumentando suas chances de crescimento e sucesso genuínos. Em vez de pensar no apoio entre os pares como algo que acontece uma única vez, você tem mais chances de separar um tempo que possa se pagar no longo prazo.
3. *Pressão dos pares*. Refiro-me àquela pressão positiva. Mais pessoas se reunindo regularmente com mais regras resulta em mais responsabilidade. Anteriormente falei sobre como se comprometer com mais gente aumenta suas chances de sucesso, porque você não vai querer decepcionar todo esse pessoal. O apoio formal pode ajudá-lo a realmente aumentar essa equipe que cobra as suas responsabilidades.
4. *Autosseleção*. Todos nós temos a capacidade inata de prosperar no contexto do apoio de um grupo — com a diferença de que algumas pessoas já são comprometidas com a autorreflexão e o autoaperfeiçoamento (senão, por que teriam se unido ao grupo?). A genialidade dos grupos de apoio formais é que as mesmas pessoas não só estão dispostas a ouvir os outros, mas são generosas o suficiente para dar início ao processo de ajuda mútua dos novos participantes. Por outro lado, há pessoas que jamais optariam em entrar em um grupo desses — pelo menos por enquanto!
5. *Diversidade*. Qualquer grupo, naturalmente, incluirá pessoas que passaram por experiências diferentes e têm formas distintas de olhar para as questões. Essa diversidade proporciona uma oportunidade para um leque mais amplo de talentos e de crescimento.

Nas próximas páginas deste capítulo, vou apresentá-lo a vários tipos de apoio formal — um gostinho dos grupos estabelecidos já existentes e à sua disposição —, grupos "básicos" que você pode começar sozinho com a ajuda deste livro, do apoio constante pela internet no site KeithFerrazzi.com e de um guia para levar o modelo de apoio aos colegas ao seu ambiente de trabalho, seja criando novos grupos ou utilizando o modelo Greenlight para turbinar as equipes já existentes.

Existe uma escola para cada peixe no mar

Existem inúmeras organizações de apoio aos colegas, cada uma com suas próprias taxas de inscrição e exigências para os participantes, que podem livrá-lo do peso de começar o seu próprio grupo do nada. A grande vantagem é que começar fica mais fácil, e você será apresentado a algumas pessoas novas e surpreendentes, pré-selecionadas por conta de sua experiência, e moderadores treinados vão se certificar de que tudo correrá bem. O ponto negativo é que o seu grupo pode não ser tão íntimo ou pessoal e que, na maioria dos casos, você terá de pagar alguma coisa.

Mas, independentemente de você estar querendo movimentar o seu grupo iniciante ou se juntar a um já existente, saber como alguns deles funcionam pode ser uma grande inspiração para a viagem de apoio aos colegas que virá pela frente.

Young Presidents' Organization

Um dos grupos de apoio formal mais respeitados que existem é a Young Presidents' Organization (ypo.org), uma organização sem fins lucrativos com aproximadamente 20 mil membros em diversas sedes no mundo inteiro. Geralmente, a participação na YPO é limitada aos líderes de grandes empresas com menos de 45 anos. (A organização irmã da YPO, a World Presidents' Organization, tem programas para alunos da YPO.) Mas a exigência mais importante é que você esteja totalmente comprometido a ajudar — e a aprender com — os outros líderes. Entre os "formados" da YPO estão o fundador da Intuit, Scott Cook, que declara que ele e sua família fizeram amigos para a vida inteira por intermédio da YPO, assim como o inovador da área de investimentos Charles Schwab, que atribui aos tecnomaníacos da sede da YPO no Vale do Silício sua inspiração de negociar ações por computador.

Fóruns da YPO de oito a 12 membros se reúnem mensalmente para oferecer apoio em tudo, desde negócios até política e como criar filhos. Encontros sociais maiores, no âmbito da sede (de 35 a 100 membros), permitem que os cônjuges e as famílias se conheçam, o que fortalece os laços e gera confiança. Os fóruns da organização não eram assim tão íntimos ou pessoais quando foram criados, na década de 1970, como conta Pat McNees no livro *YPO: The First 50 Years*. Mas, com o tempo, "os membros começaram a perceber que precisavam de alguma informação pessoal sobre eles para entender como eles tomavam decisões".

Os fóruns de hoje podem ser extremamente pessoais.

"Quando alguma coisa acontece, a primeira pessoa para quem você liga é alguém do grupo", afirma o membro Tish Nettleship no livro *YPO*, "ou então você liga para o moderador do fórum e ele contacta o resto do seu grupo. Já lidamos com muitas crises e isso sempre funcionou bem, com todos nós realmente apoiando os outros emocionalmente. Existe uma conexão verdadeira."

O grupo, entretanto, não se limita apenas ao apoio emocional. Em pelo menos um fórum a mulher de um membro que faleceu pediu que o fórum administrasse a empresa da família por um ano. Por quê?

— Porque o fórum saberia administrar melhor do que qualquer um — conta McNees.

— Os fóruns da YPO são totalmente focados em confiança — diz Jim Ellis, há muito tempo membro da YPO e agora da WPO, que passou as primeiras décadas de sua carreira subindo a escada corporativa e sendo proprietário ou administrador de empresas. — Acredite que seus companheiros de fórum vão ajudar a colocá-lo na direção certa.

A confiança de Jim foi posta à prova seis meses antes dele completar 50 anos, quando seu fórum unanimemente o desafiou a pensar no que fazer nos próximos 25 anos como se ele tivesse uma folha de papel em branco onde poderia escrever tudo o que quisesse. Depois de alguma resistência inicial ("Eu sabia que não tinha uma folha de papel em branco; eu precisava pagar a universidade dos meus filhos, as prestações da casa e tinha uma família a sustentar"), ele passou um mês pensando seriamente na questão e encontrou a seguinte resposta:

— Eu queria compartilhar o que havia aprendido em 27 anos de estrada, seja dando aula, palestras, escrevendo ou prestando consultoria.

Evidentemente, Jim continuava sem acreditar que qualquer uma dessas coisas fosse possível de se fazer — até algumas semanas depois, quando recebeu uma ligação de alguém dizendo que a Universidade Southern California estava procurando um professor de marketing em tempo integral.

— Se não tivesse sido o empurrão dado pelo fórum, pelos meus colegas, eu teria dito que não estava interessado nem teria pensado no assunto — recorda Jim.

Mas, em vez disso, ele disse que sim e passou a ser um dos 13 candidatos para a vaga. — O único que não tinha Ph.D. Muitas rodadas de entrevistas depois, a vaga era dele.

— De repente, tudo mudou. No dia 6 de janeiro de 1997 dei minha primeira aula. No dia 9, comemorei meu 50º aniversário. Seis meses depois, eu havia vendido as minhas três empresas e peguei também alguns trabalhos de consultoria e algumas palestras para fazer. Estava em uma carreira totalmente nova e estou nela há 11 anos, simplesmente graças ao empurrão dado pelos meus colegas nessa direção.

Hoje, Jim é o reitor da Marshall School of Business da USC. Perguntei a ele se a carga de trabalho na universidade era menor do que no mundo corporativo.

— Que nada, é muito maior! — respondeu. — Mas tudo bem, porque é muito fácil se apaixonar realmente pelo meu trabalho hoje em dia, fazendo as coisas acontecerem para os jovens. Fazer uma diferença.

Construção de técnicas executivas na Vistage

Uma organização parecida com a YPO, mas com uma base de associados mais diversificada é a Vistage (vistage.com), cujo nome se originou das palavras "vista" e "*advantage*" [vantagem]. Essa operação com fins lucrativos, fundada em 1957 e antes chamada de The Executive Committee (TEC), tem cerca de 15 mil afiliados em 15 países inscritos em uma série de programas para CEOs, executivos de alto escalão, donos de pequenas empresas e prestadores de serviço como advogados e contadores. Em 2008, mais de 1.800 CEOs se juntaram à Vistage nos Estados Unidos, um recorde.

Reuniões mensais da Vistage se dão em volta de um presidente escolhido pela empresa, um técnico remunerado e cuidadosamente selecionado (geralmente, um ex-CEO ou outro executivo de alto nível), que comanda os grupos.

— O presidente é treinado para fazer perguntas desafiadoras e incentivar o grupo a fazer o mesmo — diz o CEO Rafael Pastor. — Se você for muito inquisitivo, acabará ajudando o participante a perceber exatamente qual é o problema. É como quando você vai a um médico e diz "Estou com um problema no ouvido" e antes de se dar conta ele já está enfiando um instrumento no seu nariz. E você estranha: "Mas o problema é no ouvido." Você não notou, mas as duas coisas são relacionadas e o problema está mesmo no nariz. O mesmo acontece aqui. Alguém pode dizer "Acho que a minha equipe de vendas não está entendendo o xis da questão". E então você pergunta: "E o que seu departamento de marketing está falando sobre o produto?" No início, o participante dirá: "Não é isso, estou falando da equipe de vendas." Mas você o desafia e pergunta: "Sinceramente, o que o seu departamento de marketing tem feito?" E a pessoa descobre que o marketing está falando um monte de clichês que não ajudam o departamento de vendas.

Como acontece com todos os grupos eficazes de apoio a colegas, as reuniões do Vistage são francas e duras.

— Juntamente com a confiança, a preocupação com o outro e o crescimento, nosso valor central é o desafio — afirma Rafael. — Dizemos aos novos membros que, se eles quiserem vir aqui e esperar que as outras pessoas balancem a cabeça afirmativamente, não precisam ter o trabalho de perder o tempo e o dinheiro. Portanto, é uma autosseleção. As pessoas que se juntam a esses grupos não são moscas mortas; vêm porque estão prontas para colocar seus assuntos mais difíceis na mesa e ter a maneira como os enfrentam criticada.

Retirando a solidão da jornada empreendedora

Há alguns anos fiz uma apresentação em Nova York para outra rede de apoio aos colegas, a Entrepreneurs' Organization (EOnetwork.org), iniciada por ex-membros da YPO que acreditavam que os donos de empresas deparavam com desafios próprios que mereciam fóruns dedicados a eles. Os membros participam de uma reunião mensal na qual de oito a dez colegas empreendedores apresentam problemas que então são examinados e postos à prova pelo grupo. Todo grupo tem um moderador que é treinado mas não remunerado, e o formato se espelha nos fóruns da YPO. A EO tem cerca de 7 mil membros distribuídos por 100 sedes locais no mundo inteiro.

Matthew J. Weiss administra um escritório de advocacia especializado em contestar multas de trânsito por todo o estado de Nova York sob a marca 888 Red Light; ele é o presidente da sede nova-iorquina da EO.

— O paradigma do fórum da EO geralmente é descrito como dar aos membros uma diretoria própria — diz ele —, mas também já ouvi chamarem de "terapia para os donos de empresas". Para mim, a melhor maneira de nos descrever é dizer que proporcionamos um arcabouço organizado para que os assuntos que eu esteja enfrentando sejam trazidos à baila, responder a perguntas inteligentes sobre eles e ouvir dos meus colegas experiências semelhantes já vivenciadas por eles. Por meio desse processo, estou mais bem-armado para pensar em como enfrentarei a situação.

Matthew se envolveu na EO por intermédio de um amigo:

— Fui a um evento para atrair novos componentes e percebi como isso poderia me ajudar. Administro o meu negócio totalmente sozinho, não há ninguém no topo da pirâmide para me ajudar. Mas tenho uma rede de colegas com quem posso compartilhar ideias e que pode me ajudar a evitar cometer erros. Isso preencheu um vazio enorme para mim.

E, como sempre acontece com o apoio recíproco, é uma via de mão dupla.

— Certamente, existe um sentimento de satisfação de ter ajudado outro ser humano — diz Matthew. — Estamos ali para facilitar o aprendizado entre os pares e para crescer. Nesse sentido, evitamos aqueles que parecem só estar ali para conseguir o máximo de cartões de visita possíveis.

Os fóruns da EO, como outras comunidades de apoio mútuo, inevitavelmente terminam aconselhando os membros em assuntos pessoais, tanto quanto em questões empresariais, de modo que a expressão "terapia para os donos da empresa" não está muito longe de ser verdade.

— O fato é que descobrimos que as questões pessoais afetam as empresariais mais do que os negócios afetam a vida pessoal — declara Matt Stewart, presidente eleito da EO e dono de três empresas, incluindo uma que treina estudantes universitários em técnicas empreendedoras fazendo com que eles administrem uma loja de tintas e pinturas durante o verão. — No meu caso, estou convicto de que já teria me divorciado se não tivesse participado de uma apresentação do fórum no verão de 2001 e no ano passado também, quando todo mundo jogou tudo na minha cara.

Em 2001, Matt e sua mulher passavam por um caso de depressão pós-parto, embora o diagnóstico tenha demorado um pouco.

— Nessa época, fiquei frustrado. A depressão se manifestou com a minha mulher sendo áspera e rabugenta comigo e eu sem saber como lidar com isso. Por isso, levei o assunto ao fórum e, como sempre, comecei a tratar do assunto como se estivesse tudo sob controle, com todas as minhas defesas posicionadas.

Matt expôs a situação claramente — a saber, que sua mulher tinha um problema e precisava fazer x, y e z para tratar dele. As duas primeiras pessoas a darem feedback basicamente concordaram com ele.

— Isso costuma acontecer, mas, em algum momento, alguém simplesmente chuta o balde e aí a conversa toda muda de figura. A terceira pessoa a fazer um comentário era mulher, graças a Deus, porque foi ela quem disse: "Você só está preocupado com você. Mas não é você a questão! A questão é a sua esposa. E o lado dela?" Houve um bochicho e tudo mais, mas logo depois admiti: "Caramba, nunca tinha pensado *desse* jeito!"

E a segunda vez que a EO salvou o casamento de Matt?

— Tenho várias empresas lucrativas, mas também tenho uma empresa de hipotecas na qual afundei bastante dinheiro em vez de cair fora quando as coisas começaram a ir mal. Por isso, passamos por um bocado de estresse financeiro, e o que não percebi foi que a minha mulher, que passa o tempo todo cuidando da contabilidade, estava carregando todo esse fardo. Eu ficava ro dando o mundo de classe executiva e comendo filé mignon como parte da minha profissão, enquanto ela ficava em casa com as crianças comendo arroz com feijão e tentando imaginar um jeito de pagar as contas do mês seguinte. Obviamente, foi preciso que o meu fórum me fizesse perceber isso. Eu tinha falado para ela parar de olhar o talão de cheques e reclamar comigo.

"Eu simplesmente não tenho palavras para dizer o quanto é bom ter esse grupo, onde posso abrir meu quimono e aguentar tudo. Você pode imaginar ter dez pessoas que lhe conhecem tão bem quanto a sua família e estejam dispostas a ajudar? Ninguém nunca duvida de que elas ajudarão umas às outras, porque é isso o que elas fazem."

Fazendo as coisas acontecerem

Fóruns e reuniões mensais não são a única maneira pela qual os grupos de apoio formais funcionam. Dê uma olhada em um programa chamado Getting Stuff Done [Fazendo as Coisas Acontecerem], que é uma ótima maneira de praticamente qualquer um já sair com uma vantagem. Ele foi desenvolvido por Michael Simmons, da Extreme Entrepreneurship (ExtremeE.org), para promover a responsabilidade pessoal e priorizar as metas. Os membros ligam todo dia de manhã para uma conference call chamada "hora de força", oito minutos antes de começar a tal hora, e se comprometem a conseguir algo específico durante a hora seguinte.

Patricia Hudak, de Jersey City, participa diariamente do Getting Stuff Done. Ela é uma jovem empreendedora que fundou o RealWorld101.org, site dedicado a ajudar recém-formados na faculdade a se preparar para o mundo real — serviço completo, desde pagar impostos até preparar o jantar. Entre os objetivos diários de Patricia está dar 20 telefonemas de vendas às faculdades.

— Quando se trabalha sozinho, é difícil manter a animação. Isso é como trabalhar com uma equipe, uma espécie de escritório virtual.

Além da hora de força, Patricia trabalha com um amigo que lhe cobra responsabilidade, o também empreendedor Arel Moodie, por intermédio do mesmo programa. Todo dia de manhã eles se falam e definem três metas que cada um deve cumprir durante o dia; mais tarde eles voltam a se falar e conferem o que deu certo e o que não deu. Declara Patricia:

— Arel me diz: "Muito bem, o que está impedindo que isso seja feito? O que poderia ter sido melhor?" No fim do dia, você pode ver se realmente deu o seu melhor, ou se só perdeu tempo navegando na internet.

DREAM TEAM: CHARLES SCHWAB E O NEGÓCIO DOS RELACIONAMENTOS

Quando Charles Schwab fundou sua corretora em 1975, ele tinha um mandamento: "barato." Schwab morava em São Francisco — longe das salas elitistas e forradas de madeira das grandes corretoras de Nova York. Seu objetivo era tornar a compra de ações acessível para o homem comum da rua — e sua ideia era facilitar o processo utilizando a mais avançada tecnologia de computador para as compras de ações.

Com o tempo, Schwab percebeu que poderia oferecer aos clientes tanto eficiência como um incrível serviço de atendimento a eles; o corretor transformou sua empresa em um "clube", onde a associação era aberta. O resultado foi uma lealdade à marca inigualável. Schwab tem hoje mais de 7 milhões de contas de corretagem de clientes e administra atualmente mais de US$ 1 trilhão em ativos.

— Gradativamente fui me encaminhando para ser não só uma firma de transações, mas uma empresa de relacionamentos — disse Schwab ao *San Francisco Chronicle* em 2007. — Essa é a grande direção que esta empresa está tomando, e a cada dia ficamos melhores nesse quesito. Portanto, há 15 anos eu teria dito "Queremos ser a melhor empresa de corretagens baratas", mas hoje quero que ela seja a empresa de melhor relacionamento entre os serviços financeiros.

O mandamento se estende às relações entre os 13.500 empregados da empresa. A corretora é conhecida pelas suas redes de apoio internas, chamadas de Grupos de Recursos para os Funcionários. Entre eles há grupos para minorias, gays, mulheres e veteranos das Forças Armadas, sendo cada um dividido em 24 sedes espalhadas por todos os Estados Unidos. O objetivo é promover a diversidade, o treinamento, a formação de mentores e a interação com comunidades locais. Por exemplo, em 2008 a Rede Interativa de Mulheres se associou a uma empresa de desenvolvimento de carreira de São Francisco para patrocinar uma série de painéis mensais na hora do almoço, abertos para todas as profissionais da região da grande São Francisco — e esse é apenas um exemplo de como Schwab estendeu sua crença nos relacionamentos para as nossas comunidades.

Faça você mesmo

Dar início a um grupo próprio não é fácil e a ideia pode lhe deixar meio incomodado no começo. Como bem colocou Jon Bischke, um dos fundadores do Billionaires' Club:

— As pessoas têm muito medo de se expor e começar um desses grupos — diz ele. — Porque realmente *dá* medo. Você pode ter medo de as pessoas não quererem entrar, ou de que elas não vão aparecer, que elas não vão se abrir e se permitirem ser vulneráveis. Você pode ter medo de que as pessoas não vão dizer a verdade, ou que *vão* falar a verdade até demais. Mas, no meu caso, quando passei pelo processo de formar um grupo, isso se tornou uma das experiências mais positivas da minha vida.

Sei exatamente o que Jon sente. Começar seu próprio grupo de apoio formal se parece muito com fundar uma empresa: é preciso ter "clientes", um "produto" viável e uma maneira de ligar um ao outro. Você vai se preocupar com questões como lealdade, sustentabilidade, e gerenciar tudo isso. Uma grande diferença (para levar a analogia mais longe) é que você "abrirá o capital" e tornará público o seu grupo de apoio formal logo no início — quer dizer, ele pertencerá a todos os membros, independentemente de quem fundou. Você só será o líder até ter admitido o segundo membro.

As metas gerais coletivas provavelmente determinarão a natureza do grupo. Se você precisar de ajuda nos seus objetivos empresariais, como eu, provavelmente vai querer ter pessoas com expertise e experiência suficientes para fazer acontecer —

gente que entende e se preocupa com os outros, como já falei anteriormente. Mas o fato é que não existe um limite ao tema ou ao propósito de qualquer grupo. Ele pode ser organizado em torno de uma missão comum (por exemplo, assistentes administrativos querendo progredir nas empresas em que trabalham) ou simplesmente envolver um grupo de profissionais com o mesmo tipo de visão querendo avançar em suas carreiras (advogadas que compartilham do objetivo comum de se tornarem sócias de seus escritórios). Ele pode existir dentro de uma empresa ou se compor de pessoas de setores completamente diferentes. Todos os componentes podem ter a mesma profissão, ou ter cargos diferentes mas necessidades semelhantes na carreira, em como serem mais eficazes como líderes, andarem mais rápido ou outras metas estratégicas. Os grupos também podem ser organizados com base em metas pessoais: encontrar um parceiro para toda a vida, integrar a espiritualidade na vida cotidiana ou criar filhos centrados e emocionalmente saudáveis.

Você já conheceu pessoas bem-sucedidas nesses grupos, enquanto outras que mostramos neste livro existem inteiramente na esfera virtual, como o grupo internacional Um Ano, Uma Meta (One Year One Goal), ou a equipe de apoio organizada por Hanif Rehman, na Inglaterra, que usa o Skype para manter conversas telefônicas gratuitas. Hoje em dia, evidentemente, até grupos tradicionais de "gente de carne e osso" fazem uso do e-mail, das mensagens de texto e dos sites de relacionamento como o Facebook e a GreenlightCommunity.com para manter um contato diário. A tecnologia facilitou muito a organização e a manutenção do apoio mútuo — mas tenha em mente que todos esses artefatos eletrônicos não passam de ferramentas; independentemente de quantos botões você apertar, o apoio recíproco *sempre* estará relacionado às pessoas envolvidas.

No decorrer dos vários anos que levei para escrever este livro minha equipe no Greenlight Research Group avaliou as melhores comunidades que existem para apoiar colegas e realizou centenas de entrevistas com grupos formais e informais. O resultado é a extensa lista de recomendações e considerações apresentadas aqui para lhe ajudar a lançar o seu próprio "Greenlight Group" — ou seja lá o nome que você quiser dar a ele.

Embora eu tenha desejado proporcionar detalhes suficientes para você começar, também estão disponíveis, no site KeithFerrazzi.com, para obter um kit gratuito para iniciantes com um processo mais detalhado e regras para primeiros encontros, assim como seções de solução de problemas, folhas de trabalho, exercícios de intimidade e mais.

Como conduzir uma reunião

Antes de mergulharmos nos detalhes básicos (mas divertidos!) de como convocar e avaliar os membros e então ter o seu grupo alinhado e pronto para rodar, a seguir, uma lista rápida para lhe ajudar a visualizar como devem se desenrolar as reuniões. O formato em si, provavelmente, vai evoluir de acordo com os desejos dos envolvidos, mas essa é uma pauta eficaz para reuniões normais. Este formato pressupõe uma reunião de duas horas com seis participantes.

1. Reiterar os votos do grupo (5 minutos)

Como um *mantra* coletivo antes de uma aula de ioga ou da abertura inspiradora que dá início a um congresso, essa é uma rápida reafirmação dos objetivos e valores mais elevados que o seu grupo decidiu honrar — e uma lembrança de que as reuniões são *sempre confidenciais* e que esse é um lugar seguro para se compartilhar as coisas.

2. Depoimentos pessoais e profissionais (3 minutos por pessoa; 20 minutos ao todo)

Cada membro compartilha os sucessos e desafios pessoais e profissionais pelos quais passou desde a última reunião. Em uma recente reunião do Billionaires' Club a participante Elizabeth Amini falou que contratou um neuropsiquiatra como consultor para os jogos anti-idade que ela está desenhando e que nas semanas seguintes pretendia contratar um gerente financeiro. Depois, ela comentou com o grupo sobre uma viagem que tinha acabado de fazer a outro continente como voluntária para o programa Habitat para a Humanidade. Ela descobriu que pessoas em muitos países menos desenvolvidos têm uma necessidade muito maior de água potável do que de novas casas, por isso ela pretende incluir iniciativas para obtenção de água limpa entre as causas para as quais doa 20% dos lucros da empresa antes do imposto de renda. Isso é que um update inspirador!

Os participantes também compartilham suas lutas — como, por exemplo, a mudança para um novo bairro que está causando estresse na família, ou algum problema em conseguir sustentar o compromisso de mudar de comportamento, como manter a calma. Use uma escala de 0 a 5 para os envolvidos avaliarem pessoalmente seu sucesso em sustentar uma mudança de comportamento.

3. Atenção especial (20 minutos)

Um membro pré-selecionado na reunião anterior vem preparado, com material escrito, para discutir algum assunto importante. Pode ser uma nova meta, um problema de comportamento, uma questão no trabalho com vários cursos possíveis de ação ou alguma coisa profundamente pessoal. Os outros membros escutam com atenção e empatia. (Leia mais sobre a atenção especial posteriormente, ainda neste capítulo.)

4. Sparring (30 minutos)

Todos os membros têm a chance de travar um diálogo com o membro que recebe a atenção especial. As inquirições devem ser socráticas e destinadas a pinçar insights mais profundos. (Veja o Sexto Passo: Aprenda a lutar!, página 220.) Não se preocupe se você não dispuser de todas as informações de que precisa para fazer um comentário; isso é simplesmente impossível durante uma reunião de duas horas, nem é necessário. A questão não é "resolver" um problema, mas instigar o sujeito a pensar de maneiras novas e diferentes.

5. "Eu sugeriria que..." (15 minutos)

Uma vez que a pessoa discutiu suas questões e passou pela fase do sparring, cada membro tece um comentário sobre a situação, começando com "Eu sugeriria que..." — A linguagem aqui, focando na sugestão, é importante: faz lembrar a todos que o poder e a responsabilidade de analisar os dados apresentados está *sempre* nas mãos do indivíduo. Ninguém diz a ninguém o que fazer e, a propósito, dividir histórias ou experiências é muito melhor do que dar conselhos. (Com o tempo, um dos amigos pode passar a ser um conselheiro mais próximo.)

Comentários do tipo "Eu sugeriria que..." podem envolver uma referência a um mentor em potencial, ou alguém que possa dar um conselho ou serviço tático, acesso a algum tipo de recurso, uma informação que os membros considerem relevante, uma história cheia de insights ou qualquer coisa que poderia ajudar o colega. Se o participante de um grupo não tiver insight ou experiência alguma a compartilhar, tudo o que tem a dizer é algo do tipo: "Não sei bem se tenho algo de útil a acrescentar, mas estou aqui para lhe dar o meu apoio. Sei que você pode vencer."

6. Questões do grupo (10 minutos)

Uma discussão permanente da dinâmica do grupo, seus desafios, novos membros e questões de logística. Deve-se também confirmar o local da próxima reunião e escolher o moderador e o participante que receberá a atenção especial. Se o grupo for passar um dever de casa como ler um livro, a hora é agora.

7. Resumo e estipulação de compromissos
(3 minutos cada; 20 minutos no total)

Todos os membros devem atualizar o grupo em relação aos compromissos estabelecidos na semana ou no mês anterior — dependendo da frequência dos encontros. Isso pode incluir a revisão dos trabalhos recentes com o amigo que cobra responsabilidade de cada participante. Os compromissos são registrados por escrito e distribuídos ao grupo.

Formando um Grupo Greenlight

Agora que você tem a ideia de como uma reunião de um Grupo Greenlight deve transcorrer, vamos pensar em construir sua equipe. Os membros do seu Grupo Greenlight devem possuir as mesmas qualidades de qualquer parceiro de apoio mútuo. Devem entender as Quatro Mentalidades — franqueza, vulnerabilidade, responsabilidade e generosidade — e estar dispostos a colocá-las em prática dentro do grupo. Mas como agora você está formando uma *equipe* em vez de um relacionamento de apoio individual, existem algumas qualidades adicionais que precisam ser procuradas e cultivadas.

A primeira é a *diplomacia* — aqueles talentos interpessoais que remontam a uma capacidade de cooperar e manter a discussão focada e produtiva, de modo que as reuniões não desandem em papos-furados sem um norte. A diplomacia também se faz necessária na hora de se lembrar da diferença entre *colaborar* e *ceder*! Como já comentei, ceder não é o padrão ideal para uma equipe de trabalho, porque sugere que as pessoas estejam aceitando menos do que seria do seu interesse, só para "seguir em frente". A colaboração, por outro lado, indica que todo mundo trabalha junto em direção a um objetivo comum — que, no caso de um Grupo Greenlight bem-sucedido, pode simplesmente ser *Aqui ninguém fracassa*. Os colaboradores também sabem como perguntar "O que você quer?" — uma pergunta tão básica que, geralmente, as pessoas se esquecem de fazer. Quando você pergunta sinceramente — mostrando que se importa em ouvir a resposta certa —, acaba encontrando um ponto em comum.

    A segunda qualidade que pode ajudá-lo a promover uma dinâmica de grupo eficaz é uma atitude positiva e pró-ativa. Partindo-se do princípio de que o grupo passará por conflitos e encontrará dificuldades pelo caminho (e vai mesmo), uma atitude positiva é muito mais importante do que qualquer expertise. Quando a questão é apoio mútuo, *todo mundo* tem algo a oferecer. Posso garantir que o cara que administra a mercearia do seu bairro tem algum insight sobre a sua carreira ou negócio no qual você ainda não pensou — especialmente se ele tiver uma atitude positiva. A questão aqui não é sair correndo e recrutar o dono da mercearia; só não faça um pré-julgamento de onde o seu apoio vai vir.

    Lembre-se de que um dos meus conselheiros mais próximos é o meu médico Rob Dirksen; ele, com certeza, não conhece os meus negócios profundamente, mas me entende e é indispensável como um dos vários conselheiros que cobram a minha responsabilidade para alcançar minhas metas. Dependendo dos objetivos do seu grupo, pode ser necessário que todos os participantes sejam do mesmo ramo de negócio, ou que pelo menos entendam as questões empresariais que você enfrenta. Mas não se preocupe se você ainda não conseguiu encontrar o expert perfeito. Você já estará caminhando muito bem se conseguir diplomatas positivos que tenham o mesmo nível de ambição e comprometimento que você. E é preciso começar de algum lugar!

Pessoas positivas são relativamente fáceis de serem percebidas. A primeira coisa que você vê é a generosidade. Elas adoram ajudar os outros, porque não acreditam em uma torta finita. Elas podem se dar ao luxo de serem altruístas porque veem a abundância financeira em toda a sua volta. Elas não têm medo de que você roube as ideias ou desperdice o tempo delas. Elas não têm medo de serem vulneráveis, de oferecerem franqueza ou de cobrar as suas responsabilidades, porque veem esse tipo de coisa como boa e generosa. Quando você desce ao âmago da questão, as pessoas positivas são naturalmente antenadas às Quatro Mentalidades da ajuda mútua.

Em um grupo formal, você vai querer escolher pessoas a quem você não só respeita e admira, mas que também são parecidas com os seus colegas. Embora você possa ter mentores ou conselheiros individuais que sejam mais velhos do que você, essa dinâmica não funcionará assim tão bem em um grupo, que exige muito compromisso não só com você mas em relação a todas as outras pessoas. Todos os participantes precisam sentir que o compromisso não só é valioso, mas essencial para o sucesso de todos.

Ao escolher os membros do seu grupo, concentre-se em encontrar:

- Colegas que você respeita e admira e que não vão lhe deixar na mão.
- Pessoas que realmente cobrarão sua responsabilidade e respeitarão os valores centrais dos outros.
- Pessoas altamente motivadas que compartilham o seu nível de ambição e podem até fazer você se esticar!

- Pessoas orientadas para resultados — mesmo que elas ainda não tenham articulado devidamente seus próprios objetivos.
- Pessoas com uma atitude positiva e pró-ativa.
- Pessoas que ouvem com simpatia e tendem a repetir o que você disse de uma maneira que deixa claro que elas estão entendendo tudo.
- Pessoas com formações diferentes, de maneira a se ter diversos pontos de vista. No grupo interno de uma empresa, tente procurar participantes vindos de diversos departamentos — marketing e vendas, ou contabilidade e tecnologia.

Quantos participantes devem compor um grupo? Bem, menos de três não é um grupo de verdade — basicamente, são duas pessoas se auxiliando reciprocamente. E mais de sete ou oito pessoas tende a dar muita confusão, especialmente se você estiver utilizando o modelo do Grupo Greenlight. Tenha em mente que oito pessoas falando por 15 minutos gera uma reunião de duas horas — e isso sem as perguntas ou os comentários iniciais. A maioria dos grupos que conheço se limita a cinco ou seis pessoas, mas até mesmo grupos de três podem dar certo, especialmente se todos forem muito próximos.

Não se surpreenda se demorar algum tempo até o grupo inteiro se formar. Recomendo encontrar uma ou duas pessoas e começar por elas. Depois você pode acrescentar outras, à medida que vocês forem se acostumando. Seja exigente, não se apresse para juntar um monte de corpos em volta da mesa.

Básico de recrutamento

O recrutamento é um esporte coletivo. Assim que você adicionar um participante, o grupo passa a pertencer meio a meio a você e à outra pessoa. À medida que vocês forem acrescentando mais, a propriedade vai se dividindo em partes iguais. Você não tem direito a qualquer privilégio ou orgulho especial como fundador. Sei bem como é esse negócio de "fundadorzite" — já passei por isso —, portanto, evite qualquer sentimento glorioso de ser dono do grupo ou de merecer um tratamento especial.

Essa união almeja o crescimento, contribui para o crescimento dos outros e *todo mundo* tem direitos iguais de liderar de uma maneira poderosa. Também reconheça que a alternância de pessoas em um grupo é inevitável — comemore as graduações dos outros, em vez de temê-las. Isso significa apenas que você precisará de um sistema de recrutamento à medida que vai em frente. Uma vez que você tenha um núcleo central, pode começar a chamar outras pessoas para serem participantes em período probatório. Depois de três meses, os envolvidos votam se aceitam o novo membro como permanente. (A votação deve ser unânime e transparente, já que ninguém deve se tornar membro se deixar qualquer outro desconfortável.)

Todos devem concordar ao acrescentar novas pessoas ao grupo, mas há uma ressalva que deve ser feita: todos precisam ter a cabeça completamente aberta ao considerar quem é "apropriado". Você deve exercer o seu direito de veto quando:

- Os valores e objetivos da outra pessoa não estiverem em linha com o objetivo do grupo
- A outra pessoa não tiver tempo ou vontade de se comprometer
- A outra pessoa tiver uma compreensão radicalmente diferente do que seja o sucesso

Não vete uma pessoa se ela:

- For irritante
- Tiver um gosto horrível
- For diferente de você
- For alguém que você simplesmente não goste

Críticas vagas ou o simples fato de não ir com a cara de alguém geralmente são ocasionados por preconceito ou por algum tipo de bagagem pessoal. Aprender a lidar com aqueles com os quais você talvez não simpatize imediatamente — partindo-se do princípio de que seus valores e compromissos estejam alinhados com os do grupo — pode ser um grande exercício. Aliás, isso pode até levar a um ponto de vista transformador na sua vida que de outra maneira teria sido inteiramente perdido. "Mantenha seus preconceitos em suspenso" deve estar bem forte na sua mente ao selecionar seus recrutas. E vá com calma: antes de vetar qualquer pessoa, comprometa-se a ter pelo menos dois longos jantares com ela. Se você perceber que ela está realmente comprometida a melhorar, sua percepção dos "defeitos" dela pode mudar radicalmente.

Por outro lado, pessoas pessimistas, que só reclamam e não mostram nenhum sinal de melhorar com o tempo, podem ser acompanhadas até a porta. Não há nada de errado com um período de teste, desde que se explique isso desde o início ao aspirante. A maioria das pessoas vai se sentir honrada em pertencer a um grupo que leva o ingresso em suas hostes tão a sério. A mera sugestão de um selo de qualidade já pode ajudar a aumentar o nível de engajamento e de compromisso das pessoas.

O que fazer e o que não fazer na hora de recrutar

O que fazer:

- Mantenha o tamanho do seu grupo entre três e seis integrantes.
- Ressalte bem, e não diminua, o nível de comprometimento necessário para fazer parte dele. As pessoas que tendem a evitar conflitos não gostam de assustar os outros e podem diluir as necessidades do grupo só para conseguir que os outros digam sim. Seja franco, especialmente durante o processo de recrutamento.

O que não fazer:

- Apressar as coisas — é melhor operar com um integrante ou dois até encontrar os parceiros certos.
- Não acrescente novos membros a não ser que o grupo os aprove unanimemente.
- Não permita que ninguém vete outra pessoa rápido demais, sem um ou dois longos jantares para tentar criar um vínculo.
- Não tenha medo das mudanças. Os grupos são dinâmicos; a entrada e a saída das pessoas fazem parte do processo.

A segunda vez é sempre mais fácil

Você precisará de um ponto de encontro, a não ser que o seu grupo só se encontre virtualmente por telefone. Onde as pessoas vão se sentir mais relaxadas e engajadas? As salas de estar costumam ser o lugar mais fácil (é em uma delas que o meu grupo se encontra); o melhor é que seja feito um revezamento das casas ou dos apartamentos. O grupo de Bill George se encontrou em uma igreja local por vários anos e acho que nenhum dos participantes pertencia àquela igreja em especial.

Para aqueles que estiverem considerando um Grupo Greenlight para o ambiente de trabalho, aconselho marcar pelo menos as reuniões iniciais em um lugar fora do escritório. Encontre um espaço mais reservado, onde as pessoas se sintam como se estivessem em um refúgio — mesmo que seja no próprio prédio. Se estiver formando um grupo dentro de uma corporação, talvez seja preciso comunicar o objetivo e a natureza do seu grupo para a organização como um todo, de modo que seus companheiros de trabalho não se sintam ameaçados por uma cabala ou panela. Em um caso assim, talvez você deva considerar fazer uma assembleia aberta a cada dois meses na qual se possa falar mais amplamente das maneiras como você e o grupo se beneficiaram uns com os outros.

Quer se reunir? Alguns grupos gostam de se encontrar no café da manhã, o que dá às reuniões um clima eficiente e de negócios. Encontros na hora do almoço também são uma boa opção, desde que os participantes tenham uma agenda suficientemente flexível para separar umas duas horas no meio do dia. Os longos jantares podem demorar mais tempo e cobrir um terreno maior, mas também comem um pouco do tempo que se passa com a família. O importante é que ninguém se sinta pressionado.

No fim das contas, quando e onde serão os encontros depende de vocês, desde que os critérios para um lugar seguro sejam atendidos e ninguém se sinta de forma alguma pressionado.

A frequência das reuniões também é outro fator importante a se considerar. Alguns grupos se veem semanalmente, o que é ideal, mas nem sempre muito prático. Você pode tentar ter encontros de acompanhamento rápidos uma vez por semana — que não precisam ser pessoalmente — e uma reunião de apoio mais longa a cada quatro semanas. Ou você pode tentar fazer um encontro a cada 15 dias.

Uma vez que as reuniões regulares estejam em andamento, você encontrará várias outras maneiras de interagir criativamente com o seu grupo — não há um limite para o formato do trabalho que vocês fazem juntos. Também é possível estabelecer encontros sociais para conhecer novos membros, chamar um palestrante para ensinar alguma coisa ou organizar eventos sociais para conhecer os cônjuges e a família dos outros e se divertir um pouco. Pode haver uma hora em que seja necessário marcar uma "reunião de assuntos importantes" — uma sessão inteira dedicada ao bem maior do grupo. Se você for particularmente ambicioso, pode organizar retiros trimestrais ou semestrais de meio dia a um fim de semana inteiro, para conferir os objetivos e os planos mais amplos de vida dos participantes, com a presença dos cônjuges.

Rituais de iniciação

A primeira reunião vai parecer bem diferente de uma reunião comum. O objetivo dela é direcionar a mentalidade das pessoas do *eu* para o *nós*, fazendo com que todos se alinhem em volta das normas e expectativas compartilhadas pelo grupo. Essa também é uma excelente ocasião para se aproximarem, tanto como indivíduos, como integrantes do grupo. Para ter uma agenda detalhada da primeira reunião, veja o kit para iniciantes on-line no site KeithFerrazzi.com. Nas próximas seções ressaltarei apenas as principais características que farão seu Grupo Greenlight ser especial e bem-sucedido, na primeira reunião e nas seguintes.

Fazer um juramento comum provavelmente será a atividade mais importante da primeira reunião. Os votos ajudam a fazer com que todos fiquem comprometidos com crenças e expectativas unidas em torno da sua rede de apoio e de responsabilidade. Eles também são uma forma ritualística de celebração. Sugiro que você estabeleça o que chamo de Promessas, Princípios Norteadores e Regras do Jogo.

Promessas

As Promessas são uma lista do que você pode chamar de objetivos finais do Grupo Greenlight. Elas não são objetivos táticos que vocês estejam buscando juntos ou individualmente, mas mudanças positivas que criarão trabalhando juntos.

Minha sugestão é que você leia e reafirme as Promessas em voz alta no início de cada reunião. Antes de desprezar essa ideia como muito piegas ou ridícula, pense nisso como uma maneira de se focar e se centrar no grupo. É um momento para fazer uma pausa e respeitar a transição de um dia cheio de correria e do barulho do celular e do BlackBerry. Respire fundo e se prepare para se concentrar no aqui e agora, em algo estimulante e imediato. As Promessas celebram o compromisso que vocês compartilham de serem excepcionais!

Promessas do Grupo Greenlight

Reescreva as frases a seguir com quaisquer palavras com as quais vocês estejam de acordo e à vontade, como grupo.

Juntos vamos nos tornar:

- Alegres por descobrir e realizar nosso verdadeiro potencial com a ajuda dos outros
- Autênticos, centrados e seguros de quem nós somos
- Livres de comportamentos, atitudes e crenças que possam ter atrapalhado nosso crescimento
- Dispostos a aspirar níveis de realização ainda mais altos, acima de qualquer coisa que um dia julgamos possível
- Positivos em nossa abordagem e atitude, com incentivos autênticos e entusiasmo por tudo, generosamente partilhado
- Pessoas que perdoam e que têm paciência para lidar com os defeitos dos outros e com os nossos
- Mais dispostos a confiar nos nossos instintos, seguindo corajosamente nossa voz interior, correndo riscos e aprendendo com os erros
- Ligados, não só a esse círculo poderoso de pessoas que se preocupam conosco, mas com todas as relações importantes nas nossas vidas
- Unidos, nunca permitindo que os outros fracassem!

Os princípios

Da lista a seguir, escolha os princípios que pareçam mais adequados e importantes para o sucesso do seu grupo. Ou, então, crie os seus próprios princípios, ou reescreva os já listados com palavras que reflitam a personalidade dos participantes como conjunto. Releia, acrescente mais alguns e discuta-os com frequência durante o desenvolvimento do grupo.

- Bajular é contraproducente e egoísta; não tem nada de generoso.
- Dar apoio é levantar alguém do chão — e então dizer como ele foi parar ali.
- Servir aos outros recompensa tanto o doador como o receptor.
- Relacionamentos são dinâmicos; quando alguém se formar, comemore o tempo que você teve para aprender com ele.
- Os instintos são um aspecto importante do processo de tomada de decisão.
- A responsabilidade começa pelo indivíduo.
- A honestidade escrupulosa é imprescindível.
- "Todos nós mentimos" — isso significa que haverá momentos em que não seremos tão francos quanto deveríamos; a chave é promover uma rápida recuperação.
- Cobrar responsabilidade dos outros é um ato de generosidade.
- Os assim chamados fracassos devem ser comemorados como uma oportunidade para aprender e crescer.
- A humildade é uma virtude.
- Todos nós somos viciados em alguma coisa; os vencedores admitem isso e pedem ajuda aos outros.
- Cada um de nós tem potencial para crescer sem limites, independentemente de onde começamos.
- Não existem soluções rápidas — estamos aqui para uma vida inteira de crescimento continuado.

- Nossos ouvidos devem estar sempre abertos.
- O incentivo e o apoio são componentes inseparáveis para se cobrar responsabilidade dos outros.
- Crie um lugar seguro para se correr riscos.
- Se não gostou de alguma coisa, fale imediatamente. Não permita que o ressentimento se espalhe dentro de você.
- O conflito — e a prática do sparring — é parte do processo.

Regras do jogo

Você deve ter um conjunto de Regras do jogo que delineiam o comportamento esperado durante as reuniões. Essas regras não precisam ser complicadas. A seguir, algumas para se considerar:

- Trate as informações como confidenciais. Isso permitirá que os membros se sintam livres para compartilhar tudo.
- Seja pontual. Começar e terminar na hora demonstra respeito aos horários dos outros.
- Seja comprometido. Pessoas que faltam com frequência ou que não abraçam os valores centrais do grupo devem ser convidadas a se retirar.
- Seja atencioso. Nada de telefones celulares ou BlackBerries durante uma reunião; todo mundo deve estar atento e concentrado.
- Deixe o papo-furado de lado. Antes e depois do encontro, tudo bem, mas nunca durante. Isso gerará reuniões produtivas.
- Os participantes não devem fazer negócios entre si e não devem se associar nos negócios, embora possam compartilhar contatos e fontes de informação.
- Nada de álcool nas reuniões comuns.

Cobrando a responsabilidade de cada participante

Criar uma política de cobrança de responsabilidade exige mais do que disciplina — também é uma maneira de se assegurar um tratamento justo e respeitoso que se aplica igualmente a todos os integrantes. Como disse Thomas Paine em *Senso comum*, "enquanto nos governos absolutistas o rei é a lei, nos países livres a lei deve reinar, acima de todos os outros".

Como os membros cobrarão a responsabilidade dos outros em relação aos seus objetivos? Durante a primeira reunião, discuta e estabeleça algumas regras por escrito. Além da responsabilidade em relação a objetivos e ações individuais, também falo de responsabilidade em relação a reuniões perdidas, impossibilidade de se dedicar ativamente aos objetivos, comportamento desrespeitoso e dificuldade de manter as coisas no mais absoluto sigilo.

Estabeleça um protocolo logo de início, de modo que todos saibam as regras e as punições. As personalidades do seu grupo determinarão como você vai lidar com os compromissos que não forem mantidos — e isso *vai* acontecer. Você quer encontrar um equilíbrio entre, de um lado, ajudar as pessoas a irem além dos seus defeitos e, de outro, ter um sistema com "engrenagens" suficientes para que as pessoas tenham de lutar para se manter disciplinadas.

Seu grupo deve ter um revezamento de "monitores", alguém que garanta que a equipe se atenha aos limites de tempo e que cuide de qualquer necessidade administrativa. Essa pessoa também deve registrar e distribuir os objetivos e as ações que cada um se compromete a realizar entre as reuniões. Além de mandar a lista por e-mail, essa pessoa deve levar uma cópia em papel para a próxima reunião para acompanhar os informes pessoais e profissionais. O monitor também pode agir como o Yoda do grupo naquele dia — gentilmente indicando quando alguém está se afastando das Quatro Mentalidades e das outras regras estabelecidas. Uma permissão oficial para ser franco pode ajudar os membros mais recalcitrantes do grupo a falar mais.

O sistema de amigos

Lembra de como Jan foi fundamental para minha irmã Karen quando ela conseguiu ter sucesso com o Vigilantes do Peso? Esse é exatamente o exemplo que se deve buscar com seus amigos do Grupo Greenlight.

Junte duas pessoas para cobrar a responsabilidade uma da outra e manter a motivação individual lá em cima, especialmente em grupos maiores que só possam se reunir uma vez por mês. Os amigos têm mais contato entre si — às vezes, diariamente, e outras vezes, uma vez por semana — para um apoio mais próximo e maior disciplina em relação aos objetivos e aos comportamentos. Os amigos se fazem disponíveis para um brainstorming de apoio, para reformular as metas e os planos para atingi-las e para aquele velho tipo de incentivo necessário para se levantar a cabeça e ir à luta. Sua relação com o amigo que cobra sua responsabilidade deve ser a mais significativa e produtiva da equipe de apoio. Na hora de fazer uma parceria com alguém, leve em conta tanto os objetivos como a coerência; você quer que o seu parceiro tenha o melhor insight possível em relação aos objetivos e aos comportamentos dele, mas também pode ser útil fazer duplas entre participantes que se conheçam muito pouco para promover um laço mais forte entre eles. (Se você tiver um número ímpar de integrantes, dá para fazer um trio também.) Recomendo que as pessoas troquem de dupla a cada seis meses. Quem estipula esse tempo é você, mas a variedade é fundamental para impedir a acomodação. A seguir, algumas tarefas específicas para o seu parceiro:

- *Cobrar responsabilidade com afinco.* Faça perguntas espinhosas para manter a outra pessoa na linha. "Você deu tudo de si? A sua meta era ambiciosa demais, ou ambiciosa de menos? Por que você não a atingiu? O que está lhe impedindo? Vamos marcar uma hora para tratar disso."

- *Líder de torcida.* Se o seu parceiro estiver fraquejando, lembre que vocês estão nisso juntos para o longo prazo. Consertos rápidos geralmente não passam disso: um remendo.
- *Parceiro de sparring permanente.* Seu parceiro proporciona uma oportunidade permanente para sessões individuais de brainstorming e para resolver os problemas que estiverem causando aflição a você.
- *Detector de besteiras.* Ajude o seu parceiro a confrontar quaisquer questões crônicas de comportamento que o atrapalham. Você está em um lugar perfeito para observar esses comportamentos, desafiar o *status quo* e cobrar a responsabilidade da outra pessoa. Faça perguntas espinhosas; não deixe o seu parceiro escapar facilmente.
- *Apoio diário ou semanal.* Periodicamente — todo dia de manhã, a cada dois dias ou uma vez por semana —, os parceiros devem se encontrar para discutir o que precisam acertar naquele dia ou semana para se sentirem bem-sucedidos. Estabeleçam um plano juntos e sigam com ele. O apoio diário pode ser puxado, mas é algo excelente a se fazer quando um parceiro tem lutado muito para atingir suas metas.

Sessões de atenção especial

Nas sessões de atenção especial o grupo concentra sua atenção em um membro. Esse é o maior de todos os mergulhos, e acredito que seja importante o suficiente para que quase metade de cada reunião seja ocupada por uma sessão de atenção especial e pelo sparring que se segue.

Por quê? Porque servir aos outros oferece uma oportunidade incrível para crescer e aprender. Mesmo quando a reunião não é sobre você, ela realmente *é* sobre você! Ao servir aos outros participantes você aprenderá muitas coisas sobre si mesmo. Quando treino os meus clientes, costumo perceber que estou ouvindo frases que eu precisava ouvir a meu respeito. Você reconhecerá que as lições que você e os outros membros aprendem são justamente aquelas que *você* precisava ouvir.

As sessões especiais são também uma boa hora para chamar a atenção dos envolvidos sobre os elefantes que estão na sala — padrões crônicos de comportamento que podem ser angustiantes de se discutir. Pode ser difícil fazer perguntas cabeludas, como se é a falta de continuidade ou uma ideia de negócios basicamente fraca que está refreando tanto a outra pessoa. É mais fácil fazer as perguntas difíceis quando se está em grupo.

Quando você é a pessoa que está sob os refletores, prepare por escrito uma apresentação sobre qualquer desafio ou questão que você enfrente. Sempre que possível, distribua com antecedência. Isso vai assegurar que todos saibam de que assunto se trata e ajuda a preparar o caminho para uma conversa organizada e produtiva. Se você distribuir previamente a apresentação, não desperdiçará o precioso tempo dos presentes com um histórico da situação.

Em cada encontro, decida quem será o alvo da próxima atenção especial com base nas necessidades dos membros: quem está passando por um conflito ou acontecimento sério que merece uma observação? Quem precisa desesperadamente revisar suas metas e seu plano de vida para o próximo ano? Esteja preparado para ouvir e ajudar.

Por fim, seja flexível. Uma mulher que conheço me contou do dia em que a mãe de uma participante de seu grupo de apoio faleceu, vítima de uma doença bem prolongada. A sessão daquele dia se desviou das questões profissionais para aquilo que ela precisava falar naquele momento. A mulher desabafou, chorou e, para terminar, o grupo todo levou comida para a casa dela. Você perceberá que em alguns momentos o objetivo do grupo sai do profissional e vai para o campo pessoal, ou passa de um integrante para outro por causa de uma emergência. Deixe o grupo decidir para onde ele tem de ir.

Dê boas-vindas aos conflitos

Não tenha medo de conflitos. Eles fazem parte do processo. Em praticamente todos os grupos o conflito é essencial para a coesão da equipe. Ele os obriga a dar um tempo e refletir sobre a presente situação, para colocar todo mundo no mesmo ritmo e tentar melhorar o *status quo*. O pesquisador Dean Tjosvold defende no *Journal of Organizational Behavior* que conflitos bem-gerenciados nos ajudam a "questionar os problemas, criar soluções inovadoras, aprender com a experiência e dar vida aos relacionamentos".

Ao lidar com conflitos dentro de um grupo, lembrem-se de que os Grupos Greenlight *dão boas-vindas aos conflitos*. Encaro um conflito não como uma batalha, mas como uma ferramenta para o crescimento. Enfrente os problemas na mesma hora e trabalhe pelo consenso. Lembre-se de que nos Grupos Greenlight o objetivo é colaborar, não ceder. Tente tirar uma lição de cada conflito e reforce a ideia de que os conflitos são, na verdade, um bem, não um mal. O que vale é a maneira como você lida com eles.

Ao lidar com um conflito em dupla, aproxime-se da outra pessoa com paciência, humildade e respeito. (Isso também vale para os conflitos no interior de um grupo.) Lembre-se de que você deve a cada membro o benefício da dúvida. Tenha em mente que nenhum de nós é perfeito. Perdoe o seu parceiro antes mesmo de começar a examinar os detalhes do conflito. Isso lhe dá o espaço para se recuperar e para pedir desculpas. Tirar o ego dessa equação permite aos parceiros serem o melhor que puderem, e não o pior.

No livro *Forum: The Secret Advantage of Successful Leaders* [Debates: a vantagem secreta dos líderes de sucesso], Mo Fathelbab oferece um roteiro valioso para a resolução de conflitos pessoais, um pouco resumido e comentado a seguir:

1. *Franqueza e transparência.* Aborde a pessoa com quem você tem um conflito diretamente, e não por uma terceira pessoa.

2. *Acredite nos seus instintos.* Ataque os problemas na mesma hora para impedir que eles inflamem e explodam.
3. *Escolha o relacionamento que você tem com os outros.* Se você tem um problema com um membro do grupo, é um problema seu — pelo menos, até você chamar a atenção da pessoa.
4. *Desaqueça o ambiente (ou seja, nada de drama).* Evite ataques pessoais. Concentre-se nos *comportamentos* que estão incomodando. Diga, por exemplo: "Estou irritado pela maneira como você me interrompeu" e não "Eu não gosto de você". Isso faz a conversa se basear em uma preocupação legítima, e não em um combate.
5. *"Eu sugeriria que..."* Evite ultimatos que criem um vencedor e um perdedor.
6. *Fatos são poderosos.* Não fale apenas dos seus julgamentos e sentimentos. Assegure-se de que você, claramente, colocará os fatos na mesa e que declarará o tipo de mudança desejada.
7. *Faça uma checagem para confirmar.* Se houver um desacordo sobre o que aconteceu, traga outro membro do grupo para servir de mediador.
8. *Continue cavando.* Se o problema for mais do que uma questão de comunicação, tente passar dos sintomas para as causas subjacentes. As pequenas irritações e picuinhas podem ser um sinal de algo mais profundo? Por exemplo, se alguém está sendo excessivamente negativo e ofendendo os outros, a questão central pode ser o temor de que o grupo não o tenha verdadeiramente aceito.

Uma recomendação final

Divirta-se! A chave principal para a sustentabilidade do seu grupo será, acima de tudo, o valor que o grupo agrega a sua profissão. Mas, em segundo lugar, logo atrás, vem o quanto vocês se divertem juntos. Às vezes é fácil incutir um pouco de humor nos encontros. Não tenha medo se, de vez em quando, uma reunião virar mais social do que um encontro profissional. Deixe as pessoas se aproximarem umas das outras falando de assuntos diferentes de questões tão sérias como crescimento e mudança.

E agora vá em frente. Comece já!

Transformando o ambiente de trabalho

Quando falo de apoio entre colegas, as pessoas sempre me perguntam:

— Como posso trabalhar para uma empresa que faça isso? Minha resposta?

— Por que você não faz isso acontecer no lugar onde você já trabalha?

E frequentemente elas dizem:

— Ah, não. Na empresa *onde trabalho* isso jamais funcionaria.

Não caio nessa. O que as pessoas estão dizendo é que não estão prontas ou desejando esses princípios em suas vidas. Você pode escolher experimentar o apoio dos pares com os seus colegas, seja por intermédio de um Grupo Greenlight bem básico, seja com uma equipe funcional com a qual você já trabalha todo dia ou com um grupo especial que se reúna para realizar um grande projeto. Você pode começar com uma equipe nova ou antiga. Sim, é verdade que uma equipe antiga já tem certos preconceitos arraigados que precisam ser extirpados. Mas o que quero dizer é que fazer os seus relacionamentos irem adiante é uma escolha sua. Você deve até ir em frente — e inclusive *deve* — quando houver um histórico de hostilidade entre possíveis membros.

Eu mesmo nem sempre tive certeza se as empresas poderiam montar equipes de confiança coesas. Mas percebi como o apoio e a pressão dos pares fez a minha própria equipe, além das inúmeras empresas que pesquisamos ou com as quais trabalhamos, ser mais bem-sucedida — e mais alegre também. A Greenlight Research escavou todos os dados que se ligavam às relações de uma equipe e seu desempenho e descobriu que eles comprovavam, estatisticamente, o que a nossa experiência já havia mostrado.

Mesmo assim, eu me perguntava se tudo isso pareceria conversa mole para os operadores mais durões — aqueles executivos orientados para resultados que eram incansáveis em sua luta para atingirem as metas. Gente como o CEO do JPMorgan Chase, Jamie Dimon, cujo foco na última linha do balanço chega a ser lendária.

Tive a chance de descobrir exatamente como essa gente pensa quando estive com Dimon em uma reunião da turma de 1982 da Harvard Business School. A turma havia decidido fazer alguma coisa especial, já que os alunos estavam, para dizer o mínimo, chegando à meia-idade e deparavam com a próxima viagem de suas vidas. Fui chamado para ajudá-los a pensar e desenhar seus "próximos 25 anos". E por boa parte do meu tempo no palco eu devia entrevistar um grupo dos mais ilustres alunos, entre eles Jamie Dimon. E, sim, fiquei intimidado — o Rei das Conexões entrevistando o Sr. Última Linha do Balanço. Seria uma conversa ou um confronto?

Entrei no salão onde todo mundo estava reunido para a sessão e lá estava Jamie sentado com a esposa Judy, que também fora sua colega de turma. Eu tinha alguns minutos de sobra antes de subir ao palco, por isso decidi ir em frente e tentar perceber logo qual era o clima. Depois de procurar um pouco pelas palavras certas, encontrei a deixa: autenticidade.

— Jamie, devo confessar que fiquei um pouco sem jeito ao pensar se nós falaríamos a mesma língua hoje. Não que tenhamos de nos entender, mas isso faria o meu dia bem mais feliz. Por isso, minha pergunta é a seguinte: o quanto você acredita que o sucesso da sua equipe depende das relações pessoais dentro dela? Você acredita que as relações de negócios são relações pessoais e quanto mais fortes elas forem, mais todo mundo acaba sendo bem-sucedido?

Jamie fez uma pausa — devia estar pensando que tipo de pessoa eu era. Mas ele era totalmente afável e respondeu rapidamente:

— Absolutamente. É assim que tem de ser.

Não é preciso dizer que, depois desse papo, tudo transcorreu maravilhosamente e o dia foi excelente para todo mundo.

Posteriormente li na revista *Fortune* que as reuniões mensais do comitê de operações do JPMorgan Chase eram como "jantares de uma família italiana", onde todos falavam o que pensavam! Jamie poderia perguntar "De quem foi essa ideia idiota?" e a equipe responderia "A ideia idiota foi sua, Jamie!". Bill Daley, chefe de responsabilidade empresarial e secretário do Departamento do Comércio no governo Clinton, declarou que o comitê era diferente de qualquer coisa que ele já tivesse visto no governo ou na iniciativa privada. "As pessoas contestavam Jamie e o confrontavam, dizendo que ele estava errado."

Incomum? Talvez. Um sucesso? Com certeza. Dê só uma olhada em quem continuou de pé depois da crise bancária do final de 2008. Ter uma equipe coesa na qual reinavam a franqueza e uma comunicação vigorosa certamente ajudou o JPMorgan Chase a ganhar dinheiro. Pouco depois do colapso financeiro, Jamie falou para outra plateia na Harvard Business School:

— Estou chocado com o número de pessoas que estavam simplesmente vendo o trem se aproximar e que continuavam preocupadas se tinham um planejamento estratégico para 2009. Cancelamos tudo. Cancelamos todas as viagens. Tínhamos de ter um senso de urgência e muita gente não teve a capacidade de agir.

Relações de confiança dentro de uma empresa: para onde você se dirige

Equipes de alto desempenho são um direcionador central de um balanço lucrativo. Enquanto isso, as pesquisas nos dizem que *rela-*

cionamentos fortes comandam as equipes de alto desempenho. Em um estudo publicado em 2007 na *Harvard Business Review* os pesquisadores avaliaram estatisticamente as características de 55 equipes globais em 15 empresas, e descobriram que as mais fortes possuem vigorosos laços sociais, iniciativas formais para fortalecer os relacionamentos e líderes que criam estreitas relações com as suas equipes. Pense também no efeito das relações fortes na disposição positiva dos funcionários. O estudo do Gallup citado se compunha da análise de dados colhidos de mais de 30 empresas; agora ele inclua muito mais como parte da iniciativa Q^{12} da organização. Dentro desses resultados, o Gallup comparou as unidades de negócios de melhor e pior desempenho em cinco organizações de moldes comparáveis e descobriu o seguinte:*

- Unidades de negócios nas quais as pessoas eram altamente engajadas eram de 0,87% a 4% mais lucrativas do que as unidades nas quais os empregados tinham baixa participação. Em mercados de negócios competitivos, um simples ponto percentual de aumento de lucros é uma realização bastante substancial.
- Maior participação dos empregados gera mais vendas. As unidades de negócios no quartil mais alto de participação dos funcionários tinham uma média de vendas mensais de US$ 80 mil a US$ 393 mil mais alta.
- As unidades de negócios com alto engajamento dos funcionários tinham uma rotatividade no emprego de 14% a 51% menor que as colegas do quartil inferior. A economia de custos associada a essa baixa rotatividade provavelmente traz benefícios substanciais para essas unidades de negócios.

---

* James K. Harter, Frank L. Schmidt e Corey L. M. Keyes, "Well-Being in the Workplace and Its Relationship to Business Outcomes: A Review of the Gallup Studies", in Corey L. M. Keyes e Jonathan Haidt, orgs., *Flourishing: The Positive Person and the Good Life*, American Psychological Association, novembro de 2002

Uma descoberta ainda mais ampla do estudo do Gallup é que os níveis de engajamento de funcionários têm uma relação significativa com o sucesso geral das unidades de negócios. Por exemplo, unidades de negócio no 99º percentil têm uma taxa interna de sucesso de 73% e uma taxa de 78% entre companhias. Compare esses números com as unidades do 1º percentil, que têm uma taxa de sucesso de apenas 27% internamente e 22% externamente. Funcionários engajados, especialmente no que tange às oportunidades e relações interpessoais no trabalho, têm um impacto significativo no sucesso de uma equipe e, subsequentemente, na organização para a qual eles trabalham.

O método Greenlight

Na Ferrazzi Greenlight criamos uma abordagem sistemática para a criação de equipes de apoio entre colegas dentro das empresas. O processo é bem parecido com a criação dos Grupos Greenlight comuns. Mas, ao contrário desses grupos mais elementares, neste caso um moderador treinado ou um líder excepcional é fundamental. Por quê? Porque os membros de uma equipe de negócios normalmente não se unem por livre e espontânea vontade. E frequentemente os membros de uma equipe chegam ao grupo com preconceitos consideráveis em relação uns aos outros, especialmente quando a equipe envolve vários departamentos.

Superar esses preconceitos e criar uma base segura de intimidade e generosidade que facilita a franqueza e a responsabilidade exige uma concentração especial e exercícios desde o começo. Isso ajuda as pessoas a superar motivações antagônicas e ideias e hábitos preconcebidos — bons e maus — que elas possam ter umas com as outras.

Quando se fala em observar o apoio entre os pares em uma empresa, a Thomson Reuters Markets é um exemplo. As barreiras para se criar apoio entre os colegas pareciam intransponivelmente altas. Aqui estava uma empresa formada por duas antigas concorrentes que agora haviam se fundido em uma grande corporação.

O CEO, Devin Wenig, estava disposto a conseguir o que ele via como o mais absoluto Dream Team: um grupo que *não iria deixar que o outro fracassasse* em todos os aspectos de suas vidas profissionais. Um líder que acreditava que os negócios eram humanos agora se via frente a frente com alguns figurões cínicos que precisavam de uma prova de desempenho e resultados concretos antes que comprassem o conceito de qualquer tipo de apoio recíproco.

Tive a primeira reunião com Devin em um escritório com vista para a Times Square. Não perdemos tempo falando das medições das equipes de alto desempenho. Por ser um sujeito que vende para alguns dos mais difíceis ambientes de serviços financeiros, ele entendia bem a ligação entre os resultados financeiros visíveis e invisíveis.

— O maior erro que se pode cometer em uma fusão é entrar com pressa na substância do trabalho (o planejamento da integração e de conseguir que as tarefas sejam realizadas) e deixar de perceber o quanto as questões culturais e pessoais são importantes — declarou. — Construir uma equipe coesa é minha prioridade número 1 e isso começa de cima, com o meu próprio comitê executivo. Não aceitarei que o ambiente seja dominado pela politicagem.

Quanto mais conversávamos, mais eu percebia que Devin queria construir uma equipe parecida com a que eu tinha na Deloitte há alguns anos.

— Realmente quero formar uma equipe na qual as pessoas possam tirar o melhor uma da outra — confessou. — Quero que elas sejam íntimas umas das outras e saibam que podem contar com todo mundo.

A fusão, finalizada em 2008, fazia bastante sentido: a Reuters era uma empresa de serviços de informação com a maior parte de seus negócios na Europa e na Ásia; a Thomson era uma instituição americana de publicações eletrônicas para empresas e profissionais. Seus mercados eram altamente complementares e o faturamento conjunto ultrapassava os US$ 12 bilhões.

— Do ponto de vista financeiro, não havia o que discutir — comentou o CFO da Thomson Reuters Markets, David Turner. — Havia uma oportunidade extraordinária se conseguíssemos fazer a fusão dar certo.

Mas unir as duas empresas incluía um "casamento" de 50 mil funcionários extremamente técnicos em 93 países.

— Esse era um enorme desafio — diz Turner. — Ter uma grande oportunidade não impede que você não ponha tudo a perder.

E tínhamos de começar do alto. Os riscos eram muito grandes para Devin. Eu estava animado com a oportunidade de ser parte desse esforço. Eu sabia que o nosso modelo poderia ajudá-lo e que realmente falávamos a mesma língua.

Devin sabia que não podia se dar ao luxo de perder tempo. As relações na sua equipe de liderança — que envolvia toda a nova organização que se fundira — eram fundamentais para o resultado. E assim ele inventou um mantra ("Uma empresa, um ano") para o trabalho que ele e sua equipe tinham se disposto a realizar.

Nossa primeira reunião com o novo alto escalão da empresa foi no Gramercy Park Hotel de Nova York — um hotel da moda, retrô-chique, com uma atmosfera de clube que parecia estar a 1 milhão de quilômetros dos escritórios da empresa em Midtown. Entrar naquele salão foi como chegar para o primeiro dia de aula — maravilhado, mas um pouco inseguro, percebendo que estávamos para embarcar em algo novo e importante.

— Todo mundo estava apreensivo — lembra Chris Ahearn, chefe dos negócios de mídia de sua divisão. — Era um grupo bem grande de pessoas, algumas da Reuters e outras da Thomson. Por isso, algumas se conheciam bem, e outras, não. Elas estavam em novos papéis e haveria uma transição. Eu me lembro de ter pensado: *Como serão os meus novos colegas? Como será nosso relacionamento?* E, já que o assunto era esse: *Como vamos administrar essa empresa?*

A seguir estão os passos que fizemos a empresa passar para ajudá-los a criar a equipe que responderia a essa pergunta. (Você pode usar esses mesmos passos na sua empresa.)

Primeiro Passo: Exponha a situação

Independentemente de a sua equipe ter sido formada recentemente ou de já vir trabalhando junta há alguns anos, o primeiro passo é incutir nela a crença nas promessas potenciais do trabalho em equipe e do apoio entre os colegas. Com todos os dados apontando para esse benefício, não deve ser muito difícil convencer os demais. Utilize os detalhes deste capítulo para expor a situação para a equipe.

Na Thomson Reuters Markets, Devin teve a visão de começar a ajudar o grupo antes da aprovação da fusão. Naquela época, a equipe estava legalmente impedida de fazer declarações sobre a maioria dos aspectos do negócio. Mas os envolvidos podiam se aproximar uns dos outros como pessoas. O investimento antecipado nos relacionamentos acabou pagando grandes dividendos na hora de realmente partir para a batalha depois que a fusão foi aprovada.

Como fizemos isso? Pedimos aos membros da equipe para pensar em um relacionamento profissional anterior que tenha sido fundamental para o seu sucesso — talvez até mesmo com alguém naquele salão. O que fez a relação ser tão forte? Que lições poderíamos tirar dela para criar e construir novas relações como essas, agora olhando para a frente? Eu queria que eles "provassem" as possibilidades, com base na experiência que tiveram.

Segundo Passo: Aumente as apostas

Uma vez que você tenha aberto a cabeça da equipe para a ideia de apoio entre os pares, ajude os participantes a elaborar uma visão do sucesso. Isso pode ser feito em um exercício conduzido pelo líder da equipe ou pelo moderador do grupo. Peça à equipe para olhar 12 meses à frente — o que eles gostariam de dizer às pessoas naquela sala e à sua equipe? Se for cedo demais para os membros perceberem o potencial do conjunto, comece definindo o grupo ideal e que tipo de atitudes de comportamento ele deveria ter. Que resultados deveriam ser alcançados por uma equipe assim? Que comportamentos são necessários para a equipe e os indivíduos dentro dela serem bem-sucedidos?

Os resultados são diferentes de uma equipe para outra, embora a maioria dos grupos queira ter um impacto duradouro na organização ou, mais amplamente, no mundo — deixar um legado. Quanto aos comportamentos necessários para serem bem-sucedidos, os que a equipe de Devin listou caem direitinho nos "baldes" das Quatro Mentalidades, como geralmente acontece:

Vulnerabilidade: Amizade, laços sociais, vulnerabilidade e diversão

Franqueza: Transparência, autoconsciência, confiança

Responsabilidade: Honestidade e propensão à ação

Generosidade: Apoio mútuo, trabalho em equipe, colaboração, alegria, liderança como um serviço para os outros, partir do princípio de que o outro é bem-intencionado.

Fundamentalmente, o objetivo era criar uma versão, específica para a empresa, das Promessas e dos Princípios Norteadores apresentados como parte dos "votos" de um Grupo Greenlight. Ao resumir os comportamentos que o seu grupo identifica como necessários para o sucesso, garanto que você encontrará uma conexão com as Quatro Mentalidades. Assegure-se de que o moderador vai distribuir e reter uma cópia das informações prestadas pela equipe.

Como bem colocou Lee Ann Daly, CMO da Thomson Reuters Markets:

— Essa visão, agora, é uma referência que usamos para nos trazer de volta à nossa identidade como grupo e nos lembrar daquilo com o qual realmente somos comprometidos.

Você pode precisar ou não de ler os "votos" da empresa antes de cada reunião, mas escrever e distribuir para todos no salão assegura um lugar permanente na cultura da empresa. Pregá-los em diversos lugares da sala de reunião também é uma boa ideia. Por razões de sustentabilidade, você pode designar alguém para monitorá-los em cada reunião — exatamente como recomendamos ter um Yoda no Grupo Greenlight. (A propósito, o capítulo sobre os Grupos Greenlight pode ser utilizado como um guia para as reuniões semanais ou mensais — é uma grande maneira para estabelecer objetivos individuais e por equipe e para gerar responsabilidade tanto em relação aos resultados do trabalho, como às mudanças de comportamento.)

Terceiro Passo: Unam-se contra os bárbaros no portão*

Em ambientes altamente competitivos é importante que o apoio entre colegas alcance resultados rapidamente. Uma maneira construtiva de se fazer isso é indicando os "bárbaros no portão". Aprendi isso não só com a minha experiência pessoal nos meus tempos de Deloitte e Starwood, mas também com o meu amigo George Halvorson, CEO da Kaiser Permanente. Por 20 anos, George estudou a questão do que faz as pessoas se aproximarem e se

---

* No original, *Barbarians at the Gate*. Título de um livro famoso nos anos 1990, mostrando as ações da empresa KKR, especializada em aquisições alavancadas. (N. do T.)

afastarem. Visitou e estudou pessoalmente conflitos em dezenas de países. Por meio da sua pesquisa, ele identificou fatores que fazem as pessoas se unirem de ambas as maneiras: boas e ruins. Um dos fatores mais importantes era ter um inimigo ou uma ameaça em comum.

Faça um retrospecto da sua vida e pense em quando você se ligou a um novo grupo. Há uma grande chance de isso ter acontecido em uma situação desconhecida ou até mesmo perigosa, na qual você e as pessoas à sua volta tinham de encarar um novo desafio. Talvez tenha sido o primeiro dia em que você entrou em uma escola — lembra da rapidez com que procurou um novo grupo de colegas para lhe dar apoio? Os seres humanos, como a maioria dos mamíferos, andam juntos quando sentem um perigo.

Não estou querendo dizer que você deva manipular a sua equipe incutindo uma falsa ameaça. O que *estou* dizendo é que o mundo dos negócios é jogo duro e estamos constantemente lutando para atingir o sucesso contra outras organizações e diante de mudanças que atingem setores inteiros. Todos nós já vimos colegas apontar seu fogo competitivo contra colegas dentro de uma empresa. Essa mesma energia precisa ser direcionada para fora. Exponha o desafio externo e você conseguirá, com mais rapidez, unir sua equipe, mudar suas motivações ou instigar suas tropas em torno de um novo líder.

Na Thomson Reuters Markets a sensação de perigo era palpável como uma grande oportunidade. Antes da fusão, muitos dos novos executivos haviam competido uns com os outros pelos mesmos clientes e pelos mesmos trabalhos. Agora que a fusão estava oficialmente completa, eles precisavam, repentinamente, parar de ver os outros como inimigos e focar na concorrência em volta deles. Como Scott Bowen, o CFO de quem falei, me disse uma vez:

— Quando as coisas esquentam dentro da empresa, todo mundo tem de ir para a janela e se lembrar que o inimigo está lá fora, não aqui!

Quarto Passo: Aumente a intimidade

Ligados pela ameaça comum de um inimigo lá fora, estava na hora de as pessoas da Thomson Reuters "provarem" da primeira mentalidade — a vulnerabilidade — ali mesmo no salão. Fazer com que aqueles executivos teimosos se abrissem sobre suas vidas pessoais não iria acontecer simplesmente em um passe de mágica.

— A maioria de nós não chegou onde está demonstrando fraqueza — disse Chris.

A linguagem corporal já prenunciava tudo: todo mundo estava recostado nas cadeiras, braços cruzados, mantendo a distância e olhando uns para os outros com cuidado. Tínhamos de passar por essa fase difícil, primeiro, dividindo as paixões, as metas e os sonhos e, então, passando para questões mais vulneráveis como as batalhas do passado. Só mais tarde poderíamos atacar as preocupações e os medos dos dias atuais. A pergunta-chave foi: *Que luta do seu passado tem maior influência naquilo que você é hoje?*

— Senti que era eu quem precisava dar o tom — disse Devin, mostrando a generosidade que viabiliza a vulnerabilidade. Ele começou a contar uma história. Quando ele tinha 23 anos, recém-saído da faculdade de direito, se preparava para o exame da Ordem quando seu pai subitamente faleceu. Ele era o CEO de uma empresa de biotecnologia que ainda estava engatinhando. Vendo o trabalho inacabado de seu pai, Devin pegou a empresa, levantou um novo investimento e rapidamente pôs o empreendimento em terra firme. Enquanto cuidava da empresa da família, Devin também passou no exame da Ordem e acabou sendo transferindo para um grande escritório de advocacia em Nova York — e depois para a Reuters.

Ter contado essa história deu o tom para uma vigorosa troca de ideias e um insight sobre o seu novo líder. Ser lançado em uma posição desafiadora em uma idade tão precoce é uma das razões de Devin ser tão concentrado e focado em resultados.

Percebi que a linguagem corporal no salão estava mudando. As pessoas começavam a se mover para a frente e ouvir as conversas mais de perto. Antes que se passasse muito tempo, os outros membros da equipe estavam compartilhando suas experiências profundas, que deram forma às suas vidas.

— Contei a história dos meus pais terem se divorciado duas vezes e eu ser a pessoa que teve de juntá-los de novo, e o quanto isso foi doloroso — conta Chris.

Outra participante contou da perda abrupta de seu primeiro marido. Outro falou de ter de salvar a família quando adolescente, depois que a poupança foi destruída por um pai problemático.

— Tomo conta das pessoas — disse ele baixinho. — É isso o que faço.

Quinto Passo: Entre mais fundo no agora

Com isso, tivemos êxito em aquecer o salão. A equipe estava se abrindo e já estava pronta para ir mais fundo e falar de suas vulnerabilidades atuais e especialmente das preocupações em relação à liderança. Você pode fazer isso na sua própria equipe ajudando os membros a identificar e compartilhar um comportamento que os impede de serem colegas melhores ou líderes mais fortes.

Esse exercício cria uma intimidade ainda maior. E também gera benefícios práticos imediatos, já que os comportamentos e os resultados são vistos à luz clara das Quatro Mentalidades. Para uma equipe de liderança como a que trabalhamos na Thomson Reuters Markets, esse exercício serviu a outra função extremamente importante: assegurou que a humildade e a transparência totais partissem de cima. Aquelas empresas cujos líderes pensam que a transparência e o crescimento são para todo mundo *menos* para eles, nunca serão capazes de gerar uma força de trabalho que envolva um crescimento pessoal e profissional contínuos.

Quando a Thomson Reuters Markets fez esse exercício na primeira reunião, mais uma vez foi Devin quem tomou a liderança. Ele falou sobre algo que podia ser tanto uma fonte de força como de fraqueza: uma mentalidade de "corrida de cavalo", que o levava a correr atrás dos resultados com toda a força e convicção, mas que, às vezes, escondia o impacto emocional sofrido pela equipe. Logo os outros membros do grupo começaram a compartilhar comportamentos que os atrapalhavam, assumindo compromissos para melhorar.

O grupo tinha começado o dia pensando que eles eram peças em um tabuleiro de xadrez: *Você é o chefe do marketing, ele é o CFO, ali está o encarregado das vendas globais — agora é a vez de quem?* No final daquela primeira sessão, sem que uma única palavra sobre "negócios" houvesse sido pronunciada (mais tarde esse sistema passa a se entremear com a agenda de negócios), o jogo havia mudado inteiramente. Os títulos passaram a ser menos importantes e as pessoas começaram a aparecer na mesa — seres humanos que você podia compreender, simpatizar etc. —, os preconceitos começaram a se diluir e as relações começaram a se formar.

— Quando há uma narrativa pessoal, a equipe pode dissociar as pessoas das ações — diz Chris. — Líderes empresariais frequentemente precisam assumir ações que causam tumulto. Começamos a ver como a intimidade ajuda a quebrar a política que envolve essas decisões e permite que você chame a atenção das pessoas quando elas estiverem se empavonando ou se dedicando à politicagem. Chamar a atenção dos outros realmente é desconfortável no começo, mas é o que faz a diferença em uma equipe eficiente.

Nos primeiros estágios da franqueza, o mediador pode precisar agir como um Yoda, chamando a atenção quando as pessoas estiverem agindo fora das promessas e dos princípios do grupo. Com o tempo, designar essa tarefa aos diferentes membros é uma grande maneira de disseminar nas pessoas o hábito de chamar a atenção dos outros com respeito, mas também com honestidade.

Sexto Passo: Sendo franco

Sentir-se à vontade em chamar a atenção das pessoas (colocando a franqueza em ação) foi o tema do nosso segundo encontro na Thomson Reuters Markets. A franqueza pode se revelar um desafio ainda maior do que a intimidade no ambiente corporativo, onde a presença de uma hierarquia pode estremecer a confiança das pessoas na hora de falar abertamente.

Algumas empresas incorporam a franqueza com a maior facilidade. Veja o caso da ZelnickMedia, uma empresa de private equity administrada por Strauss Zelnick. Na organização de Zelnick, que inclui milhares de empregados nas firmas que compõem seu portfólio, existe muito pouca hierarquia e nenhuma remuneração ao bel-prazer do dono; salários e bônus seguem uma fórmula estrita da empresa. Strauss chegou até mesmo a criar um sistema de contratação que favorece as pessoas altamente francas.

— Dessa maneira — declara —, todo mundo é poupado do puxa-saquismo. Você não ganha mais só por sorrir para mim e também nunca será demitido por falar a verdade. O nosso molho secreto é a nossa equipe e a cultura de franqueza.

É claro que poucos trabalham em uma empresa como essa e a maioria de nós — inclusive eu — não é naturalmente tão inclinada a esse nível de franqueza. Mas isso não quer dizer que não possamos tentar incutir a franqueza em nosso atual local de trabalho.

O que se precisa é de uma rede de segurança — a segurança emocional de saber que falar o que se pensa não acabará ou destruirá um relacionamento, o conhecimento de que falar as coisas de frente não prejudicará nossa carreira. Como em qualquer Grupo Greenlight, incutir franqueza na cultura, e treinar a todos para expressá-la com uma atitude de quem se preocupa com os outros, é a chave para o sucesso.

Quando conheci Strauss Zelnick, o que mais me impressionou foi o fato de ele parecer ser uma pessoa tão segura, expressando abertamente seus temores e suas dúvidas. Ele está disposto a deixar a voz interior transparecer e os outros saberem o que ele realmente está pensando.

Depois de criar uma sensação de intimidade e de apoio mútuo na nossa primeira reunião com a equipe executiva da Thomson Reuters Markets, estávamos prontos para aumentar o nível de franqueza expressa pelo grupo. Começamos com um exercício no qual cada membro da equipe compartilhava o que admirava no outro e o que cada colega precisava ouvir para ter mais sucesso. A intenção era dar à equipe um gostinho da franqueza — e das grandes — bem ali, no salão. As regras diziam que o receptor do feedback diria apenas "Obrigado" ou "Diga mais" — e que o provedor realmente se importaria com a outra pessoa. O resto da equipe estava livre para inquirir qualquer um dos lados se achasse que um dos dois estava desobedecendo o processo.

Estava na hora de outra pessoa assumir a liderança, já que não seria lá um risco muito grande o chefe ser franco. Aliás, precisávamos exatamente de alguém que chamasse a atenção do próprio Devin. Felizmente, encontramos esse bravo soldado na figura de John Reid-Dodick, uma pessoa-chave na transformação da própria equipe. Reid-Dodick contou do sentimento que ele tinha quando ia à sala de Devin pedir ajuda:

— Quando você se levanta da sua mesa para me receber, sinto que tenho a sua atenção. Mas outra vezes, quando você continua sentado olhando para o computador ou para a tevê, parece que estou incomodando, e isso é um horror. Devin, nunca chego até você com coisinhas pequenas que não precisam da sua atenção. Quando você me ignora nessas ocasiões, levo para o lado pessoal.

— Obrigado — disse Devin, dando a resposta que foi instruída. — Realmente agradeço por ouvir isso.

Foram precisos alguns segundos até que o próprio John voltasse a respirar normalmente. A propósito, hoje ele recorda:

— Por dois dias acordei às 5 horas pensando *Ai, caramba, será que passei dos limites?* Foi esquisito. Mas duas coisas resultaram disso. A primeira foi que muita gente chegou a mim e disse "Não consigo acreditar que você tenha dito aquilo, mas estou tão feliz, porque também já me senti desse jeito". E a segunda é que, no ano seguinte a esse acontecimento, Devin não ficou mais atrás da mesa quando entrei. Ele simplesmente mudou a maneira de lidar com isso.

Esta é uma mudança de comportamento *verdadeira*, despertada por uma franqueza construtiva que jamais teria sido possível sem a construção de um lugar seguro. E todo mundo saiu ganhando: John se sente muito mais engajado nas reuniões que tem com Devin e este ganhou ainda mais respeito de seus colegas.

— Quando você sabe que as pessoas que lhe dão feedback têm um verdadeiro interesse nisso, para elas e para você, isso realmente faz uma grande diferença — declara Devin. — Ninguém muda de um dia para o outro. É um processo. Mas o feedback me ajudou a melhorar, e isso não tem preço.

É verdade que ninguém muda de um dia para o outro, mas as mudanças podem acontecer *rapidinho* quando o feedback é bem dado. Observe que John foi sábio ao colocar seu feedback em termos de um comportamento específico que Devin poderia mudar ou ajustar (ou seja, ficar atrás da mesa fazendo outras coisas durante uma reunião) para se tornar um líder melhor. Se John simplesmente tivesse dito "Devin, às vezes acho que você me ignora", Devin poderia ter simplesmente dito que isso não acontecia. Ao ser específico e fazer seu comentário de maneira a ajudar Devin a se tornar um líder melhor — como sugeri em um capítulo anterior, dedicado à franqueza —, John deu a ele uma maneira fácil de reconhecer e mudar de comportamento.

A AVALIAÇÃO TURBINADA DE 360° DA FG

Como já comentado, muitas organizações fazem avaliações de 360°, nas quais os colegas prestam um feedback anônimo da pessoa sendo criticada. Entendo a razão de tanta popularidade, mas os resultados me decepcionam porque normalmente elas permitem que aqueles que dão feedback se escondam. As pessoas, às vezes, usam o anonimato para se vingar de alguém de quem não gostam. Mas isso ainda não é o pior. O verdadeiro dano é que as revisões de 360° deixam as organizações pensarem que a verdade é simplesmente dolorosa demais para as pessoas ouvirem de frente. É como se dar uma má notícia em um ambiente de equipe fosse perigoso ou humilhante demais.

Costumam me perguntar como as pessoas devem lidar com uma avaliação de performance. Afinal de contas, você pode se ver obrigado a conduzir ou participar de uma delas, independentemente do quanto se esforce para pessoalmente praticar o apoio recíproco. Meu conselho é que, quando estiver sendo avaliado, você vire o sentido da reunião. Deixe claro que há espaço para melhorar e que você pretende ser o seu "chefe", ou seja, ser o dono do seu comportamento. Um autor chamado Al Mignone escreveu no meu blog que, quando ele está em uma avaliação de desempenho, tem duas perguntas: *O que estou fazendo que vocês gostariam que eu parasse de fazer?* e *O que não estou fazendo que vocês gostariam que eu passasse a fazer?* Al descobriu que ao fazer as perguntas ele realmente passava a ter o controle da reunião — e de seu próprio futuro.

Na versão turbinada da Ferrazzi Greenlight, a avaliação 360° é feita em etapas, ao longo do tempo e às claras. É isso aí. Todos juntos, em um salão. É claro que isso só dá certo no ambiente seguro que conseguimos criar na empresa. Com equipes novas, ainda aprendendo a incorporar a franqueza, eu sugeriria que você começasse com passos pequenos e incrementais — junte comentários por intermédio de uma terceira parte e então vá introduzindo a transparência gradativamente à medida que os funcionários começarem a se sentir mais à vontade dando e recebendo críticas abertas e construtivas. O objetivo do grupo, com o tempo, é chegar a um feedback em tempo real, 24 horas por dia, sete dias por semana, com as melhores intenções do receptor conduzindo a conversa o tempo todo.

Essa versão do 360° elimina qualquer má intenção ou ato desagradável desde o início: diga o que você pensa para eu ser o melhor possível. O que devo melhorar ou atenuar no meu comportamento? É um grande presente para os outros darem, e também para se receber.

Um dia fiz uma avaliação turbinada de 360° com um cliente que chamarei de Alan, um CEO que intimidava bastante seus executivos. Quando sua equipe falou sobre isso, ele ficou surpreendido.

— Não fazia a menor ideia — disse ele. — Sempre achei até que fosse muito tímido.

Esse 360° turbinado é, na verdade, uma variante do sparring (e é importante criar, primeiro, um lugar seguro com as regras básicas que discutimos na Seção Dois).

Ao praticar sparring sobre comportamentos pessoais, o alvo das críticas estar sempre no comando é mais importante do que nunca. Você é o chefe de qualquer conselho que lhe deem! Como já comentei, depende de você aceitar ou rejeitar. No entanto, para manter esse lugar seguro para o seu parceiro é fundamental que você respeite as dicas que ele lhe dá. Não despreze seus comentários como desinformados ou equivocados. Essa postura destruirá o laço de confiança e franqueza e assegurará que você nunca mais terá esse tipo de feedback valioso outra vez.

No entanto, você pode fazer perguntas mais incisivas como "O que você já me viu fazer que lhe leva a dizer isso?" ou "Pode explicar isso em mais detalhes?". Ajude-os a articular seus argumentos. E, então, expresse sua gratidão pela franqueza do feedback.

— Obrigado por ter me dito isso. Levarei seu comentário em consideração e descobrirei uma maneira de trabalhar essa situação.

Se a ponderação tiver partido de um de seus conselheiros de confiança, prometa dar continuidade a eles — e dê mesmo. Se você realmente considerar o feedback útil, pergunte se pode voltar a falar com essa pessoa em alguns meses. Você fará o outro sentir que o tempo dele foi bem gasto. E, quem sabe?, ele pode vir a ser o próximo membro do seu círculo próximo.

Faça disso o seu negócio

É importante evitar que o trabalho de coesão de uma empresa se transforme em reuniões isoladas para se discutir "os problemas das pessoas". Uma maneira pela qual a liderança da Thomson Reuters Markets mantém seus laços sociais vivos é por meio de um acompanhamento pessoal e profissional no início das reuniões. Só são necessários alguns minutos para cada pessoa depois que o processo foi posto em prática. Concluída a fusão, fizemos com que o apoio dos colegas fosse parte ativa da pauta de negócios da nova empresa por intermédio do que chamamos de "solução de problemas em colaboração". Pegamos assuntos políticos com grande potencial para colaboração do grupo e então tratamos deles.

Por exemplo, uma das áreas de preocupação imediata para Devin era otimizar a posição da Reuters Editorial, a maior agência de notícias multimídia com uma equipe de 2.400 jornalistas, fotógrafos e operadores de câmera em 196 escritórios. O editor-chefe, David Schlesinger, compete não só com outras organizações sérias de notícias, mas também com a internet inteira, até mesmo com o blog do vizinho.

— Temos um leque inteiro de concorrentes que vendem fatos ou que veiculam gratuitamente papo-furado como se fossem fatos — afirma David —, e todos eles estão tentando fazer a Reuters Editorial parecer uma empresa descartável.

O que tornava a questão ainda mais complicada era a posição incomum daquele departamento dentro da companhia. Embora a agência de notícias seja altamente respeitada e sempre tenha sido a face pública mais conhecida da Reuters, representa apenas uma pequena parte do negócio como um todo — que ficou ainda menor depois da fusão com a Thomson. Qual seria o seu papel após a fusão?

Formatamos essa discussão como um Grupo Greenlight, com David recebendo a atenção especial. Ele chegou ao grupo com um conjunto específico de questões a respeito das quais precisava do insight do grupo.

As discussões mais importantes tinham a ver com as parcerias e aquisições em potencial, como alavancar os serviços profissionais da marca para ajudar a distinguir seu conteúdo e maneiras de incorporar o conteúdo gerado pelos usuários dos vários outros negócios da companhia.

— O perigo de uma equipe executiva é que cada um administra na vertical — declarou David. Em outras palavras, cada um no seu próprio feudo. — Esse exercício criou uma sensação de propriedade compartilhada, quase como um gabinete de ministros. Houve muita boa vontade e um desejo de ser construtivo.

As melhores equipes são donas de seu desempenho e examinam tanto os sucessos como os fracassos pelo que deu certo e pelo que deu errado. *Vivemos à altura dos comportamentos que combinamos para ter sucesso? Por que não? O que precisa mudar?* Estes são os tipos de perguntas que você deve fazer à equipe pelo caminho.

"Não deixar os outros fracassarem" — a premissa central dos nossos Grupos Greenlight — foi como John Reid-Dodick resumiu a atitude generosa de uma grande equipe de negócios.

Logo depois ouvi algo semelhante de um sábio amigo que trabalha com serviços financeiros, Rajeev Peshawaria, Chief Learning Officer do Morgan Stanley:

— Trabalhar em equipe é não deixar os outros fracassarem.

"Ninguém fracassa" resume bem as características necessárias de generosidade e responsabilidade que uma equipe de alto desempenho exige — a responsabilidade que não vem de alguém sempre perguntando "Você já resolveu aquilo?", mas de profundos laços sociais, apoio mútuo e uma franqueza ampla, de dizer as coisas como elas são. Em uma equipe de verdade, as pessoas fazem o que prometem porque não querem deixar os outros fracassarem. Elas sentem que estão nisso juntas e têm uma peça essencial para contribuir para o sucesso compartilhado de todo mundo.

O resultado da responsabilidade não só é um desempenho melhor, mas também a satisfação no trabalho. Em um estudo conduzido pela University of Central Florida, os pesquisadores avaliaram centenas de equipes — metade com relações fracas de cobrança de responsabilidades e metade com relações fortes da mesma cobrança. Descobriram que as equipes com grandes cobranças tinham quase o dobro da satisfação das outras. Os grupos de grande responsabilidade também desfrutavam de níveis significativamente mais altos de sucesso, coesão e comportamento independente entre seus membros.

Desde o começo, na Thomson Reuters Markets, começamos a instilar a responsabilidade terminando cada sessão com compromissos específicos para a equipe executiva experimentar os exercícios que fizemos, "no salão", lá no ambiente de trabalho dela — geralmente com seus parceiros de negócios ou com as pessoas que se reportavam diretamente a elas.

Uma equipe precisa levar os compromissos de seus membros a sério. Eles são como uma promessa feita a todos os envolvidos. Quando nos reunimos para uma sessão, passamos algum tempo discutindo o impacto dos compromissos da reunião anterior, fazendo perguntas do tipo: *Qual foi o impacto que você teve quando se abriu para receber um feedback sincero de um parceiro ou de alguém que se reporta diretamente a você?* Pedimos às pessoas para avaliar seu sucesso em mudar seu comportamento pessoal em uma escala de 0 a 5, para criar uma métrica sólida sobre o progresso. Finalmente, dividimos a equipe de liderança em "grupos de responsabilidade" menores, de três a quatro pessoas, que deviam acompanhar o andamento de seus compromissos entre as reuniões. Você também pode usar esses grupos menores no seu local de trabalho para criar relações mais próximas, como aquelas entre mentores e aprendizes ou entre cabeças funcionais que precisam colaborar.

Pague adiantado e vá em frente

No meio da mais complexa integração já vista naquele setor, a liderança da Thomson Reuters Market concordou em continuar seu trabalho de apoio aos colegas, dedicando formalmente três horas inteiras das reuniões mensais de diretoria ao assunto e fazendo acompanhamentos entre as reuniões, por teleconferência, dentro dos grupos menores.

No decorrer de muitas reuniões em Nova York e Londres, sob o comando de Devin, os líderes começaram a se abrir uns com os outros e a se apoiarem mutuamente. Eles chamavam a atenção quando alguém parecia querer dominar uma conversa ou intimidar outra pessoa. O que começava para defender uma pessoa se transformava na defesa da integridade da própria equipe. Esta fazia progressos significativos.

— Uma rejeição pode valer como mil mortes — conta Chris. — Mas ficou muito claro, enquanto discutíamos no salão, que estávamos sempre querendo o bem um do outro.

Asseguramos que o trabalho nessas reuniões se desdobraria para a empresa inteira, com todos se comprometendo a levar esse trabalho às suas equipes — e, então, dando a elas a missão de fazer o mesmo. Desse jeito, o trabalho no núcleo iria transformar a empresa, da cúpula até o marketing e as vendas globais; e no fim chegar aos clientes.

O apoio entre os pares ganhou espaço na Thomson Reuters Markets. Os membros da diretoria traduziram essa abordagem aos seus próprios departamentos. A visão de Devin Wenig de "uma empresa em um ano" se realizou. A maior satisfação para ele foi a recompensa do investimento feito no apoio entre os pares, especialmente durante a crise financeira de 2008.

— Nosso maior avanço foi preparar um novo orçamento e um novo plano de negócios — disse ele, ao final de 2008. — Foi um grande desafio. Exigiu parar os projetos das pessoas e fazer concessões difíceis aqui e ali. Nunca vi a equipe trabalhar como naqueles dias. Mostramos nosso melhor trabalho quando o mercado estava no período mais difícil. Todo o sucesso dependeu da intimidade em que investimos tanto por antecipação.

Chris Ahearn acrescenta:

— Você não pode simplesmente confiar no outro se não o conhece, e todo mundo na equipe é totalmente íntegro. Estamos nisso juntos e, como durante todo esse ano os membros da equipe volta e meia tinham de dar alguma notícia ruim, a resposta sempre foi: "O que podemos fazer para ajudar?"

Em outras palavras, hoje as pessoas da Thomson Reuters sabem exatamente com quem podem contar. E isso fez toda a diferença.

Nunca venda sozinho
(Exclusivo para vendedores)

Quando eu era CEO de uma start-up de internet, ficava o tempo todo na estrada, vendendo sem parar para os departamentos de marketing das grandes empresas. Eu realmente sentia todo o peso do sucesso da firma, e a própria sobrevivência dela, em meus ombros. Porque, se tem uma coisa que não pode faltar a um negócio iniciante, são vendas. Sim, é verdade que um produto de qualidade é fundamental, mas eventuais falhas podem ser sanadas com o tempo. Enquanto isso, aconteça o que acontecer, é preciso dinheiro entrando em caixa para se manter as luzes acesas.

Eu me lembro de noites em que chegava a Detroit, alugava um carro, dirigia até a sede da Chrysler e me hospedava em um hotel do outro lado da rua. Em uma noite gélida, em que nevava, o hotel estava silencioso como um túmulo. O serviço de quarto tinha encerrado as atividades e o bar também. Eu estava cansado e não podia deixar de pensar em tudo o que estava em jogo para as apresentações de venda que havia programado para a manhã seguinte. Minha capacidade de vender sob pressão seria determinante para saber quantas pessoas a empresa teria de contratar ou despedir.

E eu me sentia muito, mas muito sozinho mesmo.

Por isso, acredite em mim quando digo que sei o quanto a vida de vendedor pode ser solitária. E é exatamente por esta razão que acredito que o tradicional modelo de vendas — um sujeito solitário, com uma mala na mão, andando pela calçada e telefonando à cata de dinheiro — é absolutamente insuficiente para o mercado global, competitivo e comoditizado dos dias de hoje; o fato é que talvez ele nunca tenha funcionado.

Veja bem, vender não é difícil só porque é solitário. Nos meus dias na Deloitte, comandei um projeto para reestruturar o processo de vendas para um grande provedor de serviços de saúde. Como parte do trabalho, acompanhei uma série de vendedores nas suas regiões. Eles viviam no carro e dormiam em hotéis ainda mais vagabundos do que o que eu tinha ficado em frente à Chrysler. Eu me lembro de uma ocasião em que estava com um vendedor chamado George, no Chrysler LeBaron dele. Esse sim era o perfeito guerreiro da estrada. Levava um isopor no banco de trás com água e refrigerantes e um saquinho de lenços umedecidos, para poder comer o almoço enquanto dirigia e se mantei asseado entre as apresentações de vendas. Ele estava muito animado por ter companhia naquele dia. Entre as conversas, ele me fez ouvir as fitas que tinha de Tony Robbins (era a primeira vez que eu ouvia o trabalho de Tony) e, no fim do dia, eu tinha ganho um bocado de respeito por ele. Tudo bem que ele não era o melhor vendedor da face da Terra, mas eu respeitava sua capacidade de pôr o pé na estrada, dia após dia, totalmente sozinho.

No final daquela semana, depois de viajar com quatro Georges diferentes, percebi que cada um possuía uma técnica de vendas singular. O *George dos Relacionamentos* era uma dessas pessoas com quem você não podia deixar de simpatizar; sabia como transformar rapidamente os clientes em amigos. Era um mestre em se preocupar com os filhos dos clientes e até se oferecia para arranjar estágios para eles. Depois havia o *George das Soluções*, verdadeiro expert na venda estratégica. Ele fechava os maiores negócios agregando valor em torno de uma solução mais sólida, que poderia ultrapassar até o que a própria empresa oferecia. O *George dos Produtos* fez toda a sua carreira vendendo basicamente a mesma linha de produto, e ele conhecia essa linha melhor do que ninguém na empresa, sabia tudo de cor e salteado. E o *George dos Fechamentos* era brilhante em todas as técnicas de venda que você já leu algum dia. Poderia até mesmo ter escrito o manual do instrutor. Ele tinha um sexto sentido em saber quando fazer um fechamento por tentativas, quando falar do preço e quando ficar calado.

Ficou muito claro para mim que se os quatro Georges se unissem para tratar com qualquer cliente, um realmente poderia ajudar o outro a fazer negócios maiores e muito mais depressa também.

Desses Georges e da minha própria experiência com vendas, passei a ver duas falhas sérias no trabalho de um vendedor solitário — a primeira, uma limitação na técnica e em seu campo de ação, e a segunda, a barreira emocional. É claro que sempre tínhamos o pessoal de retaguarda da empresa como apoio — os especialistas técnicos, por exemplo. Mas éramos muito parecidos com caubóis da fronteira, e até gostávamos disso. Podíamos nos dar muito bem — os produtos e serviços que vendíamos eram bastante simples e, mesmo que fosse solitário, sempre voltávamos aos escritórios regionais ou ao famoso saloon (às vezes, não tão famoso) para compartilhar histórias e tirar um sarro um do outro. O bebedouro era o recanto para um treinamento de vendas informal, onde ensinávamos uns aos outros, dávamos conselhos e gostávamos daquela sensação.

Tudo isso agora mudou. Forças de trabalho móveis, home offices, conference calls, correios de voz, e-mails e mensagens de texto substituíram o escritório regional. Os poços secaram, os saloons fecharam e ainda não encontramos nada para substituí-los. Enquanto falamos sobre os encontros perdidos e a comunidade de escritórios regionais moribundos, sequer tenho certeza se tomamos consciência das implicações desse novo mundo. Mas é claro que a *sensação* é diferente.

Ao mesmo tempo, cada vez mais produtos atualmente viraram commodities; apesar do que todo mundo diz, há muito pouca diferenciação no mercado. E quando você tenta vender o que quer que tenha de diferente, os olhos do cliente rodam como se ele estivesse ouvindo a voz do professor naqueles velhos desenhos do Snoopy. Em essência, hoje em dia o que se pede é que o vendedor seja um estrategista do mais alto nível e que possa falar sobre toda a cadeia de alimentos com total altivez. Para alguns, isso quer dizer se transformar em um animal completamente novo. (Sei disso porque costumam solicitar que a FG faça um treinamento para ajudar a força de vendas a reinventar o seu próprio DNA para esse novo mundo, extremamente exigente.)

O que tudo isso significa é que estamos entrando em uma nova era, com novas regras, onde o mapa para o sucesso nas vendas mudou — uma era na qual vender em equipe não só é uma ideia legal, mas está se tornando o caminho para a sobrevivência.

Um mapa para se ter mais "equipe" em uma equipe de vendas

Saímos à cata de exemplos para vendas em equipe e encontramos centenas de pessoas trabalhando silenciosamente dessa maneira. Foram pessoas que se juntaram para criar algo maior do que qualquer uma delas conseguiria sozinha — independentemente de outros na organização estarem seguindo seus passos ou não. No entanto, eu coçava a cabeça me perguntando por que, dados os resultados espetaculares que estavam conseguindo, não falávamos mais sobre vendas em equipe em âmbito institucional.

E então um dia, na Flórida, conheci as equipes da Thrivent Financial.

Thrivent Financial for Lutherans oferece um planejamento financeiro completo para seus clientes individualmente. Mas como um dos evangelizadores da venda por equipe na Thrivent, Jason Owens, declara:

— Em circunstâncias ideais, nosso produto é paz de espírito.

E eles oferecem paz de espírito por meio de recomendações de investimento, planos sob encomenda, planejamento sucessório, fundos mútuos, previdência privada e várias formas de seguro de vida.

Minha relação com a Thrivent começou quando conheci Nikki Sorum, uma das vice-presidentes seniores. Alguns meses depois ela me convidou para dar uma palestra na reunião de vendas da Thrivent Financial na Flórida. Fiquei nos fundos do salão ouvindo cuidadosamente para melhor compreender sobre o que versava a empresa. Adorei o que ouvi. Em primeiro lugar, como uma organização de afiliados que se baseava na fé, a Thrivent abraçava a generosidade e a vulnerabilidade. A propósito, sua missão — melhorar a qualidade de vida de seus membros, suas famílias e comunidades proporcionando soluções que se baseiam em segurança financeira, bem-estar e preocupação com os outros — era movida a valores desde o seu núcleo.

Mas, além disso, ouvi algo naquele dia na Thrivent que me deixou especialmente animado: eles falavam sobre *vendas em equipe*. Quando compartilhei minha animação com Nikki, ela imediatamente me colocou em contato com Mark Dean, o diretor de estratégias e desenvolvimento de técnicas da Thrivent, o homem que havia feito a campanha incansável em prol das práticas de equipe na empresa e que agora liderava o movimento juntamente com Roger Arnold, vice-presidente, e outros para reprogramar o DNA da firma em favor das equipes.

O trabalho de Mark era uma missão para ele — uma visão das vendas em equipe que concentrava todos os recursos da organização em criar um valor maior para os clientes e maior satisfação e sucesso pessoal para seus colegas. Por meio de seus esforços, a Thrivent criou uma estrutura de apoio de venda em três níveis que permitia que vendedores solitários (ou *associados financeiros*, como a empresa os chamava) continuassem trabalhando desse jeito, se quisessem; permitia a outros trabalharem como parte de uma *associação* (grupos de vendedores que trabalham juntos para proporcionar uma funcionalidade informal e, em circunstâncias ideais, apoio emocional) ou lhes dava a oportunidade de participar de equipes de vendas totalmente integradas chamadas de *conjuntos* (desenhadas para extrair o máximo de energia e compromisso da ação). Em um conjunto, o sucesso de uma pessoa é o sucesso da equipe; e o fracasso de uma pessoa é o fracasso da equipe. Os conjuntos dividiam tudo — até mesmo os ganhos!

Apenas 18 meses depois do início desse novo programa a Thrivent tinha cerca de 400 escritórios participantes, 75 dos quais trabalhando na forma de conjuntos. A seguir, alguns dos resultados iniciais:

- Novos vendedores que trabalham como parte de uma equipe são 20% mais produtivos do que aqueles que vendem sozinhos.
- As taxas de retenção entre os membros das equipes de vendas eram 23% maiores do que entre os vendedores individuais.
- O valor líquido dos novos negócios para as equipes de vendas era 37% maior do que para as equipes tradicionais e para os vendedores individuais.

Os benefícios para as empresas parecem óbvios, mas os benefícios dos conjuntos para a clientela da Thrivent são ainda mais expressivos. Os clientes atendidos por equipes tiveram um nível de satisfação 53% maior do que os atendidos por vendedores individuais.

— Os clientes querem alguém que conheça todos os aspectos do que oferecemos e o nível adequado de aconselhamento, seja em um seguro de vida, seguro-saúde de longo prazo ou investimentos — diz Mark. — Eles também querem alguém que entenda a situação deles e que combine com o seu estilo pessoal. O mundo está ficando tão complexo que essas necessidades não podem mais ser resolvidas por uma única pessoa, e talvez nunca tenham podido.

Os clientes relatam que preferem muito mais o modelo de equipe:

— Eu estava tão preocupada com a minha aposentadoria... Sabia que só uma pessoa não poderia saber tudo o que fosse preciso para me dar um bom conselho. Em vez disso, lidávamos com mais de uma pessoa e realmente podíamos entender o que elas estavam falando — contou Dianne, cliente da Thrivent.

— Foram realmente as pessoas na linha de frente, a força de vendas, que comandaram as mudanças — diz Mark. — Foram eles que nos trouxeram as ideias. Simplesmente seguimos as orientações deles e começamos a formalizar as coisas para atender às necessidades dos nossos associados financeiros de melhorarem.

Como começo?

Para vendedores interessados em conhecer mais a fundo a venda por equipes, colocamos uma versão ampliada deste capítulo na internet. Confira no site KeithFerrazzi.com. A seguir, elencamos os fatos mais básicos para você começar.

Nível 1: Se você for um vendedor solitário que gostaria de trabalhar com outros colegas de vendas, ou um gerente pensando em mudar para a venda em equipe, uma boa estratégia para dar a partida é formar um Grupo Greenlight, como mostrado anteriormente. O nível de formalidade que se pretende atingir com o grupo depende de você. O importante é que baseie os relacionamentos da equipe nas Quatro Mentalidades. Crie uma meta específica para o grupo — digamos, vendas maiores (você continuará se concentrando no seu desenvolvimento pessoal e profissional, é óbvio). À medida que o grupo amadurece, você pode começar a explorar objetivos comuns adicionais, incluindo uma colaboração nas apresentações de vendas, planejamento de contas etc.

Para o conjunto, escolha pessoas cujas forças e fraquezas complementem as suas. Para ajudá-lo a mapear quais as suas forças e fraquezas, faça uma lista pessoal — é preciso uma, para ajudá-lo a pensar em quem procurar como colegas.

Pegue um pedaço de papel e faça duas colunas. Na parte esquerda, escreva todos os aspectos do seu trabalho — ligar para as pessoas, agendar reuniões, escrever propostas, fechar negócios, manter contato, conhecer bem o produto e tudo mais. (O simples fato de escrever uma lista já é um grande exercício a se fazer com seus colegas e vai lhe dar muitos insights.) No lado direito, indique o seu grau de experiência, competência e desejo em relação a cada tarefa (alto, médio ou baixo). Essa lista vai lhe mostrar em que você é melhor e o que gosta de fazer. Lembre-se de que toda a ideia é alavancar aquilo em que você é melhor (que, geralmente, é o que mais gosta de fazer), e essa lista servirá de guia.

Agora, dê uma olhada naqueles itens que ficaram nas posições mais baixas. Esses são os elementos do seu trabalho para os quais você precisa de mais ajuda e apoio. Quando olhar para a lista de itens nos quais não é muito bom, pergunte-se: *Quem essa lista descreve?* Na maioria das vezes, será fácil identificar quem se encaixa perfeitamente nela.

DICAS PARA CRIAR EQUIPES DE VENDAS VIRTUAIS

1. Tente dar início à equipe com uma reunião em pessoa, se possível — depois é muito mais fácil passar para o telefone.
2. Comece com uma equipe pequena, de três a quatro pessoas. Com um grupo maior, é fácil alguém "desaparecer" em uma conference call, ou a ligação se transformar em uma disputa de pessoas querendo falar. Ter um grupo pequeno ajuda a resolver ambas as questões.

3. Não fique impaciente se as ligações forem longas. Equipes virtuais precisam de mais tempo ainda do que equipes físicas, porque o canal de comunicação simplesmente não funciona tão bem quanto uma reunião pessoal. Mas dê uma chance às ligações. Se você tentar responder aos e-mails na mesma hora, não dará certo.
4. Não permita que as limitações de uma interação virtual impeçam que você conheça os outros membros de sua equipe. Assegure-se de que todos compartilharão experiências familiares e pessoais nos debates do grupo. As grandes equipes podem até dar o grande passo de ter um pouco de diversão virtual ou uma oportunidade para jogar, na qual os membros da equipe "brincam" e interagem com algo completamente fora do seu mundo de negócios. (Para aqueles que não são tecnomaníacos, peçam ajuda a seus filhos!)
5. Seja criativo. Se as conference calls não estiverem dando certo ou pareçam insuficientes, tente uma sala de bate-papo ou outros grupos de discussão on-line que permitem a visualização dos posts das pessoas ao lado das fotos. Algumas empresas, como a gigante do software Oracle, estão fazendo a experiência de conduzir as reuniões da empresa dentro de ambientes como o Second Life, como uma maneira de aumentar a interação e a intimidade.

Nível 2: Uma vez que as relações estejam fortemente ancoradas nas Quatro Mentalidades, você está pronto para engatar a próxima marcha e cooperar nas propostas de vendas, de seguir as ligações de vendas, compartilhar contatos e assim por diante. Enquanto você forma a sua equipe, não se esqueça dos quatro Georges sobre os quais comentei ao início desta seção. Certifique-se de que as técnicas representadas pela equipe cubram todas as exigências do seu ciclo de vendas.

Como disse Jeremy Hofer, conselheiro da Thrivent em Thousand Oaks, Califórnia:

— Cada membro da equipe reconhece ser muito, mas muito bom em certas coisas e que outras coisas os demais vendedores devem assumir, porque simplesmente sabem fazer igual ou melhor.

Nessa etapa, decida o quanto de responsabilidade você dividirá. Defina claramente os papéis. O ideal é que comece a passar o estabelecimento e a responsabilidade pelas metas de objetivos individuais para objetivos compartilhados pela equipe.

Lembre-se, não existe um verdadeiro chefe ou líder de equipe — a liderança é compartilhada e cada membro assume o comando contribuindo com o que sabe fazer de melhor para apoiar os esforços do grupo. Um benefício real da venda em equipe é poder preencher o vazio de bons gerentes de nível médio sobre o qual tantos vendedores reclamam. Cada membro empurra o outro para um desempenho de alto nível e o grupo cobra a responsabilidade de si mesmo. Ter uma equipe não elimina a necessidade de um gerente de vendas, é claro. Mas os gerentes inteligentes podem incentivar a formação de grupos fortes oferecendo treinamento e conselhos, em vez de ordens e instruções. Se a equipe não tiver permissão de encontrar soluções por meio dos seus próprios mecanismos de solução de problemas, ela nunca terá chance de aprender e se desenvolver. Em vez disso, ela só será tão boa quanto a pessoa que lhe diz o que fazer — ou seja, o gerente.

Nível 3: Repartir as receitas é o próximo grande passo da venda em equipe. E, obviamente, se você estiver trabalhando para uma empresa, precisará de apoio institucional para levar o trabalho em equipe a esse novo patamar.

Na Thrivent, as equipes de vendas não repartem os ganhos até que:

- Os membros se conheçam bem e haja um ritmo de trabalho.
- Os membros tenham desenvolvido um alto grau de confiança entre si, uma característica facilmente identificada pela ma-

neira como eles se comunicam — diálogos sem papas na língua.
- O grupo tenha um histórico registrado de reuniões regulares para discutir as estratégias de vendas e o planejamento tático.
- As equipes tenham um entendimento claro do papel de cada membro e respeitem como isso contribui para o processo como um todo.

O dinheiro pode criar uma armadilha especial até mesmo para as melhores equipes de vendas. Até começarem a colher as recompensas de vender como grupo, você, provavelmente, vai deparar com questões do tipo "O que é meu é meu" até conseguir provar que "O que é nosso é maior ou melhor que isso". A chave é estar disposto a confiar, compartilhar e investir, em vez de dividir cada centavo — uma mentalidade de abundância, não de escassez. A equipe pode pedir uma reconciliação, se alguém sentir que as coisas não estão se desenvolvendo de maneira justa.

Antes de se comprometer a partilhar as receitas, cada membro deve estimar quanto poderia ganhar ou produzir sozinho, para se ter uma base. E, então, o grupo como um todo deve elaborar uma estimativa do que poderia realizar trabalhando em conjunto. Ao empurrar os limites do que a equipe pode fazer, você estabelecerá metas que farão todos terem ainda mais sucesso.

Jim Elvestrom, membro de um conjunto de vendas da Thrivent, comentou sobre a hesitação inicial que teve de compartilhar clientes:

— Um dos grandes desafios de minha parte foi abrir mão do controle da minha base de clientes para os outros membros da equipe — assumiu. — Mas, feito isso, você quase podia ver uma luz se acender e nós quase que imediatamente desenvolvemos uma coesão e uma estrutura muito maior como equipe. Saber que não estamos exatamente preocupados com quem vai receber o crédito por qual venda significa que estamos centrados no cliente (e usamos muito essa expressão) e não no produto

A comunicação é crucial

Falar e escrever sobre metas e valores comuns desde o início, gerar confiança e estar à altura do compromisso mútuo para fazer a parceria funcionar é crucial para o sucesso da equipe. Mas as recompensas para o seu negócio podem ser substanciais.

Na venda em equipe, você precisa ir além da ideia de que o tempo gasto em reuniões poderia ser passado na estrada — um tempo que poderia ser usado para vender. O professor de Harvard e guru da liderança John P. Kotter uma vez aconselhou aos líderes para estimarem o grau de comunicação necessário para serem eficientes — e então multiplicar esse número por dez. O mesmo é válido para a necessidade de comunicação em uma equipe de vendas.

Com equipes de vendas, não há campo para flexibilidade em torno das reuniões semanais; elas têm de ser uma prioridade — nada de *se, e* ou *mas*. Você também deverá fazer checagens diárias. Sim, é preciso comprometimento e você terá de sair de uma mentalidade de lobo solitário e se tornar um membro de equipe totalmente responsável. Mas se você realmente quiser melhorar seu desempenho e o de todo mundo à sua volta, é preciso se comprometer a fazer esse tipo de esforço. Pergunte-se: "Como podemos fazer isso ainda melhor?"

Jeremy House e Michael McDermott, corretores de hipotecas de Phoenix, me disseram que uma responsabilidade verdadeira depende de uma equipe ter uma comunicação franca e aberta.

— Nós dois somos responsáveis pelo nosso sucesso e pelo sucesso do outro.

Você precisará de um feedback permanente quanto ao que está dando certo e o que não está — como, por exemplo, depois de uma apresentação de vendas em equipe. *Tudo o que vocês fazem juntos é uma oportunidade para um feedback sincero, para discutir a situação e melhorar.* Em relação ao feedback, use os mesmos princípios que discutimos na seção sobre sparring, nas páginas

223-237, e no modelo dos Grupos Greenlight, nas páginas 312-329. Quando estiver casualmente supervisionando as vendas, sua meta é conseguir que todo mundo fale abertamente sobre o que deu certo e o que não deu.

Dream Team: Frankie Valli e Bob Gaudio

O cantor de música pop Frankie Valli e o homem que escreveu a maioria dos seus sucessos, Bob Gaudio, trabalham juntos em um trato feito no fio do bigode desde 1962. Depois de mais de 40 anos, eles dividem meio a meio todo o dinheiro que ganham. Incrivelmente, eles até dividem o que cada um ganhou sozinho. (A dupla ainda trabalha junta em alguns projetos, mas tem carreiras distintas.)

Por exemplo, em 1978 Valli ganhou mais de US$ 2 milhões cantando a música-tema do filme *Grease — Nos Tempos da Brilhantina*. Metade foi para Gaudio, que não trabalhou no filme. Três anos depois, Gaudio produziu a música para o filme *The Jazz Singer*, com Neil Diamond. Metade dos lucros foi para Valli.

Os dois amigos, que cresceram em bairros de operários italianos (Gaudio no Bronx e Valli em Newark, Nova Jérsei), tiveram a ideia de fazer esse acerto incomum quando tentavam fazer deslanchar sua banda Four Seasons. O grupo, e a relação entre Valli e Gaudio, é o tema de um recente musical que ganhou o Tony chamado *Jersey Boys*.

Acreditando que poderiam conseguir mais apoiando um ao outro, os dois amigos decidiram desde o começo que tomariam conta um do outro — para sempre. Como Gaudio contou para a revista *Time*:

— Dissemos: "Nenhum de nós sabe o que vai acontecer, por isso talvez a gente devesse cobrir nossas apostas. Você fica com 50% do que eu ganhar e eu fico com 50% do que você ganhar."

Valli acrescentou:

— Se você confia no seu parceiro, os contratos não são importantes. Nunca tivemos de policiar um ao outro.

Quais são as armadilhas comuns de se vender em equipe?

Vender em equipe é extremamente eficiente, mas não é uma panaceia. A seguir, alguns dos obstáculos ao sucesso da venda em equipe:

1. A falta de um compromisso da organização

Construir um sistema de venda em equipe, colocá-lo em campo e propiciar o treinamento e o apoio necessário para dar vida ao grupo leva tempo. Para as organizações que entrarem no mundo da venda em equipe de maneira morna não faltarão razões para abortar esse esforço no meio do caminho. Nos estágios iniciais, as pessoas entenderão qualquer sinal de fraqueza no comprometimento da organização como uma desculpa para se manterem agarradas às práticas do passado. Não permita que isso aconteça! Comunique seu compromisso com o novo modelo com frequência e sem ressalvas. Qualquer coisa menos que isso pode afetar o desempenho de suas equipes de vendas.

2. Falta de um compromisso individual

Não é incomum que vendedores que produzem muito vejam a equipe de vendas como uma ameaça a seu status e poder dentro da organização. Os grandes vendedores também podem ver, inicialmente, uma queda na remuneração individual. É fundamental que esses vendedores percebam que quaisquer perdas são apenas temporárias, e que o modelo de venda em equipes acelera o percurso para atingir a capacidade máxima e produz mais do que o suficiente para ajudar a superar os níveis anteriores de receita.

3. As relações não são suficientemente profundas

Intimidade, confiança e respeito são essenciais à venda em equipe. Sem relações fortes, egos individuais podem atrapalhar o caminho do crescimento. Como nos disse Michael McDermott, parceiro de Jeremy House por seis anos:

— Vimos outras empresas tentarem um conceito de "equipe" e todas as vezes parece que o ego destrói todo o progresso. Para se ter uma equipe próspera é preciso haver comunicação sem hesitação. Se você permitir que o seu ego atrapalhe o ato de compartilhar uma ideia ou de aceitar as ideias dos outros, o grupo fracassará.

O membro de uma equipe da Thrivent colocou de outra maneira:

— Não direi que ninguém aqui tem ego, mas o colocamos no bolso das calças, porque a coisa mais importante aqui é o lucro.

As recompensas da venda em equipe

Você pode pensar que dividir os clientes e a receita — seja com dois parceiros ou, em nível institucional, com toda a empresa — pode ser dureza. Recentemente conheci uma equipe de vendas que estava tendo um desempenho que nem cabia no gráfico, mês após mês e trimestre após trimestre. Por quê? Porque a empresa havia instituído um processo de venda em equipe. Vários dos membros da equipe confessaram que no início haviam ficado meio céticos, especialmente no que dizia respeito à remuneração, confiança e distribuição do trabalho — todos aqueles pontos já esperados.

E aí, em algum lugar desse caminho, a equipe tomou forma. As pessoas começaram a apoiar umas às outras e a antecipar as necessidades dos outros. Não demorou muito para atingirem um alto desempenho nas vendas. Ouvi as histórias deles e então fiz uma pergunta:

— O que vocês fariam se a empresa decidisse acabar com esse negócio de vender em equipe amanhã?

Um dos membros não perdeu um segundo.

— Acho que teríamos de procurar outra coisa para fazer.

— Quer dizer que vocês deixariam de trabalhar para a empresa?

— *Nós* arranjaríamos um jeito de continuar trabalhando como equipe aqui dentro, ou então levaríamos *a equipe* para outro lugar. Não há muito que não possamos fazer juntos e agora não perderemos esse grupo.

Para mim, isso diz tudo.

Repito: fuja do país dos feudinhos

> Pouquíssimas pessoas terão a grandeza de dobrar a própria história; mas cada um de nós pode trabalhar para mudar uma pequena porção dos acontecimentos, e na soma de todos esses atos será escrita a história dessa geração.
> — ROBERT F. KENNEDY

Um ano antes de o meu pai morrer dei a ele uma grande festa de aniversário de 75 anos. Já prevíamos que ele talvez não estivesse mais entre nós aos 80 anos, e eu queria assegurar que os amigos e membros da família tivessem a chance de comemorar aquele grande dia. Gravei o evento em vídeo e o assisto sempre que quero voltar a me sentir próximo do meu pai.

Meu pai viveu em função de seu único filho homem. Aliás, ele chegava a definir o seu próprio sucesso pelas minhas realizações, que foi uma das razões de ele nunca ter se preocupado muito com as dele.

A questão é que preciso me lembrar constantemente que o meu pai foi o *meu* modelo para o sucesso! Quando fiz o discurso em sua memória no funeral, li alguns versos que normalmente são atribuídos a Ralph Waldo Emerson, mas que provavelmente foram escritos por uma mulher chamada Bessie Stanley, no início do século XX:

Rir muito e com frequência;
Ganhar o respeito das pessoas inteligentes e o afeto das crianças;

Ganhar o apreço dos críticos honestos e resistir à traição dos falsos amigos;
Apreciar a beleza e encontrar o melhor nos outros;
Deixar o mundo um pouco melhor, seja com uma criança saudável, um pedaço de jardim ou uma condição social regenerada;
Saber que apenas uma vida respirou com mais facilidade porque você existiu.
Isso é ter sucesso.

Esse poema é um resumo da vida do meu pai. Ele era o tipo do cara que parava para dar carona na estrada, quando ninguém fazia isso, um cara que via além do tamanho do cabelo ou das roupas hippies do sobrinho para enxergar a pessoa verdadeira que se escondia ali debaixo (tudo bem que ele não tinha a mesma tolerância com o cabelo do filho). A verdade é que meu pai vivia para todo mundo e tudo à sua volta; eu era o sujeito mais sortudo do mundo por ser seu filho. Ele adorava ser generoso com os estranhos e sorria para qualquer coisa pequena e bela, como o jardim que cultivou orgulhosamente durante dezenas de anos. Seu espírito era contagioso. Meus primos e primas, ainda jovens quando ele faleceu, ainda falam das coisas que Papai fazia pelos outros e esperam viver à altura do que ele foi.

Uma das maiores satisfações que tiro do trabalho é que ele me permite, por meio dos meus livros e palestras, apresentar meu pai às pessoas que nunca o conheceram na vida real. Outro dia, um jovem chamado Nathan se aproximou de mim depois de uma palestra e disse:

— Acabei de virar pai e meu sonho é que algum dia o meu filho fale de mim como você falou do seu pai.

Espero que o sonho dele se torne realidade. Como o exemplo de meu pai me ensinou, o sucesso nunca, mas nunca mesmo, é sobre nós. Os nossos ganhos sempre são refletidos nas realizações dos que nos cercam. Se escolhermos correr atrás do sucesso genuíno que o meu pai conhecia, temos de afastar nossos hábitos isolacionistas em todos os níveis — da vida familiar aos assuntos do mundo. Já está mais que na hora de deixarmos os feudinhos que criamos e aprendermos a encontrar o valor em comunidades mais amplas.

Neste livro procurei ensinar a ampliar o círculo de pessoas com quem você tem intimidade usando as Quatro Mentalidades da franqueza, vulnerabilidade, responsabilidade e generosidade. Você pode ter começado com uma ou duas pessoas — presumivelmente escolhidas do seu círculo de amigos e conhecidos; alguns foram em frente e aumentaram o grupo e com o tempo talvez tenham montado até uma equipe inteira. Alguns de vocês trabalham agora em estruturas mais amplas e formais dentro da sua empresa, sua comunidade ou outra organização.

Você pode ter feito isso principalmente a serviço da sua carreira, mas tenho certeza de que percebeu que os princípios da ajuda mútua podem ser aplicados a qualquer aspecto de nossas vidas. Por que compartimentar a ajuda mútua? Se uma empresa é pessoal, será que nossas vidas pessoais não deveriam refletir o trabalho de equipe que praticamos no trabalho e vice-versa?

Dito isto, o trabalho é um grande lugar para se começar porque (gostando ou não) ele define boa parte de nossas vidas. Independentemente do quanto e até que ponto um negócio seja regulamentado, desregulamentado, taxado, controlado ou permitido que seja administrado livremente, cada um de nós tem o poder de mudar a maneira pela qual o sistema funciona. Podemos mudá-lo *hoje* simplesmente nos comprometendo, e os nossos colegas com a ideia de "um por todos e todos por um". Da lojinha da esquina a um conglomerado multinacional, está mais que na hora de poder contar com os outros, *hoje*!

As pessoas tendiam a entender isso intuitivamente — e era fácil. Há 200 anos, praticamente todo mundo vivia da terra. Não havia separação entre vida no trabalho e vida familiar. Tudo acontecia na plantação de casa. E embora as tarefas fossem divididas, qualquer um que tivesse idade para andar era responsável por uma série de atribuições. O trabalho e a casa se misturavam facilmente. Mais do que isso, os vizinhos se uniam e apoiavam uns aos outros. Eles ajudavam a dar à luz os filhos dos outros. Consolavam os que estavam de luto e alimentavam os pobres. Reuniam-se em salas municipais para discutir os problemas e debater mudanças. Muitas cidadezinhas da Nova Inglaterra continuam tendo essas reuniões anuais, que funcionam como Câmaras de Vereadores locais. Não há voto de abstenção nessas reuniões municipais. Quer ser ouvido? Tudo o que tem a fazer é comparecer e levantar a mão.

É claro que os tempos mudaram e poucos de nós têm uma fazenda familiar. A menos que você more em uma ilha distante, dificilmente os seus filhos irão a uma escola com uma única sala. Mas por que isso deveria impedir que apliquemos as Quatro Mentalidades onde trabalhamos, nas nossas escolas e onde moramos? Cada um pode fazer seu próprio movimento pessoal de falar francamente e se preocupando com o local de trabalho ou com a vizinhança. Se pudermos aprender a sermos honestos e vulneráveis no trabalho, certamente poderemos fazer a mesma coisa na igreja e em casa. Qualquer um que pratique a responsabilidade em uma reunião de trabalho também pode ser responsável com os seus filhos. Mas por que parar aí? Uma vez que você tenha o hábito de ser generoso com seus colegas e clientes, é só um pequeno passo para ajudar pessoas totalmente estranhas.

Comece pelo trabalho — e construa seu movimento daí. Não existe nada na cultura corporativa de hoje que seja inerentemente contrário a esse apoio além de um hábito profundamente arraigado de individualismo. Mas não precisa ser assim. Basta dar uma olhada no meu Big Task Weekend, uma próspera comunidade de líderes culturais e empresariais que agem sobre uma crença de que o valor para os acionistas e a responsabilidade social não se excluem mutuamente. Nos retiros anuais e nos eventos durante o ano, os membros do Big Task se reúnem para forjar parcerias inovadoras e iniciativas em saúde e outros assuntos sociais prementes.

Por exemplo, no fim de semana de 2008, os participantes uniram suas ideias em uma espécie de mini-Grupo Greenlight para ajudar a Fundação Robert Wood Johnson a criar uma estratégia para atingir mais gente em torno da missão de acabar com a obesidade infantil até 2015. Entre os membros estavam o guru da liderança Tony Robbins; Wayne Gattinella, CEO da WebMD; David Moran, CEO da Heinz North America; Beth Comstock, CMO da General Electric; Brad Fluegel, VP executivo da WellPoint; Mike Minasi, presidente de marketing da Safeway; Diane Gage Lofgren, vice-presidente sênior de branding da Kaiser Permanente; o Dr. Dean Ornish e a atriz Goldie Hawn. (Você pode saber mais sobre o Big Task no site BigTaskWeekend.com.)

Meu trabalho me mostrou o que as pessoas podem fazer quando decidem moldar suas próprias questões em um contexto que englobe os outros. *É nossa escolha* sair ao mundo e liderar, juntando as pessoas em torno de qualquer interesse ou causa pela qual sejamos apaixonados. Podemos insistir por meio das nossas ações diárias que as empresas se juntem em torno da ideia de que os negócios são humanos e pessoais. Podemos aplicar o apoio aos colegas amplamente, além do nosso círculo interno. Podemos usar o apoio mútuo para fortalecer a congregação das nossas igrejas ou para comprometer as pessoas em direção a atividades filantrópicas. Quaisquer que sejam as nossas metas, estar em linha com os outros vai nos ajudar a atingi-las mais rápido e todas as pessoas que tocarmos ficarão melhor assim.

Acima de tudo, vamos celebrar o período que passamos com as outras pessoas, exatamente como foi o meu caso no aniversário de 75 anos do meu pai. Acredito que as ferramentas que este livro oferece são guias poderosos para transformar as suas relações. Lembre-se, tudo começa em nós — com *você*, e não com a outra pessoa. Descobri que todas as minhas relações se beneficiam dos riscos e das práticas vivenciados no meu círculo interno. Mas não fique só entrincheirado no seu círculo — o círculo existe para você ensinar aos outros como viver a vida e como interagir com os amigos, as pessoas que você ama, os membros das nossas comunidades e até mesmo completos estranhos.

Não espero que você pratique o apoio entre os pares com uma agente de embarque no aeroporto de O'Hare, em Chicago. Mas por que não ter uma conversa de verdade com a tal agente, em vez daquele papo-furado idiota ou, o que é pior, uma reclamação furiosa? E se você simpatizasse com as frustrações dela, ou com a longa jornada de trabalho que ela enfrenta? Não é parecida com a sua? E se você tentasse estabelecer uma conexão verdadeira com aquela pessoa? Agora, *isso* pode surpreender a vocês dois.

Se você for tirar apenas uma coisa deste livro, espero que seja a ideia de que existe um grande poder na vulnerabilidade (a única mentalidade com má reputação). Meu pai compreendia esse poder plenamente. Ele nunca tentou ser uma pessoa que não era e nunca se preocupava com o que os outros pensavam dele. Demorei anos para aprender essas lições, com a ajuda de tantas pessoas que se preocupavam comigo — a começar por Greg Seal, nos meus dias de Deloitte, com Peter Guber e Bob Kerrigan, e agora com tantos outros.

Ao praticar o apoio mútuo e me dispor a correr riscos em meus relacionamentos, vi lampejos do homem que quero ser neste mundo. Falei a verdade e não fui desprezado; confessei minhas falhas e não morri de constrangimento; assumi a responsabilidade pelos comportamentos que me derrubavam; vi grande generosidade nos outros e abracei mais profundamente a verdade que sempre tive dentro de mim: que a vida é, sempre e eternamente, retribuir.